“十四五”职业教育国家规划教材

高职体育与健康信息化教程

《高职体育与健康信息化教程》编委会　编

北京体育大学出版社

策划编辑：高云智
责任编辑：钱春华
责任校对：宋志华
版式设计：高荣华

图书在版编目（CIP）数据

高职体育与健康信息化教程 /《高职体育与健康信息化教程》编委会编 . -- 北京 : 北京体育大学出版社，2021.4（2024.4 重印）

ISBN 978-7-5644-3328-4

Ⅰ . ①高… Ⅱ . ①高… Ⅲ . ①体育 – 高等职业教育 – 教材②健康教育 – 高等职业教育 – 教材 Ⅳ . ① G807.4 ② G717.9

中国版本图书馆 CIP 数据核字 (2020) 第 006623 号

免责声明

本书创作初衷是向大众提供有用的信息和知识。所有内容（包括但不限于文本、图形和图像）仅供参考及学习交流使用，不能用于对任何特定疾病症状的医疗诊断、建议或治疗。所有读者均不应参考本书所有内容作为诊断、治疗、预防、康复、使用医疗产品或其他产品的建议或意见。作者和出版社竭尽所能实现本书内容上的专业性、严谨性、合理性，且不特别推荐任何治疗方法、方案和相关内容。在此特别声明，对于因使用本出版物中的任何内容而造成的损伤及直接或间接产生的与个人或团体相关的一切责任、损失和风险，作者与出版社均不予承担。

高职体育与健康信息化教程　　　　《高职体育与健康信息化教程》编委会　编
GAOZHI TIYU YU JIANKANG XINXIHUA JIAOCHENG

出版发行：北京体育大学出版社
地　　址：北京市海淀区农大南路 1 号院 2 号楼 2 层办公 B-212
邮　　编：100084
网　　址：http://cbs.bsu.edu.cn
发 行 部：010-62989320
邮 购 部：北京体育大学出版社读者服务部 010-62989432
印　　刷：艺堂印刷（天津）有限公司
开　　本：787mm × 1092mm　1/16
成品尺寸：185mm × 260mm
印　　张：15
字　　数：355 千字
版　　次：2021 年 4 月第 1 版
印　　次：2024 年 4 月第 4 次印刷
定　　价：49.50 元

《高职体育与健康信息化教程》编委会

主　编　郝光安

副主编　钟　丹　郭　荣　向华平　谢　荣
　　　　杨渝疆　程力超　王　翔

编　委　高　强　曹　磊　李　勇　张朝晖
　　　　黄　倩　马　兵　贾　毅　王嘉超

前 言

2020 年 10 月 15 日，中共中央办公厅、国务院办公厅印发的《关于全面加强和改进新时代学校体育工作的意见》指出："学校体育是实现立德树人根本任务、提升学生综合素质的基础性工程。"加强高校体育课程和教材体系建设，是培养具有崇高精神追求、高尚人格修养的高素质人才的重要手段。

本书作为高等职业院校的公共体育教材，是编者响应党和国家的号召，在深入学习党的二十大报告和《关于全面加强和改进新时代学校体育工作的意见》《国家职业教育改革实施方案》等文件精神的基础上编写、修订而成的，是对党的二十大报告中"深化教育领域综合改革，加强教材建设和管理"要求贯彻落实的成果。

本书具有以下特点。

（1）本书**践行"健康知识+基本运动技能+专项运动技能"的学校体育教学模式**，分为体育与健康知识、基本运动技能和专项运动技能三大模块，各模块包括若干相关项目。编者对各项目按照项目导读、学习目标、学习内容的结构安排内容，引导学生进行主体内容学习。模块二、模块三各项目开篇均设置体育精神版块，旨在对学生进行浸润式的课程思政教育。各项目在学习内容后还设置了体育思政课堂、思考与探究、课外体育活动、总结与创新等版块，旨在引导学生在课后进行思考与总结，并积极参加体育活动，促进学生知行合一，以充分发挥新时代学校体育教学模式的优势。

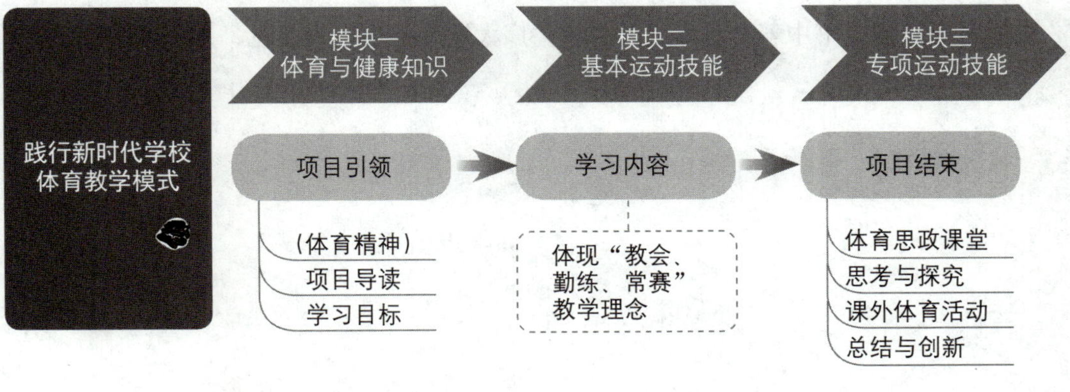

（2）本书以“立德树人”为指导思想，注重对学生进行思想政治教育，引领学生形成正确的世界观、人生观和价值观。书中**项目四和每个项目体育思政课堂版块的设置**是对党的二十大报告“围绕举旗帜、聚民心、育新人、兴文化、展形象建设社会主义文化强国”的中国特色社会主义文化发展要求的贯彻落实。深入挖掘高职体育的思政内涵，有利于培养学生的拼搏精神和家国情怀，增强学生的文化自信，引导学生广泛践行社会主义核心价值观。

（3）本书**注重发展学生的体能**，既重视引导学生练好基础体能，又着力引导学生提高职业体能，实践性强，能满足大学生学习、生活和职业生涯发展的多样化体能需求，有利于将学生培养成为德智体美劳全面发展的高素质劳动者和技术技能人才，助力建设人才强国。

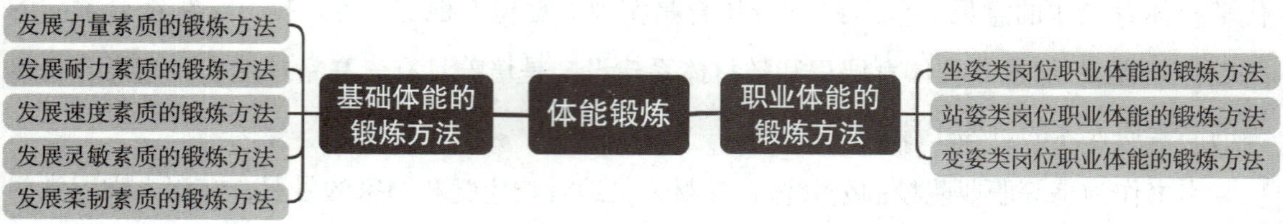

（4）本书**重视传承和弘扬中华优秀传统文化**，介绍了多个中华传统体育运动项目，有利于增强学生对中华优秀传统体育文化的自信和民族团结的意识，培养学生的爱国主义精神。

（5）本书**注重数字化建设**。为了贯彻落实党的二十大报告中“推进教育数字化”的要求，本书运用“互联网+”技术，以二维码的形式插入了大量生动形象的教学视频，以加强教学效果。此外，本书还配备了**融媒体教学资源包（教师版）**，其包括在线体育微课、融媒体教学课件、在线考试系统及题库、体育教学扩展项目、党的二十大精神与体育强国学习专辑等多项内容，便于教师深入学习党的二十大精神，加强理论修养，利用丰富的教学资源开展教学，更好地实现高职体育的目标。融媒体教学资源包（教师版）的引入是编者在加强教材建设和管理方面进行的创新性尝试，有利于促进我国教育领域综合改革的深入发展，助力教育强国建设。

在编写本书的过程中，编者参阅了一些文献，在此向相关作者致以深深的谢意。

由于时间仓促，书中若有不足之处，恳请广大读者提出宝贵意见，以使本书不断完善。

中国学校体育这十年

2013年

11月，党的十八届中央委员会第三次全体会议通过了《中共中央关于全面深化改革若干重大问题的决定》。

2014年

4月，教育部印发了《学生体质健康监测评价办法》《中小学校体育工作评估办法》《学校体育工作年度报告办法》。6月，教育部印发了《高等学校体育工作基本标准》。7月，教育部印发了《国家学生体质健康标准（2014年修订）》。

2015年

4月，教育部印发了《学校体育运动风险防控暂行办法》。7月，教育部等6部门（教育部、国家发展改革委、财政部、新闻出版广电总局、国家体育总局、共青团中央）印发了《关于加快发展青少年校园足球的实施意见》。

2016年

4月，国务院办公厅印发了《关于强化学校体育促进学生身心健康全面发展的意见》。

2018年

9月，党中央召开了全国教育大会。

2019年

6月，中共中央、国务院印发了《关于深化教育教学改革全面提高义务教育质量的意见》。

2020年

8月，国家体育总局、教育部印发了《关于深化体教融合 促进青少年健康发展的意见》。10月，中共中央、国务院印发了《深化新时代教育评价改革总体方案》，中共中央办公厅、国务院办公厅印发了《关于全面加强和改进新时代学校体育工作的意见》。

2021年

4月，教育部办公厅印发了《关于进一步加强中小学生体质健康管理工作的通知》。6月，教育部办公厅印发了《〈体育与健康〉教学改革指导纲要（试行）》。7月，中共中央办公厅、国务院办公厅印发了《关于进一步减轻义务教育阶段学生作业负担和校外培训负担的意见》。

2022年

3月，教育部印发了《义务教育体育与健康课程标准（2022年版）》。4月，第十三届全国人民代表大会常务委员会第三十四次会议通过了《中华人民共和国职业教育法》修订，自2022年5月1日起施行。

2023年

1月1日，新修订的《中华人民共和国体育法》施行。1月，国家体育总局、中央机构编制委员会办公室、教育部、人力资源和社会保障部等四部门联合出台了《关于在学校设置教练员岗位的实施意见》。

融媒体教学资源包（教师版）简介

党的二十大首次将“推进教育数字化”写入报告。这赋予了教育改革新的使命任务，明确了教育数字化未来发展的行动纲领，具有重大意义。

为此，本教材在丰富数字化内容的同时，又专门为教师打造了融媒体教学资源包，力求以丰富、完善的融媒体教学资源帮助教师“上好一节体育课，影响一批大学生”。

融媒体教学资源包具体包括在线体育微课、融媒体教学课件、在线考试系统及题库、体育教学扩展项目、党的二十大精神与体育强国学习专辑五大版块。融媒体教学资源包体现了职业教育所倡导的融媒体教材的相关要求，践行了教育数字化发展战略。

党的二十大精神与体育强国学习专辑

在线体育微课

融媒体教学课件

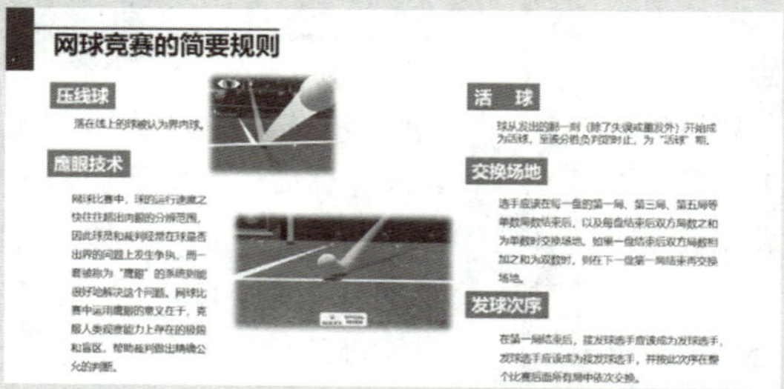

在线考试系统及题库

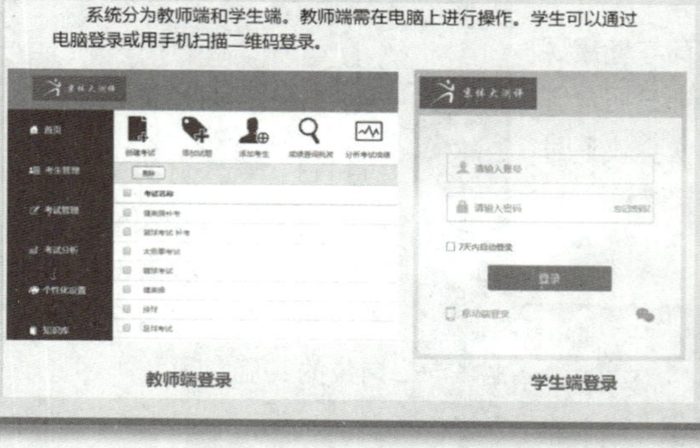

体育教学扩展项目

目录

模块一 体育与健康知识

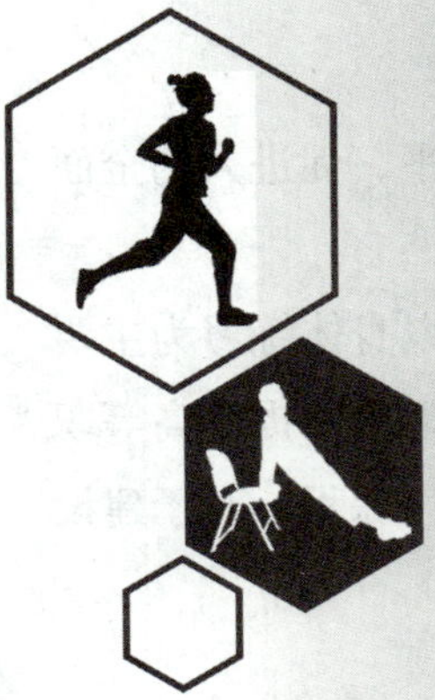

项目一
第一堂体育课

项目导读

体育教育是高职教育的重要内容。高职体育作为高职院校人才培养的基础学科，对学生体育素养和职业素养的培养具有重要意义。本项目通过介绍体育与健康课程、分析体育运动的形式和功能、讲解促进体育运动的途径，促使学生产生体育运动兴趣，养成体育运动习惯，为学生的身心全面发展打下理论基础。

学习目标

1. 了解体育与健康课程的性质、任务和目标。
2. 熟悉体育运动的形式和功能。
3. 激发体育运动兴趣并养成体育运动习惯。

学习内容

一、认识体育与健康课程

（一）体育与健康课程的性质

体育是以身体练习为基本手段，以增强人的体质、促进人的全面发展、丰富社会文化生活和促进精神文明建设为目的的一种有意识、有组织的社会活动。健康不仅指躯体没有疾病或虚弱的状态，还指心理健康、道德健康和社会适应良好。

开展体育与健康课程教学能够发挥人体的运动能力，提高人体健康水平，促进人的全面发展。

体育与健康课程是高等职业院校各专业学生必修的公共基础课程，是以身体练习为主要手段，以体育与健康的知识、体育运动的技能和方法的传授为主要内容，以全面提高高等职业院校学生的体育与健康素养和促进学生身心健康发展为主要目标的综合性课程，对于建设健康中国和人力资源强国，实现中华民族伟大复兴的中国梦具有重要意义。

（二）体育与健康课程的任务

高等职业院校的体育与健康课程应落实“立德树人”的根本任务，坚持“健康第一”的教育理念，通过传授体育与健康的知识、体育运动的技能和方法，提高学生的体育运动能力，培养学生的体育运动爱好和专长，使学生养成终身体育锻炼的习惯，形成健康的行为与生活方式，健全人格，强健体魄，具备维持身心健康和职业生涯发展必备的体育与健康素养，引领学生逐步形成正确的世界观、人生观和价值观，使学生自觉践行社会主义核心价值观，成为德智体美劳全面发展的高素质劳动者和技术技能人才。

（三）体育与健康课程的目标

高等职业院校的体育与健康课程应落实“立德树人”的根本任务，以体育人，增强学生体质。通过学习体育与健康课程，学生应能够喜爱并积极参与体育运动，享受体育运动的乐趣；学会锻炼身体的科学方法，掌握至少两项体育运动技能，提升体育运动能力，提高职业体能水平；树立健康观念，掌握健康知识，形成健康文明的生活方式；遵守体育道德规范和行为准则，发扬体育精神，塑造良好的体育品格，增强责任意识、规则意识和团队意识；培养爱国主义、集体主义精神，增强文化自信。体育与健康课程可帮助学生在体育锻炼中享受乐趣、增强体质、健全人格、锤炼意志，使学生在运动能力、健康行为和体育精神三个方面获得全面发展。

学校体育的理念

要树立健康第一的教育理念，开齐开足体育课，帮助学生在体育锻炼中享受乐趣、增强体质、健全人格、锤炼意志。

——2018年9月，习近平在全国教育大会上的讲话

二、体育运动的形式和功能

（一）体育运动的形式

1 有氧运动

有氧运动是指人体主要以有氧代谢方式提供运动中所需能量的运动方式。在有氧运动过程中，运动负荷与人体耗氧量呈线性关系。简单来说，有氧运动是指强度低且富有韵律性的运动，其运动时间较长（30 分钟以上），运动强度在中等或中上的程度（最大心率的 60% ～ 80%）。推荐运动量：每周宜进行 3 ～ 5 次；每次约 60 分钟（可以“见缝插针”，累积计算运动时间）；强度中等偏上。有氧运动类型有健身走、慢跑、骑自行车、爬楼梯、游泳、登山、健美操等。这类运动既可以锻炼心肺功能，又可以陶冶情操。体重较重的人可以选择游泳、健身走等有氧运动方式，以减轻运动中的关节负重。

2 力量运动

力量运动也称负重练习、阻力练习等。人们通常认为力量运动是塑造体型的运动，其实它对人体的整体健康状况有着非常积极的作用和影响，可以提高人的肌肉耐力、爆发力、柔韧性、平衡性等。推荐运动量：每周 2 或 3 次；每 10 ～ 15 个动作为 1 组，做 3 组；强度略超过肌肉负荷。力量运动包括身体自重力量训练、器械力量训练等。在日常生活中，力量运动最容易被人们忽视。有氧运动对肌肉的影响较小，因此锻炼者每周要抽出一定的时间进行专门的力量训练。初学者进行力量运动后，应休息 24 小时以上。

3 柔韧运动

柔韧运动是一种身体保健运动，可以促进人体血液循环，放松人体各关节，提高身体的柔软度，放松肌肉，减少运动伤害及疲劳。推荐运动量：每周 5 ～ 7 次；做 6 ～ 10 个动作，每个动作持续拉伸 15 ～ 30 秒；练习部位的肌肉伸展至有拉紧感。这类运动主要包括瑜伽、普拉提等。学生可以在做准备活动和整理活动时进行柔韧运动，也可以在伏案学习 1 小时后做肩颈和背部的拉伸，如站在墙边，做两手沿墙不断向上伸的“爬墙运动”；两手在身后握拳，拉伸背部；两手举过头顶，上体后仰，拉伸腹部；等等。

4 体力活动

在日常生活中，体力活动主要包括走路、爬楼梯、骑自行车、做家务、购物等。建议学生平时在学校多走路和骑自行车；在宿舍，擦窗户、拖地、洗衣服都能起到一定的运动效果。

（二）体育运动的功能

体育运动是促进身体健康的有效手段。越来越多的研究表明，体育运动带来的健康益处非常多，不仅有短期可见的好处，如降低血压、缓解焦虑情绪、改善睡眠质量、提高胰岛素敏感性、提高免疫力等，更有许多长期益处，包括增进大脑健康、降低患多种癌症的风险、降低肥胖风险等。此外，适当的体育运动对预防多种慢性疾病也有好处，如减轻骨关节炎患者的疼痛，减缓高血压和 2 型糖尿病的发展进程，缓解焦虑和抑郁，提高多动症患者的认知能力等。体育运动可以帮助青年学生提高身体素质，远离近视，强健体魄。对于学生而言，每一次运动都是一次小型的社会体验。通过参与体育运动，学生可以锻炼心肺功能，提高各项身体素质，改善身体成分，培养自信心、团队精神、领导能力等。养成良好的运动习惯，掌握两项体育运动技能，对学生培养良好品德、促进智力发育、提升审美素养等具有不可替代的重要作用。学会赢，也学会输；学会去领导，也学会被领导；学会做极致的自己，也学会做团队的一员；学会什么时候去奋争，也学会什么时候去承认失败。这些都是我们所要学习的内容。

知 识 窗

调查显示，在高等职业院校中，一部分学生长期处于少动的生活状态。其原因主要有以下三个方面：一是在思想意识上不重视体育锻炼，身体活动减少；二是上课、做作业等活动时间较长，导致较长时间静坐；三是没有掌握科学的健身方法和营养知识，导致运动强度低，运动量不足。

静坐少动会对青年学生的身心健康造成较明显的负面影响。第一，缺乏必要的运动，将对青年学生的身体健康造成不利的影响。短期比较明显的不利影响主要体现在以下两个方面：一是不利于心肺功能水平提升，二是不利于肌肉、骨骼正常的生长和发育。第二，缺乏必要的运动，将对青年学生的心理健康造成一定程度的负面影响。这主要表现在以下几个方面：有的学生会出现注意力不集中、持久学习的能力下降、学习效率不高、记忆力下降等问题；有的学生会出现烦躁易怒、情绪不稳的问题；有些学生会表现出焦虑、逃避，甚至攻击性行为。这些问题的出现与运动不足有很大的关系。科学研究证明，有规律的、充足的运动本身就是一种积极的休息，可以使人的精力恢复，提高生活品质，能让人获得愉悦、幸福的感受，有助于保持情绪稳定，提高记忆能力和学习效率。第三，缺乏户外活动，会对青年学生的身体机能产生不良的影响。部分缺乏户外活动的学生出现了不同程度的睡眠不佳、消化不良、近视加重、皮肤过敏等症状。研究表明，人进行户外锻炼，获得充足的氧气供给和阳光照射，这有助于提高人体的免疫力和新陈代谢水平，增强消化机能，增进健康。

体育运动的功能主要指体育运动对个体和社会所能发挥的作用和效能。它主要取决于两个方面：一是体育本身的属性；二是个体或社会的需要。体育运动的功能包括个体功能和社会功能两大类。

1 体育运动的个体功能

◎ **强身健体功能**

体育运动的强身健体功能主要体现在以下方面：体育运动可以通过促进人体各系统（如运动系统、神经系统、循环系统、呼吸系统、消化系统、内分泌系统、免疫系统、生殖系统、泌尿系统等）的健康，进而增进个体的身体健康。

◎ **促进心理健康功能**

体育运动通过发展人的认知能力、完善人的性格和气质及增强人的意志品质来促进心理健康。

体育运动可以发展人的认知能力。认知能力是人脑加工、储存和提取信息的能力，即人们对事物的构成、性能、与他物的关系、发展的动力、发展方向及基本规律的把握能力。认知能力是人们成功地完成活动最重要的心理条件。知觉、记忆、注意、思维和想象的能力均属于认知能力。研究发现，体育运动是发展人的认知能力的重要手段。体育运动可以直接使大脑的相应部位兴奋。体育运动多是整个身体的运动，通过活动身体，可以使大脑得到充分的锻炼。

体育运动可以完善人的性格和气质。人格是一个人所具有的总的性格特点，是人的各种精神状态和特征的总和。人格是一个复杂的结构体系，由性格、气质等要素组成。相关研究发现，人格对人的体育行为具有决定性作用。坚持进行体育运动，人格也会随之发生改变。

体育运动可以增强人的意志品质。个体坚持体育锻炼，要不断地克服各种主客观困难。这一过程是个体锻炼身体的过程，也是个体培养良好意志品质的过程。

◎ **促进人际交往功能**

个体参加体育运动，特别是参加一些必须通过合作才能完成的集体性体育运动，能够增进与他人的交流，打破自我封闭，获得自信，从而改变人生态度及自己的个性和行为方式。

个体参加体育运动可以培养集体观念、责任意识、助人为乐等精神品质，培养尊重裁判、尊重对手、遵纪守法、文明礼貌、公平竞争的品德行为，培养积极进取、奋发向上、持之以恒的体育精神。体育运动在人际关系方面具有促进人际交往、培养合作精神和竞争意识的作用。体育运动可以促进健康人际关系的形成。

个体在体育运动中形成的合作、竞争、遵守规则的意识和行为，通常会迁移到其日常生活和学习中，有利于其理解和遵守社会规范的意义及重要性，有利于其形成尊重他人的行为方式，进而促进其人际关系的和谐发展。

◎ 休闲娱乐功能

休闲娱乐活动是人们在工作、学习之余进行的自由的、自愿的调节身心的活动。作为促进人的身心发展的重要手段，体育运动在休闲娱乐中所发挥的个体功能和社会功能是其他休闲娱乐活动所不可替代的。

体育运动具有休闲娱乐功能的主要原因在于体育运动始终关注人的个性发展，使人快乐；体育运动中存在大量的人与人的交往活动。

促进体育的休闲娱乐功能实现的基本途径主要有两种：一是亲身参与体育活动，二是欣赏体育比赛。

◎ 培养体育美学功能

美是人的生命活力的表现。体育对培养体育美学有极大的激发促成作用。体育美学通过优美的身体运动和体态变化等锻炼，反映人体美、运动形式美；表现审美情感，以激发欣赏者的美感；引导运动者、欣赏者提高审美的能力、趣味、水平和情操等，强调让个体重视自我，重视处理与他人的关系及重视身体体验。人们参加各种形式的体育运动，可以感悟和体验生命之美，进而探索人的精神之美，不断提高人文修养。

2 体育运动的社会功能

◎ 教育功能

体育运动的教育功能是通过体育运动对人的身心的促进与发展，促进教育目的的实现而体现出来的。体育运动的教育功能主要体现在体育运动可以促使人们掌握基本的生活能力；形成正确的体育观和体育意识；规范人们的社会行为，教导人们遵守规则，促使人们养成终身体育的习惯，促进人的社会化等。

◎ 经济功能

体育运动对社会经济发展具有促进作用。体育运动与经济相联系是伴随着现代市场经济的发展而开始的。体育运动的经济功能主要体现在体育运动可以提高劳动者的身体素质，促进体育产业的发展；体育运动可以促进其他相关产业的发展，拓展经济增长点。

◎ 文化功能

以奥林匹克运动会（以下简称“奥运会”）为代表的体育运动作为一种实践活动，其文化价值就在于促进人自身的价值的实现，即促进人的全面、自由、和谐发展。

三、促进体育运动的途径

（一）激发运动兴趣

运动兴趣是人们积极地认识、探究或参与体育运动的一种心理倾向，是获得体育与健康知识和技能，促进身心健康的重要动力。人们一旦对体育运动有了兴趣，就会对与体育运动有关的事情和信息表现出特别的关注，并积极主动地参与体育运动。人们参与体育运动的结果是满足自身的体育需求，并由此得到积极的情绪体验。因此，运动兴趣是人们参与体育运动的基本动力之一。它影响着人们参与体育运动的方向和强度。

体育教师在教学时要强调将学习目标的确定、教学内容和教学方法的选择与运用等方面与学生的学习和生活经验相联系，引导学生体验运动乐趣，提高体育运动动机水平；重视对学生进行正确的体育价值观和责任感的教育，培养学生吃苦耐劳的精神，促进学生主动参与体育活动，促使其形成体育锻炼习惯。例如，某些学生不喜欢长跑，体育教师可以引导其在音乐伴奏下进行跑跳练习，或者安排其跳街舞、健美操、体育舞蹈等。这样，在与长跑生理负荷相同的情况下，学生仍然可以保持兴奋而不感到疲劳，不仅有利于活跃课堂气氛，还可以大大增强教学效果。

（二）养成运动习惯

专家建议，大学生应进行每周 150 ～ 300 分钟中等强度或 75 ～ 150 分钟高强度有氧活动，或等量的中等强度和高强度有氧运动组合；每周至少进行 2 天肌肉力量练习。大学生应坚持多动少坐的原则。

1 选择适合自己的运动项目，享受乐趣

如果在体育运动中感受不到乐趣，坚持体育锻炼就比较困难。选择合适的运动项目，有利于运动者在运动中感受到乐趣，进而养成运动习惯。以下是运动项目选择的影响因素。

（1）年龄状况。不同年龄的运动者选择的运动项目往往不同。大学生适合参加趣味性强的集体项目和对抗性运动，如健美操运动、球类运动、力量训练等。

（2）健身目的。运动者在选择运动项目时，要考虑运动项目的健身效果是否与自己的健身目的相一致，要根据健身目的确定运动项目。例如，要增加体力活动量，可以任意选择运动项目；要想健美，则应当选择力量训练、纵跳等运动项目。

（3）兴趣爱好。运动者应当尽量选择自己感兴趣的运动项目，否则很难长期坚持。例如，有氧运动是提高心肺功能较为有效的运动方式。运动者如果对健身走、慢跑等有氧运动不感兴趣，可以选择游泳、登山等有氧运动方式，同样可以达到健身效果。兴趣爱好有时要服从于健身目的。例如，对高血压患者来说，较为有效的运动项目是健身走。因此，以降低和控制血压为主要健身目的的运动者，即使对健身走没有兴趣，也应选择这种运动项目，在运动中慢慢培养兴趣。

（4）动作技术难度。运动者在刚参加运动时，应当尽量选择一些动作技术相对简单、对运动技能要求不高的运动项目，待身体机能和身体素质逐渐提高后，再选择动作技术难度较大的运动项目。例如，大学生参加体育运动，可以先选择慢跑、健美操、游泳等运动项目，待运动能力提高以后，再选择足球、篮球等动作技术难度较大的运动项目。

❷ 制订运动计划，并坚决执行

下定决心运动后，制订运动的月计划、周计划、日计划，并坚决按照计划进行体育运动，记录每日锻炼的内容和运动时间，有利于形成运动习惯。坚持锻炼的时间和已获得的运动效果对于运动者来说是很好的激励。

❸ 准备舒适的运动服装和运动鞋袜

运动服装是人们进行体育锻炼必备的物品，应符合运动项目和运动卫生的要求，并以穿着舒适、便于活动为原则。在一般情况下，如参加健身走、乒乓球、网球、羽毛球、篮球、太极拳等运动，运动服装要相对宽松，这样可使身体在运动过程中处于舒适状态，并有利于促进血液循环，有利于保证运动器官的氧供给及代谢废物的顺利排出。而进行骑自行车、跑步、健美、健美操等运动，最好穿紧身衣服，这样可以使身体有较大的自由度，还可以更好地展现人体的曲线美。穿紧身衣服可以加快机体的血液循环和氧的运输，有利于保持人体最佳的肌肉运动温度，加速运动中排热、排汗的体温调节过程，还可以减轻机体的炎症、疼痛，提高身体的灵活性。夏季运动服装面料应透气、吸汗和速干；冬季天气较冷，运动服装以保暖性较好的棉织品为佳，服装厚度可依当地温度及运动需要而定。

运动鞋袜要与所进行的运动项目的特点相适应，与运动者自己的脚码、脚形吻合，切忌过紧或过松。为了保护小腿，踢足球时，一般穿长袜、戴护腿板。运动袜最好选用锦纶、氨纶与棉混纺的材质，应吸湿透气、防滑耐磨且富有弹力。运动鞋袜要经常洗涤、晾晒，以保持清洁卫生。

在运动中穿舒适的服装和鞋袜，可以获得良好的运动体验，有利于养成运动习惯。

❹ 从小的锻炼目标开始

一开始运动就跑 5 千米，不是培养运动习惯的好方法。参与运动，应从小目标开始，循序渐进，慢慢增加运动量。为了养成运动习惯，在运动的前几周，运动者可以为自己确定力所能及的锻炼目标，随着运动能力的提高，逐渐提高运动强度。

5 合理安排运动时间

培养运动习惯，对运动时间的安排要合理。不要在可能被其他重要事情占用的时间段内安排运动。下午学习结束后、早晨起床后或晚上都是不错的运动时间。在每天的固定时间进行运动，久而久之，也可形成运动习惯。

6 与朋友一起运动

和朋友一起运动，有了朋友的支持和鼓励，更容易坚持运动，养成运动习惯。

四、学生体质健康测试

（一）《国家学生体质健康标准（2014 年修订）》简介*

1 说明

《国家学生体质健康标准》（以下简称《标准》）是国家学校教育工作的基础性指导文件和教育质量基本标准，是评价学生综合素质、评估学校工作和衡量各地教育发展的重要依据，是《国家体育锻炼标准》在学校的具体实施，适用于全日制普通小学、初中、普通高中、中等职业学校、普通高等学校的学生。

本标准的修订坚持健康第一，落实《国家中长期教育改革和发展规划纲要（2010—2020 年）》《国务院办公厅转发教育部等部门关于进一步加强学校体育工作若干意见的通知》《教育部关于印发〈学生体质健康监测评价办法〉等三个文件的通知》有关要求，着重提高《标准》应用的信度、效度和区分度，着重强化其教育激励、反馈调整和引导锻炼的功能，着重提高其教育监测和绩效评价的支撑能力。

本标准从身体形态、身体机能、身体素质等方面综合评定学生的体质健康水平，是促进学生体质健康发展、激励学生积极进行身体锻炼的教育手段，是国家学生发展核心素养体系和学业质量标准的重要组成部分，是学生体质健康的个体评价标准。

在本标准的适用对象中，大学一、二年级为一组，大学三、四年级为一组。

大学各组别的测试指标均为必测指标。其中，身体形态类中的身高、体重，身体机能类中的肺活量，以及身体素质类中的 50 米跑、坐位体前屈为各年级学生共性指标。

本标准的学年总分由标准分与附加分之和构成，满分为 120 分。标准分由各单项指标得分与权重乘积之和组成，满分为 100 分。附加分根据实测成绩确定，即对成绩超过 100 分的加分指标进行加分，满分为 20 分；大学的加分指标测试项目为男生引体向上和 1000 米跑，女生 1 分钟仰卧起坐和 800 米跑，各指标加分幅度均为 10 分。

* 节选自教育部印发的《国家学生体质健康标准（2014 年修订）》，略有改动。

根据学生学年总分评定等级：90.0 分及以上为优秀，80.0 ～ 89.9 分为良好，60.0 ～ 79.9 分为及格，59.9 分及以下为不及格。

每个学生每学年评定一次，记入《〈国家学生体质健康标准〉登记卡》。特殊学制的学校，在填写登记卡时可以按规定和需求相应地增减栏目。学生毕业时的成绩和等级，按毕业当年学年总分的 50% 与其他学年总分平均得分的 50% 之和进行评定。

学生测试成绩评定达到良好及以上者，方可参加评优与评奖；成绩达到优秀者，方可获体育奖学分。测试成绩评定不及格者，在本学年度准予补测一次，补测仍不及格，则学年成绩评定为不及格。普通高等学校学生毕业时，《标准》测试的成绩达不到 50 分者按结业或肄业处理。

学生因病或残疾可向学校提交暂缓或免予执行《标准》的申请，经医疗单位证明，体育教学部门核准，可暂缓或免予执行《标准》，并填写《免予执行〈国家学生体质健康标准〉申请表》，存入学生档案。确实丧失运动能力、被免予执行《标准》的残疾学生，仍可参加评优与评奖，毕业时《标准》成绩需注明免测。

各学校每学年开展覆盖本校各年级学生的《标准》测试工作，《标准》测试数据经当地教育行政部门按要求审核后，通过“中国学生体质健康网”上传至“国家学生体质健康标准数据管理系统”。测试和数据上传时间由教育行政部门确定。

2 单项指标与权重

大学各年级单项指标与权重见表 1–1–1。

表 1–1–1　大学各年级单项指标与权重

测试对象	单项指标	权重
大学各年级	体重指数（BMI）	15%
	肺活量	15%
	50 米跑	20%
	坐位体前屈	10%
	立定跳远	10%
	引体向上（男）/1 分钟仰卧起坐（女）	10%
	1000 米跑（男）/800 米跑（女）	20%

注：体重指数（BMI）= 体重 / 身高 ^{2}（千克 · 米 $^{-2}$）。

3 评分表

《国家学生体质健康标准（2014年修订）》中大学阶段的评分表见表1-1-2至表1-1-8。

表1-1-2　体重指数（BMI）单项评分表

等级	单项得分	大学男生/（千克·米$^{-2}$）	大学女生/（千克·米$^{-2}$）
正常	100	17.9～23.9	17.2～23.9
低体重	80	≤17.8	≤17.1
超重		24.0～27.9	24.0～27.9
肥胖	60	≥28.0	≥28.0

表1-1-3　大学男生各测试项目评分表　　大一、大二适用

等级	单项得分	肺活量/毫升	50米跑/秒	坐位体前屈/厘米	立定跳远/厘米	引体向上/次	耐力跑1000米/（分：秒）
优秀	100	5040	6.7	24.9	273	19	3:17
	95	4920	6.8	23.1	268	18	3:22
	90	4800	6.9	21.3	263	17	3:27
良好	85	4550	7.0	19.5	256	16	3:34
	80	4300	7.1	17.7	248	15	3:42
及格	78	4180	7.3	16.3	244		3:47
	76	4060	7.5	14.9	240	14	3:52
	74	3940	7.7	13.5	236		3:57
	72	3820	7.9	12.1	232	13	4:02
	70	3700	8.1	10.7	228		4:07
	68	3580	8.3	9.3	224	12	4:12
	66	3460	8.5	7.9	220		4:17
	64	3340	8.7	6.5	216	11	4:22
	62	3220	8.9	5.1	212		4:27
	60	3100	9.1	3.7	208	10	4:32

续表

等级	单项得分	肺活量 / 毫升	50 米跑 / 秒	坐位体前屈 / 厘米	立定跳远 / 厘米	引体向上 / 次	耐力跑 1000 米 /（分：秒）
不及格	50	2940	9.3	2.7	203	9	4:52
	40	2780	9.5	1.7	198	8	5:12
	30	2620	9.7	0.7	193	7	5:32
	20	2460	9.9	-0.3	188	6	5:52
	10	2300	10.1	-1.3	183	5	6:12

表 1-1-4　大学男生各测试项目评分表　　大三、大四适用

等级	单项得分	肺活量 / 毫升	50 米跑 / 秒	坐位体前屈 / 厘米	立定跳远 / 厘米	引体向上 / 次	耐力跑 1000 米 /（分：秒）
优秀	100	5140	6.6	25.1	275	20	3:15
	95	5020	6.7	23.3	270	19	3:20
	90	4900	6.8	21.5	265	18	3:25
良好	85	4650	6.9	19.9	258	17	3:32
	80	4400	7.0	18.2	250	16	3:40
及格	78	4280	7.2	16.8	246		3:45
	76	4160	7.4	15.4	242	15	3:50
	74	4040	7.6	14.0	238		3:55
	72	3920	7.8	12.6	234	14	4:00
	70	3800	8.0	11.2	230		4:05
	68	3680	8.2	9.8	226	13	4:10
	66	3560	8.4	8.4	222		4:15
	64	3440	8.6	7.0	218	12	4:20
	62	3320	8.8	5.6	214		4:25
	60	3200	9.0	4.2	210	11	4:30
不及格	50	3030	9.2	3.2	205	10	4:50
	40	2860	9.4	2.2	200	9	5:10
	30	2690	9.6	1.2	195	8	5:30
	20	2520	9.8	0.2	190	7	5:50
	10	2350	10.0	-0.8	185	6	6:10

表 1-1-5　大学女生各测试项目评分表　　　　大一、大二适用

等级	单项得分	肺活量 / 毫升	50 米跑 / 秒	坐位体前屈 / 厘米	立定跳远 / 厘米	1 分钟仰卧起坐 / 次	耐力跑 800 米 /（分：秒）
优秀	100	3400	7.5	25.8	207	56	3:18
	95	3350	7.6	24.0	201	54	3:24
	90	3300	7.7	22.2	195	52	3:30
良好	85	3150	8.0	20.6	188	49	3:37
	80	3000	8.3	19.0	181	46	3:44
及格	78	2900	8.5	17.7	178	44	3:49
	76	2800	8.7	16.4	175	42	3:54
	74	2700	8.9	15.1	172	40	3:59
	72	2600	9.1	13.8	169	38	4:04
	70	2500	9.3	12.5	166	36	4:09
	68	2400	9.5	11.2	163	34	4:14
	66	2300	9.7	9.9	160	32	4:19
	64	2200	9.9	8.6	157	30	4:24
	62	2100	10.1	7.3	154	28	4:29
	60	2000	10.3	6.0	151	26	4:34
不及格	50	1960	10.5	5.2	146	24	4:44
	40	1920	10.7	4.4	141	22	4:54
	30	1880	10.9	3.6	136	20	5:04
	20	1840	11.1	2.8	131	18	5:14
	10	1800	11.3	2.0	126	16	5:24

表 1-1-6 大学女生各测试项目评分表 大三、大四适用

等级	单项得分	肺活量 / 毫升	50 米跑 / 秒	坐位体前屈 / 厘米	立定跳远 / 厘米	1 分钟仰卧起坐 / 次	耐力跑 800 米 / （分：秒）
优秀	100	3450	7.4	26.3	208	57	3 : 16
	95	3400	7.5	24.4	202	55	3 : 22
	90	3350	7.6	22.4	196	53	3 : 28
良好	85	3200	7.9	21.0	189	50	3 : 35
	80	3050	8.2	19.5	182	47	3 : 42
及格	78	2950	8.4	18.2	179	45	3 : 47
	76	2850	8.6	16.9	176	43	3 : 52
	74	2750	8.8	15.6	173	41	3 : 57
	72	2650	9.0	14.3	170	39	4 : 02
	70	2550	9.2	13.0	167	37	4 : 07
	68	2450	9.4	11.7	164	35	4 : 12
	66	2350	9.6	10.4	161	33	4 : 17
	64	2250	9.8	9.1	158	31	4 : 22
	62	2150	10.0	7.8	155	29	4 : 27
	60	2050	10.2	6.5	152	27	4 : 32
不及格	50	2010	10.4	5.7	147	25	4 : 42
	40	1970	10.6	4.9	142	23	4 : 52
	30	1930	10.8	4.1	137	21	5 : 02
	20	1890	11.0	3.3	132	19	5 : 12
	10	1850	11.2	2.5	127	17	5 : 22

表 1-1-7 大学生加分指标测试项目评分表一

加分	引体向上（男）/ 次		1 分钟仰卧起坐（女）/ 次	
	大一、大二	大三、大四	大一、大二	大三、大四
10	10	10	13	13
9	9	9	12	12
8	8	8	11	11
7	7	7	10	10
6	6	6	9	9
5	5	5	8	8
4	4	4	7	7
3	3	3	6	6
2	2	2	4	4
1	1	1	2	2

注：引体向上（男）、1 分钟仰卧起坐（女）均为高优指标，学生成绩超过单项评分 100 分后，以超过的次数所对应的分数进行加分。

表 1-1-8 大学生加分指标测试项目评分表二

加分	1000 米跑（男）/ 秒		800 米跑（女）/ 秒	
	大一、大二	大三、大四	大一、大二	大三、大四
10	−35	−35	−50	−50
9	−32	−32	−45	−45
8	−29	−29	−40	−40
7	−26	−26	−35	−35
6	−23	−23	−30	−30
5	−20	−20	−25	−25
4	−16	−16	−20	−20
3	−12	−12	−15	−15
2	−8	−8	−10	−10
1	−4	−4	−5	−5

注：1000 米跑（男）、800 米跑（女）均为低优指标，学生成绩低于单项评分 100 分后，以减少的秒数所对应的分数进行加分。

（二）学生体质健康测试方法

❶ 身高

受试者赤足，以立正姿势站在身高计的底板上（上肢自然下垂，两脚脚跟并拢，脚尖分开约 60° ）。脚跟、骶骨部及两肩胛区与立柱相接触，躯干自然挺直，头部正直，耳屏上缘与眼眶下缘成水平位。测试人员站在受试者右侧，使水平压板轻轻沿立柱下滑，轻压于受试者头顶。测试人员读数时，两眼应与压板水平面等高；记录员复诵后进行记录。以厘米为单位记录测试成绩，保留 1 位小数。测试误差不得超过 0.5 厘米。

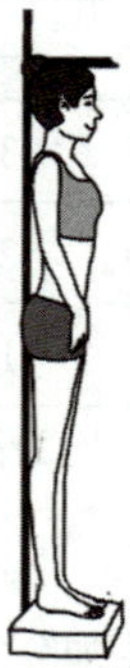

❷ 体重

测试时，体重秤应放在平坦地面上。受试者赤足，男性受试者身着短裤；女性受试者身着短裤、短袖衫，站在秤台中央。读数以千克为单位，保留 1 位小数。记录员复诵后进行记录。测试误差不超过 0.1 千克。

❸ 肺活量

测试人员告知受试者不必紧张，以中等速度和力度尽全力吹气效果最好。令受试者手持吹气口嘴，面对肺活量计站立试吹 1 次或 2 次，首先看仪表有无反应，还要试口嘴或鼻处是否漏气，调整口嘴和用鼻夹（或自己捏鼻孔）；学会深吸气（避免耸肩提气，应该慢慢吸气）。测试时，受试者进行一两次较平日深一些的呼吸动作后，更深地吸一口气，屏住气向口嘴处慢慢呼出至不能再呼为止，防止此时从口嘴处吸气，测试中不得中途二次吸气。吹气完毕后，液晶屏上最终显示的数字即肺活量值。每位受试者测 3 次，每次间隔 15 秒，记录 3 次数值，选取最大值作为测试结果。以毫升为单位记录测试成绩，不计小数。

❹ 50 米跑

受试者至少两人一组进行测试，站立式起跑。受试者听到跑的口令后开始起跑。发令员在发出口令的同时要摆动发令旗。计时员视旗动开表计时，在受试者躯干部位到达终点线的垂直面时停表。以秒为单位记录测试成绩，精确到小数点后 1 位，小数点后第二位数按非 0 进 1 原则进位，如 10.11 秒读成 10.2 秒并记录。

❺ 坐位体前屈

受试者两腿伸直，两脚平蹬测试纵板坐在平地上，两脚分开 10 ～ 15 厘米，上体前屈，两臂伸直前，用两手中指指尖逐渐向前推动游标，直到不能前推为止。测试计的脚蹬纵板内沿平面为 0 点，向内为负值，向前为正值。以厘米为单位记录测试成绩，保留 1 位小数。测试两次，取最好成绩。

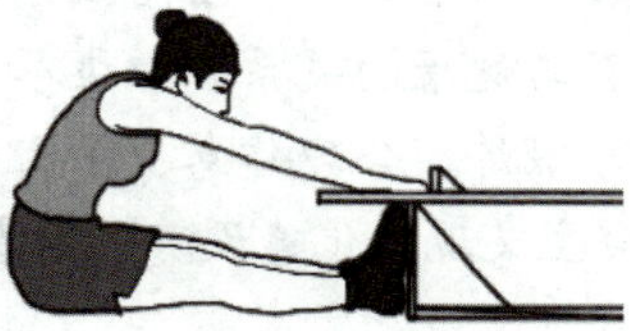

❻ 立定跳远

受试者两脚自然分开站在起跳线后，脚尖不得踩线（最好用线绳做起跳线）。两脚原地同时起跳，不得有垫步或连跳动作。丈量起跳线后缘至最近着地点后垂直距离。每人试跳 3 次，记录其中成绩最好一次。以厘米为单位，不计小数。

❼ 引体向上（男）

受试者跳起两手正握杠，两手与肩同宽，成直臂悬垂。静止后，两臂同时用力向上引体（身体不能有附加动作），上拉到下颌超过横杠上缘为完成 1 次。记录引体次数。

❽ 1 分钟仰卧起坐（女）

受试者仰卧于垫上，两腿稍分开，屈膝约成 90°，两手手指交叉抱于脑后。受试者坐起时，两肘触及或超过两膝为完成 1 次。仰卧时，两肩胛必须触垫。测试人员发出“开始”口令的同时开表计时，记录 1 分钟内完成次数。1 分钟到时，受试者虽已坐起，但肘关节未达到两膝者不计该次数，精确到个位。

9 1000 米跑（男）/800 米跑（女）

受试者至少两人一组进行测试，站立式起跑。受试者听到“跑”的口令后开始起跑。发令员在发出口令的同时摆动发令旗，计时员看到旗动开表计时，当受试者的躯干部位到达终点线垂直面时停表。以分、秒为单位记录测试成绩，不计小数。

体育思政课堂

了解高职体育，增强体育与健康意识

高职体育课程是寓促进身心和谐发展、思想品德教育、文化科学教育、生活与体育技能教育于身体活动并有机结合的教育过程，也是实施素质教育和培养全面发展的人才的重要途径。高职体育应全面落实“立德树人”的根本任务，以身体练习为主要手段，通过合理的体育与健康教育，达到使学生增强体质、增进健康、提高体育素养的目的。大学生应充分认识体育与健康的关系，积极参加课内外体育活动，增强健康意识及终身体育意识，通过科学锻炼、合理作息、平衡膳食、调节心理等措施维护自身健康，为积极参加我国的社会主义现代化建设奠定健康基础。

教育的重要作用

教育是民族振兴、社会进步的重要基石，是功在当代、利在千秋的德政工程，对提高人民综合素质、促进人的全面发展、增强中华民族创新创造活力、实现中华民族伟大复兴具有决定性意义。

——2018 年 9 月，习近平在全国教育大会上的讲话

思考与探究

1. 请撰写一篇题为“为祖国的强大而健身”的作文，字数约为 600 字。
2. 请密切联系自己的实际，确定运动目标。
3. 从今天开始锻炼身体。和好朋友一起去运动吧。

课外体育活动

不经常运动的学生，请先从快走开始锻炼，每天快走 30 分钟。当然，你也可以“见缝插

针”式地运动，灵活选择运动方式，累计运动时间。经常锻炼的学生，请循序渐进地提高运动强度、增加运动时间。

总结与创新

项目二

健康教育大讲堂

项目导读

健康教育在高职院校教学工作中具有重要作用。对大学生进行健康教育，是素质教育的体现。通过接受健康教育，学生可以了解科学健康观等健康知识，改变不良的生活习惯，做到平衡膳食，有效预防和科学处理常见传染病、运动损伤和职业性疾病，进而使身心健康得到均衡、全面的发展。

学习目标

1. 了解科学健康观并养成健康的生活方式。
2. 认识各类营养素，掌握平衡膳食的准则。
3. 提高常见传染病的预防意识与运动损伤的预防和处理能力。
4. 了解常见职业性疾病的体育疗法。

学习内容

一、关注健康，珍爱生命

（一）科学健康观

1 健康的定义

20 世纪 40 年代，世界卫生组织提出，健康不仅为疾病或羸弱之消除，而系体格、精神与社会之完全健康状态。此后，相关学者不断完善健康的概念，于 20 世纪 90 年代又提出人类健康还应包括道德健康，认为只有身体健康、心理健康、社会适应良好、道德健康的人，才算是完全健康的人。这一健康概念从人的自然属性与社会属性相结合的层面上阐明了健康的科学内涵。

2 健康的多维观

随着社会的发展和科学技术的进步，人们逐渐对健康有了新的认识。从世界卫生组织提出的健康定义来看，人们提出的健康评价已经不再局限于医学、生物学的范畴，而是扩大到了心理学和社会学的范畴。

（1）健康三维观。

学者沃林斯基提出的三维健康模式强调从生物、心理和社会三个方面来评价人的生命状态。其中，每个方面均包含健康和不健康两极，由此得出健康状况的三维表象。

（2）健康五要素。

国外曾有研究机构提出了一个与健康三维观相似的健康定义，即个体只有在身体、情绪、智力、精神、社交五个方面（也称健康五要素）都健康，才称得上真正健康，或者称为完美状态。

◎ 身体健康

身体健康不仅指躯体无疾病，还指体能良好。良好的体能能够使人有足够的能量满足生活需要和完成各种活动任务。人们具备良好的体能，可以有效预防疾病、促进健康和提高生活质量。

◎ 情绪健康

情绪涉及个体对自己的感受和对他人的感受。情绪健康的主要评价指标是情绪的稳定性。情绪的稳定性是指人的情绪随外界或内部条件变化而产生波动的情况。个体在生活中偶尔出现情绪高涨或情绪低落均属正常现象，关键是在生活中的大部分时间要保持情绪稳定。

◎ 智力健康

智力健康是指人在长期的学习和生活中，其大脑始终处于活跃状态。人们可以采用很多方法使大脑活跃、思维敏捷，如努力学习、参加体育运动等。努力学习和进行体育运动还能使人有成就感和满足感。

◎ **精神健康**

精神健康是指个体具备理解生活基本目的的能力及关心和尊重所有生命体的。

◎ **社交健康**

社交健康是指个体在与他人及社会环境相互作用的过程中所具有的和谐的人际关系和胜任社会角色的能力。社交健康能够使人在交往中有自信心和安全感，也会使人少生烦恼，心情舒畅。

（二）健康的评判标准——“五快三良好”

1999 年，世界卫生组织针对人体健康问题提出了一个易记又便于理解的标准，即“五快三良好”。

1 “五快”

“五快”：① 吃得快，即进餐时，有良好的食欲，不挑剔食物，并能很快地吃完一顿饭；② 便得快，即一旦有便意，能很快排泄完大小便，而且感觉良好；③ 睡得快，即入睡快，且睡得好，醒后头脑清醒，精神饱满；④ 说得快，即思维敏捷，说话流利，口齿清晰；⑤ 走得快，即行走自如，步履轻盈。

2 “三良好”

“三良好”：① 具有良好的个性人格，情绪稳定，性格温和，意志坚强，感情丰富，胸怀坦荡，豁达乐观；② 具有良好的处世能力，观察问题客观现实，具有较好的自控力，能适应复杂的社会环境；③ 具有良好的人际关系，能助人为乐，与人为善，人际关系良好。

（三）健康的生活方式

生活方式是人的生命活动的方式，包括生产过程和社会文化领域中人与人之间相互关系的全部复杂体系。它是人们长期受一定社会文化、经济、家庭、风俗等影响而形成的一系列的生活习惯、生活制度和生活意识。

健康的生活方式有利于人体各项生理机能的发挥，有利于保持身体健康，也有利于提高学习和生活效率。学生的生活要有一定的规律，学生要对一天中的起床、就餐、学习、运动、休息等活动进行合理的安排，按规律的时间作息。养成良好的生活方式，对于学生来说十分重要。

❶ 养成良好的睡眠习惯

睡眠是保证学生健康的重要条件之一。在睡眠的过程中，内分泌系统释放的生长激素比平时多 3 倍。这些生长激素可以作用于全身的组织细胞，促进它们的生长发育，还可明显促进骨骼生长。睡眠不足容易导致人体发育缓慢，还会使人烦躁、易怒、食欲减退、体重减轻。睡眠是机体生理功能修复的过程，与人体健康关联密切。睡眠充足，有利于各器官、系统恢复生机。

知识窗

优质的睡眠包含以下五个要点：① 入睡快，能在 10 分钟左右入睡；② 睡眠深，呼吸深长，不易惊醒；③ 无起夜或偶尔起夜，无惊梦现象或醒后很快忘记梦的内容；④ 醒后精神好；⑤ 白天头脑清醒，工作效率高，不困倦。

❷ 养成良好的体育锻炼习惯

体育锻炼对于增进健康具有重要意义。学生养成每天锻炼的良好习惯会使其受益终生。学生坚持体育锻炼有利于提高学习效率。实践证明，如果学生每天从 8 小时的学习中抽出 1 小时进行体育锻炼，则其学习效率将明显高于持续学习 8 小时的学习效率。另外，体育锻炼对学生的智力发展也有非常重要的作用，这主要表现为体育锻炼有助于促进大脑的全面发展，缓解大脑疲劳，提高大脑的工作效率、反应速度和综合分析能力等。运动是天然的“健脑丸”，可提高锻炼者的专注力和记忆力，有助于延缓衰老。

❸ 养成良好的卫生习惯

学校是学生生活和学习的重要场所。学校的环境卫生直接关系到学生的身心发展和身体健康。就学生个人而言，使自己的生活空间保持干净、整洁，不仅有利于健康，还是对自己的尊重、对生活的尊重。另外，学生外出宜戴口罩，尽量少在交通要道、车辆密集处停留，以减少吸入车辆排放的尾气；尽可能少在公众聚集的场所逗留，以减少疾病传播。每名学生都要养成良好的卫生习惯，保持校园、教室和宿舍的整洁、卫生。

❹ 养成良好的饮食习惯

一些学生不了解科学的饮食方法。部分学生对饮食不甚关注，抱着无所谓的态度；部分学生长期不吃早餐；部分学生盲目节食，听信虚假广告，导致营养失调；还有少数学生经常纵欲进食，造成消化系统功能紊乱，影响了身体健康。在生活中，学生要养成良好的饮食习惯，不偏食、不暴饮暴食、不盲目节食，合理摄入营养，维持膳食平衡。

❺ 禁烟限酒

大量研究表明，吸烟能诱发和加重多种疾病，降低人体的健康水平，缩短人的寿命。吸烟的危害在于香烟中含有大量的有害物质，如尼古丁、焦油、烟草微尘等。其中，尼古丁是神经系统和血液循环系统的“杀手”；焦油易导致喉癌、口腔癌、食道癌和胃癌，特别容易引发肺癌；烟草微尘容易刺激气管黏膜，引发咽喉炎、支气管炎等疾病。吸烟不仅危害吸烟者自身健康，还危害他人健康。被动吸烟的危害不亚于主动吸烟的危害。

酒的主要成分是乙醇。过量饮酒会损害人体细胞，破坏身体机能，直接影响人体健康。乙醇对心脏的危害较大。长期过量饮酒会使心脏失去正常的弹性而增大。医学上的“啤酒心”指的就是长期过量饮酒而导致的心肌病变。另外，乙醇对神经系统也有危害。有的人在饮酒后变得非常健谈，这就是中枢神经系统在乙醇的作用下功能失调的表现。乙醇还会使血液中的脂类沉积在血管壁上，使血管变窄、血压升高。《中国居民膳食指南（2022）》建议，若饮酒，成年人一天饮用的酒精量不超过 15 克，儿童青少年、孕妇、乳母、慢性病患者等特殊人群不应饮酒。

（四）增进心理健康的途径

1 学习心理卫生知识

掌握心理卫生知识，有助于学生进行自我保护、自我调节，增进心理健康。每名大学生都应增强心理卫生意识，自觉学习心理卫生知识。

2 建立合理的生活秩序

建立合理的生活秩序是增进心理健康的必要条件。高职院校是一个相对独立的“小社会”，校园生活丰富多彩。大学生在学校应该合理地安排自己的学习和生活，遵守学校的规章制度和课程安排，按时上课和参加活动，根据自己的兴趣爱好和学业要求参加社团活动或社会实践，合理作息，建立合理的生活秩序。这样可以使学生的生活有规律，既能保证学生正常完成学业，又能使其开阔视野，调节身心，增强信心，有利于增进其心理健康。

3 保持良好的情绪

保持良好的情绪是增进心理健康的关键。良好的情绪能使人心情愉悦、精力充沛、充满信心；相反，情绪波动剧烈，喜怒无常，常处于不良情绪之中，而自己又无法加以调节和控制，就容易导致心理失衡和失常，更有甚者会出现精神错乱。

4 掌握健康的娱乐方法

大学生应充分培养和发展自己的业余爱好，掌握健康的娱乐方式。当情绪不佳时，学生可以通过参加各种健康的娱乐活动来排遣烦闷，调节情绪；进行积极的放松和调整，从而提高生活和学习的效率，维护自己的心理健康。

二、合理营养，平衡膳食

（一）营养素

人体需要不断地从外界摄取食物，经过消化、吸收、代谢，利用食物所含的身体所需的物质来维持正常的生命活动。这些物质被称为营养素。世界上没有单纯的一种营养素能满足人体生命活动的全部需要，也没有一种食物能供给人们身体所需的全部营养素。营养素摄入不合理，对人体健康不利。

目前，已知人体需要的营养素可分成七大类：蛋白质、碳水化合物、脂类、无机盐、维生素、水和膳食纤维。（表 1–2–1）

表 1–2–1 七大营养素及其功能

营养素	概述	功能
蛋白质	蛋白质是由氨基酸组成的一类高分子有机化合物。已知生物体内的蛋白质是由 20 余种氨基酸构成的。食物中的氨基酸按其功能可分为必需氨基酸和非必需氨基酸两类	构成机体；合成人体各种生理活性物质，如各种酶；提供热量
碳水化合物	碳水化合物又称糖类，是经光合作用而形成的一种由碳、氢、氧三种元素所组成的生物分子，包括单糖（如葡萄糖、果糖）、双糖（如蔗糖、麦芽糖）、多糖（如淀粉、糖原）	提供热量；构成机体组织，并参与细胞的组成和多种生理活动；节约蛋白质
脂类	脂类是人体构成细胞组织、储存热量、维持健康所必需的物质，可分为脂肪和类脂	提供热量；构成机体组织，如细胞膜、神经组织；其他功能，如促进脂溶性维生素的吸收
无机盐	无机盐是人体内无机化合物盐类的统称，是人体必需营养素，但人体自身无法产生和合成。含量占人体体重 0.01% 以上，成年人每日需要量大于 100 毫克的无机盐被称为常量元素（如钾、钠、钙、磷、镁、氯、硫），含量占人体体重 0.01% 以下，每日需要量小于 100 毫克的无机盐被称为微量元素（如铁、锌、碘、硒、氟、铜、钼、锰、铬、镍、钒、锡、硅、钴）	构成机体，如钙、磷等是骨骼、牙齿的重要成分；构成身体重要生理活性物质，如碘是甲状腺素的主要成分，铁是血红蛋白的主要成分；与生理机能有关，如维持机体内环境的稳定、平衡，与神经的兴奋和肌肉的收缩等有关

续表

营养素	概述	功能
维生素	维生素是维持人体正常生理功能的一类微量有机物质，按溶解性质可分为两大类：①脂溶性维生素，能在人体内储存，不能随尿液排出，摄入过多可引起中毒；②水溶性维生素，不能在人体内储存，必须持续从食物中摄取，可随尿液排出，摄入过多一般不会引起中毒	维生素 A：维持正常的暗视觉，维持细胞上皮的正常功能。 维生素 D：促进钙、磷的吸收和钙在骨骼中的沉积。 维生素 E：保护细胞免受自由基的损害，增强免疫功能，延缓衰老。 维生素 K：促进血液凝固。 维生素 B_1：参与机体能量代谢，提高食欲，增强消化功能。 维生素 B_2：参与蛋白质代谢。 维生素 B_3：参与体内氧化还原反应，促进消化；维护皮肤和神经的健康。 维生素 B_5：提高抗应激、抗寒冷、抗感染的能力。 维生素 B_6：参与分解蛋白质、脂类和碳水化合物。 维生素 B_{12}：促进红细胞的发育和成熟，预防恶性贫血；维护神经系统健康。 维生素 C：增强机体对外界环境的抗应激能力和免疫力
水	水是由氢、氧两种元素组成的无机物，是人体重要的营养物质	构成机体；保证和参与物质代谢过程；调节体温；参与体内物质的运输；维持腺体正常分泌
膳食纤维	膳食纤维是指不能被人体消化的可食碳水化合物及其类似物。这些物质虽不能被小肠消化、吸收，但在大肠中可全部或部分发酵。膳食纤维包括纤维素、半纤维素、果胶、树胶、木质素等	降低胆固醇水平；预防便秘，减少肠道疾病；预防糖尿病；控制体重，防止肥胖

（二）平衡膳食

1 平衡膳食的概念

所谓平衡膳食，是指膳食所含有的营养素数量充足、种类齐全、比例适当。平衡膳食由多种食物构成，可为人体提供足够的热量和各种营养素，以满足人体正常的生理需要。

❷ 中国居民平衡膳食餐盘

中国居民平衡膳食餐盘按照平衡膳食原则，描述了一个人一餐中膳食的食物组成和大致比例。餐盘分成四部分，分别是谷薯类、鱼肉蛋豆类、蔬菜类和水果类。餐盘旁的一杯牛奶提示其重要性。按照中国居民平衡膳食餐盘安排膳食，人体的营养需求将很容易得到满足。

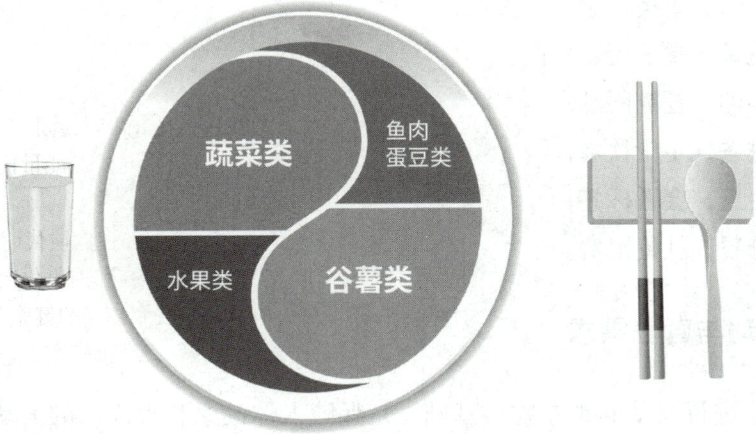

（资料来源：中国营养学会官网）

❸ 中国居民平衡膳食宝塔

中国居民平衡膳食宝塔是根据中国居民的膳食结构特点设计的。它把平衡膳食的原则转化成各类食物的组成，并以宝塔的形式直观地表现出来，便于群众理解和在日常生活中实行。

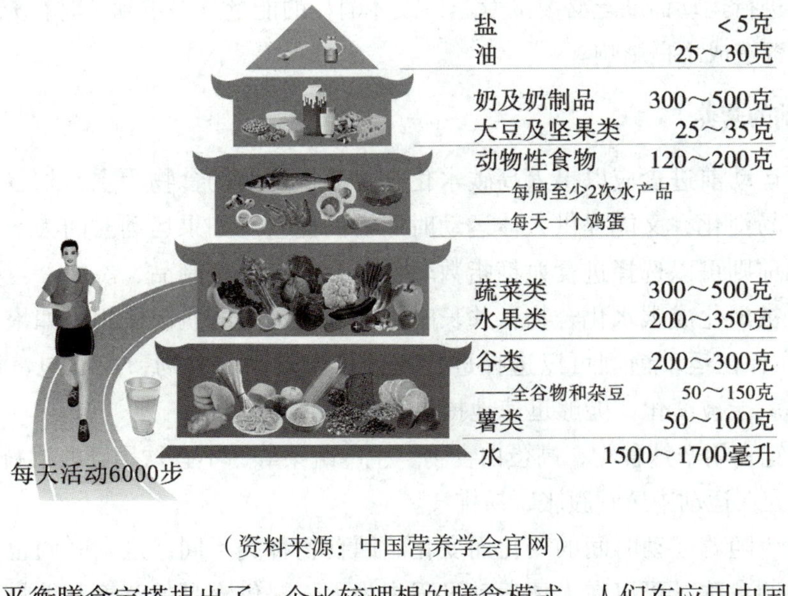

（资料来源：中国营养学会官网）

中国居民平衡膳食宝塔提出了一个比较理想的膳食模式。人们在应用中国居民平衡膳食宝塔时要注意以下要点：① 确定自己的食物需求；② 同类互换，调配丰富的膳食；③ 合理分配三餐食量；④因地制宜，充分利用当地资源；⑤养成习惯，长期坚持。

中国居民平衡膳食八条准则如下：

（1）食物多样，合理搭配；

（2）吃动平衡，健康体重；

（3）多吃蔬果、奶类、全谷、大豆；

（4）适量吃鱼、禽、蛋、瘦肉；

（5）少盐少油，控糖限酒；

（6）规律进餐，足量饮水；

（7）会烹会选，会看标签；

（8）公筷分餐，杜绝浪费。

（三）运动与营养需求

营养是人体进行运动的重要物质基础，是保障人体健康和提高人的运动能力的重要因素，是维持和增强人体运动效果的必要条件。科学、合理的营养能够帮助人们改善运动能力，减少运动后的恢复时间，预防由疲劳引起的运动损伤，并为人们提供高强度运动时的能量，是人们控制体重的有效手段。不科学、不合理地补充营养，不仅影响人们运动水平的提高，还影响人们的身体健康。营养与运动都是维持和促进人体健康的重要因素。营养是构成人体组织的物质基础，运动可增强人体机能。营养与运动科学配合，可更有效地促进人的身体发育，增强人的体质，提高人的健康水平。只注重营养而缺乏运动，会使人体肌肉松弛、机能减弱；只进行运动而缺乏必要的营养，人体消耗的能量就得不到及时补充，进而对身体健康和生长发育造成不良影响。

1 运动前的营养

锻炼者在运动前进食应以摄入高碳水化合物、低脂肪的食物为主，如谷物、水果等。这类食物既容易消化，又能提供人体运动时所需的能量。如果运动时间为 60 ～ 90 分钟，锻炼者在运动前则可以选择进食血糖指数较低的食物，如奶制品、谷物、豆类等。这类食物可以缓慢地被消化成碳水化合物，并长时间地供运动中的肌肉使用。如果运动时间少于 60 分钟，锻炼者在运动前则可以选择进食血糖指数较高的食物，如面包、运动饮料等。这些食物很快就能被消化，能够迅速地提供碳水化合物。

运动前不宜食用辛辣食物、高蛋白食物、生冷蔬菜等，不宜饮用碳酸饮料，不宜嚼口香糖。它们会使人在运动中感觉腹胀、易排气。

进食时间应随着运动时间的变化而变化。因食物种类不同，进食时间也有所不同。总体原则是摄入的食物既可以在人体运动过程中为人体提供充足的营养和能量，又不会使人的肠胃感觉不适。

进行剧烈运动时，如打篮球、跑步等，人体对胃内的食物通常比较敏感，少量的食物可能就会令人感到不适，这就需要锻炼者在运动前 2 ～ 3 小时进食，或者减少食物的摄入量，以减轻这些症状。进行强度较低的运动时，人体一般不会受到胃内食物的影响，人们在进食时间和食物的选择上有较大的弹性。

◎ 上午运动

运动前一天的晚餐必须富含碳水化合物。经过一夜后，肝脏中肝糖原的含量已经降低，而在运动前补充碳水化合物可以提高人的运动能力。锻炼者在运动前 90 ～ 120 分钟应吃少量的早餐，如面包；避免食用含过多脂肪的食物，如包子、油饼等。这是因为含过多脂肪的食物既不容易被消化，会在胃中停留比较长的时间，又无法为人体提供足够的碳水化合物。若习惯吃丰盛的早餐，锻炼者就需要在运动前 2 ～ 3 小时进食，这样人体才有足够的时间消化食物。如果无法早起，则锻炼者可在运动前 10 ～ 30 分钟用运动饮料或一两片面包补充前一天晚上消耗的糖原。

◎ 下午运动

锻炼者运动当天应吃丰盛的早餐，中午应吃富含碳水化合物和蛋白质的午餐，下午应吃少量富含碳水化合物的食物，同时一天中必须摄取充足的水分；也可以从早上开始每一两个小时喝一大杯果汁，维持体内糖原的含量，运动前 20 ～ 30 分钟再补充运动饮料。

◎ 晚上运动

锻炼者运动当天应吃丰盛且富含碳水化合物、蛋白质的早餐和午餐，吃富含碳水化合物的晚餐；避免吃高脂肪的食物，如油炸食品、肥肉等。锻炼者在运动前 20 ～ 30 分钟宜喝 200 ～ 300 毫升运动饮料，同时在一天中都要摄入充足的水分。

2 运动后的营养

（1）碳水化合物的补充。

糖原是人体运动时的主要能量来源之一，存在于肌肉和肝脏中。肌肉中的肌糖原只能供肌肉细胞使用，而肝脏中的肝糖原能以葡萄糖的形式释放到血液中，供肌肉及身体其他器官使用。体内糖原存量不足以供给人体运动所需，是造成人体疲劳、运动能力降低、无法持续运动的原因之一。运动后，体内的糖原存量显著减少。运动后，若机体中的糖原得不到及时补充，锻炼者下次运动就会受到糖原不足的影响。

研究显示，运动后 2 小时内，人体合成糖原的效率最高，2 小时后则恢复到一般水平，因此，人体在运动后尽早补充碳水化合物可以迅速补充体内消耗的糖原。如果锻炼者的下次运动在此次运动后 10 ～ 12 小时进行，运动后 2 小时这一高效率时段则特别重要。错过这个时段，即使锻炼者在后续的时间摄入了足够的碳水化合物，身体也可能没有足够的时间完全补充消耗的糖原，体内的糖原存量会一次比一次少，运动后身体会越来越疲劳。如果锻炼者的下次运动在此次运动后 24 ～ 48 小时进行，那么即使错过运动后 2 小时这个时段，接下来只要着重摄取富含碳水化合物的食物，身体也有足够的时间补充消耗的糖原。

建议锻炼者在运动后 15 ～ 30 分钟进食 50 ～ 100 克碳水化合物（大约每千克体重需要补充 1 克碳水化合物），然后每 2 小时摄入 50 ～ 100 克碳水化合物。锻炼者的正餐应以富含碳水化合物的食物为主。

（2）肌肉和组织的营养恢复。

运动不当容易造成肌肉纤维和结缔组织损伤。与没有身体接触的运动相比，一些有身体接触的运动（如篮球运动、足球运动等）往往会造成更多的肌肉损伤。运动后，锻炼者迅速地补充蛋白质有助于修复受伤的肌肉和组织，也会提高受伤肌肉合成肌糖原的效率。因此，运动或比赛后，受伤的运动员不仅需要补充更多的碳水化合物，还需要把握运动后 2 小时的高效率时段，以有效地补充体内消耗的糖原。

3 运动与水

（1）运动补水的重要性。

剧烈运动往往会使人体大量流汗，导致体内液体流失，还会造成电解质随汗液流失。锻炼者如果在运动前和运动中不补充水分而在运动中又大量出汗，就很容易脱水。脱水会使人体血容量降低、血液渗透压升高。低血容量会导致心输出量下降、排尿量减少、体温升高、血液黏稠度增大及中暑危险增加。因此，运动时，人体内流失的水分及电解质应及时得到补充。

（2）补水的原则。

首先，锻炼者在运动中补充水分应以保持体内水平衡为原则。调节体内水平衡及电解质平衡的途径是饮水或运动饮料。其次，锻炼者应遵循预防性补水的原则。长时间进行耐力锻炼的人可在运动前一天饮用足量的水。运动时，锻炼者可根据身体实际情况适量补水。最后，锻炼者应遵循少量多次的补水原则。一次性大量饮水会加重肾脏的负担，使人的运动能力降低。锻炼者在脱水之前就应补充水分，千万不要等到口渴才饮水。当感觉口渴时，身体可能已经处于脱水状态了。

（3）不同运动阶段的补水方法。

锻炼者在运动前、运动中、运动后应科学补充水分，以防止脱水或降低脱水程度，有效改善运动能力。

◎ **运动前补水**

在较长时间的运动中，人体的流汗量很大。人体大量缺水而未及时补充水分很可能导致身体散热功能失常。因此，在进行耐力运动前的2小时，锻炼者最好饮用500～600毫升的水（可分两次喝）。在进行普通运动前半小时，锻炼者宜喝约250毫升的水。运动前，锻炼者不宜饮用碳酸饮料。可在运动前2小时开始补水。提前补水可以让肾脏有充足的时间代谢，将体液平衡和渗透压调节到最佳状态，有助于人体排出多余的水分。

知识窗

运动饮料是根据人体运动营养学设计的含有碳水化合物、多种维生素和无机盐的饮料。运动饮料有利于人体运动后恢复体力，适合高运动强度的锻炼者和专业运动员，而一般的运动人群补充白开水、矿泉水即可。锻炼者运动超过1小时才有必要饮用运动饮料。

◎ **运动中补水**

在运动中，锻炼者每隔15～20分钟喝150～200毫升的水是比较科学的补水方法。在1小时的运动中，锻炼者补水量不超过600毫升。天气热时，锻炼者可以多喝水，也可以在阴凉处锻炼。

◎ **运动后补水**

研究表明，锻炼者在运动后越早开始补水，身体机能恢复越好。锻炼者在运动后正确地补充水分有助于其体力的及时恢复。锻炼者运动后体重每降低约0.5千克，须补充470～700毫升的水。进行长时间、大运动量的运动后，锻炼者可以补充运动饮料。剧烈运动后，锻炼者不要大量饮用冷饮，以免肠胃受到冷刺激，引起肠胃血管突然收缩，导致胃部痉挛等。运动后，锻炼者不宜喝浓茶、咖啡、酒水等。

4 运动营养食品

运动营养食品是为满足运动人群（每周参加体育锻炼3次及以上，每次持续时间30分钟及以上，每次运动强度达到中等及以上的人群）的生理代谢状态、运动能力及对某些营养成分的特殊需求而专门加工的食品。运动营养食品不是药物，也没有立竿见影的增肌、减脂等特殊功效，是帮助人们保养身体、提高运动能力的食品。运动营养食品的原料应符合相应的标准和/或相关规定，不得添加世界反兴奋剂机构禁用物质。运动营养食品

知识窗

按特征营养素分类，运动营养食品包括三类。

补充能量类：以碳水化合物为主要成分，能够快速或持续提供能量的运动营养食品。

控制能量类：能够满足运动控制体重需求的运动营养食品。

补充蛋白质类：以蛋白质和/或蛋白质水解物为主要成分，能够满足机体组织生长和修复需求的运动营养食品。

的色泽、滋味、气味、组织状态、冲调性应符合相应产品的特性，不应有正常视力可见的外来异物。按特征分类的各类产品需满足的技术指标应符合表 1–2–2 的要求。其中，补充蛋白质类产品中优质蛋白质所占比例不应低于 50%。

表 1–2–2 各类产品的特征营养素技术要求

项目	补充能量类		控制能量类				补充蛋白质类		
			促进能量消耗		能量替代				
	固态	半固态或液态	固态	半固态或液态	部分代餐	完全代餐	固态	半固态或液态	粉状（需冲调后食用）
能量	≥ 1500 千焦 / 100 克	≥ 150 千焦 / 100 克	≤ 300 千焦 / 100 克	≤ 80 千焦 / 100 克	835 ～ 1670 千焦 / 餐	3350 ～ 5020 千焦 / 天	—	—	—
碳水化合物提供的能量占产品总能量的比例	≥ 60%	≥ 60%	—	—	—	—	—	—	—
蛋白质 /（克 / 100 克）	—	—	—	—	—	—	≥ 15%	≥ 4%	≥ 50%
蛋白质提供的能量占产品总能量的比例	—	—	—	—	—	25%～50%	25%～50%	—	—
脂肪/（克 / 100 克）	—	—	—	—	—	—	≤ 15	≤ 1.5	≤ 6
脂肪提供的能量占产品总能量的比例	—	—	≤ 25%	≤ 25%	≤ 25%	≤ 25%	—	—	—

注：蛋白质含量的计算，应以氮（N）×6.25。

知识窗

科学研究证明，使用世界反兴奋剂机构禁用物质会对人的身心健康产生许多危害。使用不同种类和不同剂量的禁用物质，对人体的损害程度也不相同。一般来说，使用禁用物质的主要危害如下：

（1）导致使用者产生药物依赖性；

（2）导致使用者细胞和器官功能异常；

（3）导致使用者产生过敏反应，降低其免疫力，引发各种疾病；

（4）导致使用者出现较大的性格变化。

使用禁用物质不但严重危害运动员的身体健康，而且违反诚实和公平竞争的体育道德和奥林匹克精神。国际奥委会严禁运动员使用禁用物质。

三、预防疾病，防止损伤

（一）常见传染病的预防

传染病是由各种病原体引起的，能在人与人、动物与动物或动物与人之间相互传染的疾病。一般传染病的传播有以下五种途径：① 飞沫传染，即患者咳嗽、打喷嚏、说话时，喷出温暖而潮湿的液滴，病原附着其上随空气飘散，短时间、短距离地在空中飘浮，由下一位宿主因呼吸、张口或偶然触碰到眼睛表面时黏附，造成新的宿主受到感染。经这种途径传播的常见传染病有水痘、普通感冒、流行性感冒、腮腺炎等。② 粪口传染，即病原体经肠道排出，污染食物和饮水而经口传播的疾病传播途径。经这种途径传播的常见传染病有脊髓灰质炎、轮状病毒、弓形虫病等。③ 接触传染，即经由直接碰触而传染的方式，除了直接触摸、亲吻患者，也会通过与患者共享牙刷、毛巾、刮胡刀、餐具、衣物等贴身物品，或是因患者接触后，留下病原造成传染。④ 垂直传染，专指胎儿由母体得到的疾病。⑤ 血液传染，即通过血液、伤口的感染方式，将疾病传递至另一个个体的过程。

知识窗

预防常见传染病主要有以下三项措施。

（1）控制传染源，如对传染病患者要隔离、消毒、治疗等。

（2）切断传播途径，如净化空气，灭虫，管理好饮食、水源，注意个人卫生和公共场所卫生等。

（3）保护易感人群，一方面教育这类人群加强体育锻炼、改善营养、增强体质、提高免疫力，另一方面号召这类人员积极接种疫苗。

1 流行性感冒

流行性感冒简称“流感”，是由流感病毒引起的急性呼吸道传染病。该病起病急，传染性强，传播迅速，主要传染源是病人和隐性感染者。

【症状】

高热、头痛、全身酸痛、乏力、咽痛、食欲减退等。部分病人有鼻阻、流涕、干咳等。发热多于2日内达高峰，4日内退热，其他症状随之缓解，但上呼吸道症状常持续1～2周后才逐渐消失，体力恢复亦较慢。严重者可并发肺炎等，甚至引起死亡。

【预防措施】

（1）注射流感疫苗。

（2）与患者保持距离，特别是在患者打喷嚏或咳嗽时，与其保持2米左右的距离。

（3）在冬季尽量少去人员密集场所。

（4）常洗手；注意厨具、餐具消毒。

（5）加强体育锻炼，提高免疫力。

（6）保持室内空气的流通。

2 消化道传染病

消化道传染病主要是通过病人的排泄物（如呕吐物、粪便等）传播的，一般由病原体随排泄物排出病人或携带者体外，经过生活接触污染了手、水、食品和食具进入体内而感染。常见的消化道传染病有细菌性痢疾、脊髓灰质炎、伤寒、副伤寒、霍乱、副霍乱、阿米巴痢疾、各种肠道病毒感染（如柯萨奇病毒、埃可病毒等），细菌性食物中毒，以及各种肠道寄生虫病（如蛔虫病、绦虫病、蛲虫病、姜片虫病）等。

【症状】

以胃肠道症状最突出，出现食欲不振、恶心、呕吐、腹胀、腹痛，粪质稀薄、水质增加，每日排便超过3次，常伴畏寒、发热、乏力、头晕等表现。病情严重者，因排便造成的大量水分流失还会引起脱水、体内电解质紊乱，甚至休克。

【预防措施】

（1）注意个人卫生和饮食卫生，特别是在腹泻流行季节。

（2）注意养成良好的饮食习惯，以免形成慢性病。

3 病毒性肝炎

病毒性肝炎是由多种肝炎病毒引起的以肝脏病变为主的一种传染病，具有传染性强、传播途径复杂、流行面广泛、发病率较高等特点，在我国是一种多发病、常见病。肝炎病毒分为甲、乙、丙、丁、戊五种类型，所引起的肝炎相应地也分为五种。甲型肝炎肝发病急，但治疗效果较好，愈后可终身免疫。乙型、丙型、丁型肝炎患者，经治疗后，若超过半年还有肝病症状且肝功能异常的，可被视为进入慢性期。在这种情况下，肝炎可发展为肝硬化，危害较大。戊型肝炎常表现为胆汁性肝硬化，较为少见。

【症状】

病毒性肝炎的临床表现主要有食欲减退、恶心、厌食油腻、乏力、肝肿大、肝功能异常等。一部分病人可以出现发热和黄疸。

【预防措施】

（1）管理传染源：对急性甲型肝炎患者应采取早期隔离措施。隔离是病人暂时不与外界接触，单独在家休息治疗。对于慢性肝炎患者，不要与其共用某些生活日用品。

（2）切断传播途径：饭前便后洗手，加强饮食卫生，实行分餐制，食具消毒，防止水资源污染，喝开水，对粪便进行无公害处理，使用严格消毒的一次性注射器等。

（3）保护易感人群：注射甲肝、乙肝、戊肝疫苗，人血丙种球蛋白等。

（二）运动安全防护

1 运动急救基础知识

运动急救指对运动中突然发生的严重损伤进行紧急、初步和临时性的处理，以减轻伤（患）者的痛苦，预防并发症，为进一步治疗创造条件的院前急救过程。运动急救对保护伤（患）者的生命安全具有十分重要的意义。

运动急救是十分重要的，如果处理不当，则轻者加重损伤，导致感染，增加伤（患）者痛苦；重者致残，甚至危及生命。因此，如锻炼者出现运动损伤，施救者必须及时、准确、合理、有效地实施急救。

（1）运动急救的原则。

◎ 先重后轻

现场急救情况比较复杂。如果同时出现多种损伤，施救者必须先对重症采取急救措施。例如，伤（患）者同时发生骨折及多处擦伤，施救者则应先固定伤肢再处理擦伤。

◎ 分工明确、判断正确

急救人员必须分工明确，并具有高度的责任感和救死扶伤的崇高品德；要临危不惧、正确判断，有条不紊地抢救；要有熟练、正确的抢救技术和丰富的临场经验。

◎ **快抢、快救、快转运**

急救时必须分秒必争、当机立断，切勿犹豫，以免延误时机。待急救有效后，尽快拨打急救电话，送伤（患）者就医，做进一步治疗。在运送途中应保证伤（患）者平稳，消除其紧张情绪，必要时继续对其施行心肺复苏术。

（2）心肺复苏术。

心肺复苏术是在伤（患）者发生呼吸停止、心搏骤停的情况下实施的抢救措施。现场徒手心肺复苏分为以下步骤。

判断有无意识 → 轻拍伤（患）者肩部，大声呼喊伤（患）者，判断其有无意识，5 秒内完成。

求援、呼救 → 现场呼救，或尽快拨打急救电话；若有他人在场，则请其拨打急救电话求援。求援时一定要讲明事发地点、联系电话、现场伤员情况等。

放置体位 → 使伤（患）者仰卧于水平硬面，解开其衣物，确保血液回流。

检查呼吸 → 施救者用看、听、感觉来检查伤（患）者是否有呼吸，用时 3 ～ 5 秒。看：伤（患）者胸部有无起伏。听：伤患者胸肺有无呼吸声音。感觉：脸部贴近伤（患）者口鼻处，感觉伤（患）者口鼻有无气体呼出。

检查脉搏 → 三指触摸颈动脉法：食指、中指和无名指在胸锁乳突肌前缘滑动寻找颈动脉，找准后看手表，测计 15 秒的颈动脉搏动数，将其乘以 4 换算为脉搏。

胸外心脏按压

按压点：施救者用二指法寻找定位。在胸骨切迹上，一手立两指，以两指自肋骨框下缘上移至胸骨底端，另一手以手掌贴寻找定位手的两指，掌根垂直落位于胸骨上，手指翘起，寻找定位手的掌根落位于另一手旁。

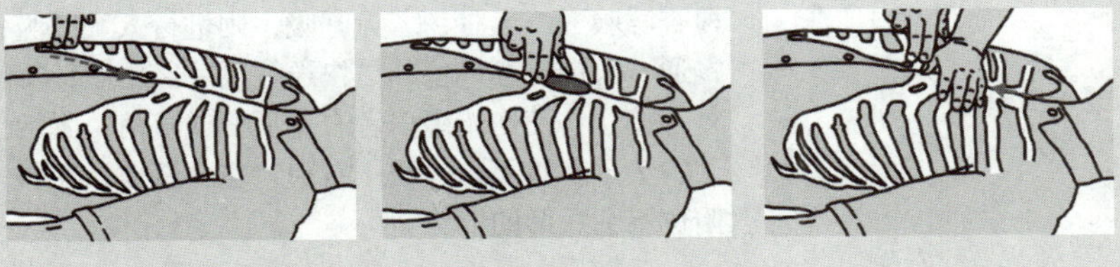

按压方式：施救者成跪姿，两手重叠，两臂伸直，上体前倾，肩在压点正上方，利用自身体重和肩臂肌力，掌根着力，垂直向下按压胸骨。按压要平稳、有规律，掌根不能抬离胸骨，以免改变正确的按压点。按压同时数口令："1，2，3，4…，30。"数"1"时下压，数"2"时放松，以此类推。下压、放松时间各半。

按压深度：成年人至少 5 厘米；儿童和婴儿不小于其胸部前后径的 1/3。

按压频率：不低于 100 次 / 分。

开放气道

采用仰头举颌法、仰头抬颈法、双手拉颌法等方法打开伤（患）者气道，使其下颌经耳垂连线与地面成 90°，清除其口腔中的异物、假牙等。

人工呼吸

若伤（患）者无呼吸，则进行人工呼吸。

口对口人工呼吸的方法：施救者深吸气，密封式口套口，缓慢吹气入肺。吹气时，一手拇指和食指轻捏伤（患）者鼻翼，目视伤（患）者胸部的起伏，每次吹气后松开捏鼻的手。连续吹气两次，每次吹气 1.5 秒。对成年人的吹气量为 800 ～ 1200 毫升；对儿童的吹气量为 600 ～ 800 毫升；婴儿，以看到胸廓上抬为度，否则过量易造成胃扩张。无法把握时，以施救者吸入的气体不过度饱满为宜。

人工呼吸频率：成年人为 10 次 / 分，6 ～ 8 秒 / 次；儿童为 16 次 / 分，5 秒 / 次；婴儿为 20 次 / 分，4 秒 / 次。

吹不进气时，重新检查伤（患）者的呼吸道，使之畅通，再次吹气；能吹进气时，检查脉搏。

按压次数和通气次数的比例应为 30∶2。

评估 → 操作 5 个循环（30 次胸外心脏按压及 2 次人工呼吸为 1 个循环），再次对伤（患）者情况进行评估。
检查脉搏、呼吸 3 ～ 5 秒，若无脉搏，则继续进行胸外心脏按压与人工呼吸。
检查呼吸 3 ～ 5 秒，若无呼吸，则进行人工呼吸；若有呼吸，则维持呼吸道畅通，采用复苏体位，尽快送往医院。之后，每隔几分钟评估一次。
复苏体位：使伤（患）者右臂上摆成直角，翻转伤患者，使其右侧卧，左手手背垫于右脸下，左腿压右腿，左膝着地，左脚脚尖勾住右腿，成既不能前俯也不会后仰的姿势。

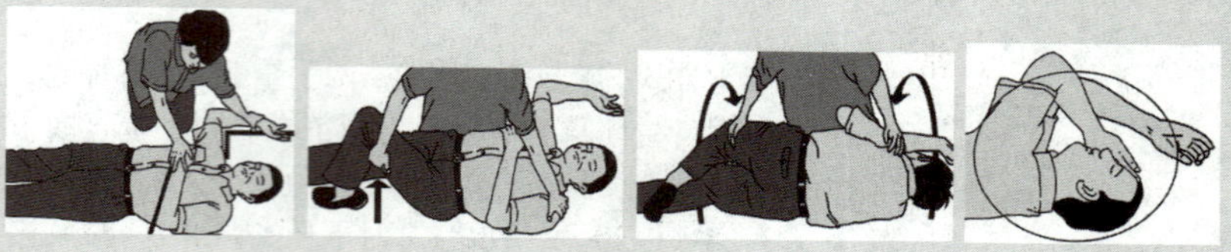

2 运动损伤的预防及处理

（1）运动损伤的预防。

了解相关知识，强化预防意识 → 运动前，学习运动防护和运动医学的相关知识，了解常见运动损伤发生的基本原因，掌握基本预防方法，树立预防运动损伤的意识，积极避免运动损伤的发生。

合理选择锻炼内容 → 锻炼者要根据客观环境、自身的运动能力等实际情况，选择适合自己的运动项目，避免因所选锻炼内容不合适而造成运动损伤。

认真做好准备活动 → 不做准备活动或准备活动做得不充分都会使运动损伤发生的可能性大大增加，因此，锻炼者应该重视准备活动，并根据所选择的锻炼内容有针对性地做充分的准备活动。

合理安排运动负荷 → 运动损伤大多是长期局部负荷过大所致。为了减少这类损伤，锻炼者应严格遵守运动训练原则，根据自己的年龄、性别、健康状况及各运动项目的特点，合理安排运动负荷。

加强易伤部位的练习 → 预防腰部损伤，应加强腰背肌和腹肌的锻炼；预防关节扭伤，应加强关节周围肌肉和韧带的力量、弹性、柔韧性等的锻炼，以加强关节的稳定性；预防肌肉拉伤，应在发展肌肉力量的同时，注意发展肌肉的伸展性。

加强医务监督工作 → 锻炼者应定期进行体格检查。在参加比赛前后，要进行身体检查，以观察体育锻炼和比赛前后的身体机能变化；伤病初愈的学生参加体育活动，应取得医生的同意并做好自我监督；掌握必要的自我医务监督知识和方法，及时了解自己的身体和心理状态，及时调整锻炼计划。

（2）常见运动损伤及其处理。

① 擦伤。擦伤多发生在摔倒时。对于伤口较脏的擦伤可先用生理盐水洗净伤口，再用酒精棉球或碘伏消毒；伤口较浅、面积较小的擦伤无须包扎。

② 切伤。切伤伤口边缘整齐，多成直线，出血较多，但是周围组织创伤较轻。深的切伤能切断大血管、神经、肌腱等组织。伤者对此类伤口应立即进行压迫止血，并迅速到医院处理。

③ 刺伤。刺伤伤口较小但是较深，可能伤及深部组织器官，若有异物进入伤口深处，则容易引起感染。常见的刺伤有田径运动中的鞋钉和标枪的刺伤等。出现此类损伤，必须到医院处理。

④ 撕裂伤。撕裂伤中，头、面部皮肤伤较多见，如在拳击运动中，运动员被对方肘部碰撞眉弓造成眉际皮肤撕裂。若撕裂的伤口较小，经消毒处理后，贴上创可贴即可；若撕裂伤口较大，则须先止血，再前往医院做进一步处理。

⑤ 挫伤。发生挫伤后应根据情况及时处理。如果皮肤出血，应立即停止运动，先用碘伏对伤口进行消毒，然后用净布包扎伤口。如果受伤部位红肿疼痛，可先用冷水或冰块进行局部冷敷，抬高受伤部位，必要时加压包扎，防止继续出血；24 小时后改用热敷、按摩来活血、消肿和止痛。经过治疗，待伤势减轻以后，伤者应做针对性的活动（如下蹲、弯腰、举腿等），使关节、肌肉的功能得以恢复，以避免伤愈后关节不灵活或发生肌肉萎缩。

⑥ 关节韧带损伤。发生关节韧带损伤，应当在 24 小时内对伤部进行冷敷，必要时加压包扎；24 小时后采用热敷、按摩、针灸等理疗方法治疗。待疼痛减轻后可增加功能性练习。对于急性腰部损伤，出现剧烈疼痛时，切不可轻易处理，施救者可让伤者仰卧，并用担架将其送至医院就诊。

⑦ 骨折。一旦发生骨折，暂勿随意移动伤肢，应先用夹板或其他代用品固定伤肢，动作要轻柔、缓慢，不要乱拉乱拽，以免造成错位，影响整复。上肢骨折时，可用木板托住伤肢，用绷带扎紧骨折处的上下两端；下肢骨折时，先将伤腿轻轻放好，然后用宽布条或褥单将两条腿绑在一起，再将伤者慢慢抬到硬板担架上，送往医院救治；如果是头部、颈部或脊椎骨发生骨折，运送时就更要小心，以免损伤伤者神经和脊椎，造成肢体瘫痪。施救者搬运伤者时，应将其头部用枕头或衣服垫住，防止其移动，固定好以后，告知伤者不要扭动伤肢；在将伤者送往医院的过程中，要注意做到迅速、平稳。

⑧ 关节脱位。用长度和宽度相称的夹板固定伤肢。如果没有夹板，则可将伤肢固定在伤者的躯干或健肢上，防止震动，随后及时将其送医院治疗。

以上处理方法均应在经过认真学习、反复实践的基础上进行，不可贸然实施。如果伤者情况危急，请优先将其送医治疗，以免贻误伤情。

（三）常见职业性疾病及其体育疗法

1 颈椎病

颈椎病是由人体颈椎椎间盘逐渐地发生退行性改变，颈椎骨质增生或颈椎正常生理曲线改变后刺激或压迫颈神经根、颈部脊髓、椎动脉、颈部交感神经而引起的一系列功能障碍的临床综合征。颈椎病患者轻则常常感到头、颈、肩及手臂麻木，重则肢体酸软无力，甚至出现大小便失禁、瘫痪等症状。

颈椎病的类型很多，可分为颈肌型（颈型）、神经根型、椎动脉型、交感神经型、脊髓型等类型。（表 1–2–3）

表 1–2–3　颈椎病的类型及临床表现

类型	临床表现
颈肌型	项背疼痛，X 线检查结果显示颈椎生理弯曲变浅、变直，无骨刺，无其他各型颈椎病特有症状
神经根型	骨刺压迫神经根，引起颈背疼痛、活动受限，上肢麻木疼痛，头疼，眩晕等
椎动脉型	骨刺压迫椎动脉，造成脑干、小脑和大脑枕叶缺血，从而引起头痛、头晕、耳鸣、恶心、呕吐、视力模糊、肢体麻木、猝倒等
交感神经型	交感神经受刺激，致使头枕部痛、头重、头晕、偏头痛、肢体发凉、心慌、胸闷、血压忽高忽低、头皮水肿等
脊髓型	脊髓受到压迫，导致四肢发紧、走路不稳，产生踩棉花感，上肢发抖、麻木、握物困难，严重者可出现呼吸困难、痉挛性瘫痪等症状

医疗体操是积极预防和辅助治疗颈椎病的有效方法。下面介绍两套实用的医疗体操。

徒手医疗体操

【伸颈拔背】两脚分开同肩宽站立，两手叉腰，两肩下垂。做引颈上伸的动作，保持 3 ～ 5 秒，然后放松，还原至预备姿势。连续做 8 ～ 10 次。

【与颈争力】两脚分开同肩宽站立，两手十指交叉，置于头后。头颈用力向后仰，同时两手用力向前拉，保持 3 ～ 5 秒，然后放松，还原至预备姿势。连续做 6 ～ 8 次。

【头颈侧屈】两脚分开同肩宽站立，两手叉腰。头颈先向右侧屈 8 ～ 10 次，再向左侧屈 8 ～ 10 次。侧屈头颈时不能耸肩，尽可能使耳触及肩部，向健侧屈头颈动作可多做几次。动作宜缓慢柔和。

【回头望月】头向左转，眼望左后上方，然后头向右转，眼望右后上方。左右各做 8 ～ 10 次。动作宜协调、柔和、缓慢。

【头颈绕环】头颈沿顺时针方向绕环 4 ～ 6 次，然后沿逆时针方向绕环 4 ～ 6 次。动作应柔和、缓慢，头颈活动幅度逐渐增大。

哑铃医疗体操

【头部旋转】两脚开立，与肩同宽，两手各握一哑铃自然垂于体侧。头颈部沿顺时针方向旋转一周，再沿逆时针方向旋转一周。重复 6 ～ 8 次。

【屈肘扩胸】两脚开立，与肩同宽，两手各握一哑铃自然垂于体侧，两臂平肩屈肘，做扩胸运动。重复 12 ～ 16 次。

【斜方出击】两脚开立，与肩同宽，两臂于胸前屈肘，两手各握一哑铃置于胸前两侧，上体稍向左（右）移，右（左）手向左（右）斜前上方出击。左右交替，各重复 6 ～ 8 次。

【侧方出击】两脚开立，与肩同宽，两臂于胸前屈肘，两手各握一哑铃置于胸前两侧，左（右）手向右（左）侧出击。左右交替，各重复 6 ～ 8 次。

【上方出击】两脚开立，与肩同宽，两臂于胸前屈肘，两手各握一哑铃置于胸前两侧，左（右）手向上方出击。左右交替，各重复 6 ～ 8 次。

【伸臂上举】两脚开立，与肩同宽，两手各握一哑铃自然垂于体侧，右（左）臂伸直经前向上举。左右交替，重复 6 ～ 8 次。

【耸肩后旋】两脚开立，与肩同宽，两手各握一哑铃自然垂于体侧，两臂伸直向下，两肩用力向上耸起后向后旋，然后还原。重复 12 ～ 16 次。

【直臂前后摆动】两脚前后开立，两手各握一哑铃自然垂于体侧，左右臂伸直的同时交替前后摆动，重复 6 ～ 8 次；两脚互换，重复 6 ～ 8 次。

【头侧屈转】两脚开立，与肩同宽，两手各握一哑铃自然垂于体侧，头颈向左（右）侧屈转，达到最大限度后，向右（左）侧屈转到最大限度。左右交替，重复 6 ～ 8 次。

【头前屈后仰】两脚开立，与肩同宽，两手各握一哑铃自然垂于体侧，头颈前屈，达到最大限度后，向后仰至最大限度。重复 6 ～ 8 次。

以上动作要轻柔，旋转动作因人而异，每天可做 1 ～ 2 次。

2 腰椎间盘突出症

腰椎间盘突出症是临床常见腰部疾病之一，多发于青壮年群体，原因是该群体的活动强度大，而且椎间盘一般已出现变性。腰椎间盘突出症常见的临床表现包括腰部疼痛，下肢放射性疼痛、麻木、肌力下降或瘫痪，间歇性跛行等。

卧床休息是腰椎间盘突出症的常用保守治疗方式。通过卧床休息来治疗腰椎间盘突出症，方法比较简单，患者无须具备过多专业知识。但卧床休息还有许多应该注意的问题，如果解决不好，其疗效就不能得到保障。

卧床要求卧硬床，木板床（铺薄褥或硬垫）或较硬的棕床均可。患者仰卧时，可在腰部另加一薄垫，令膝、髋保持一定的曲度，这样可使肌肉充分放松。患者如不能坚持卧床休息，康复会较慢。

医疗体操是辅助治疗腰椎间盘突出症的有效方法，下面介绍其中三套。

第一套

预备姿势：仰卧于床上，腰下垫一小枕。
【屈踝运动】四肢放松，两踝关节尽力做屈伸运动。重复 20 ～ 30 次。
【交替腿屈伸】左（右）腿用力向上弯曲，膝关节尽量贴近胸部，随后用力蹬直。左右腿交替，重复 10 ～ 15 次。
【举臂挺腰】两臂用力上举，同时用力挺腰，尽量使腰部抬离床面。重复 10 次。
【交替直抬腿】两腿交替做直腿高抬动作。重复 15 次。
【“五点”式挺腰】两膝屈起，两手握拳，两臂屈肘置于体侧，肘尖贴床，头部、两肘、两脚同时用力使腰部抬高，在最高处停留 3 秒后还原。重复 10 次。
【“三点”式挺腰】两手握拳，两臂屈肘置于体侧，肘尖贴床，头部、两肘同时用力使腰部抬高，在最高处停留 3 秒后还原。重复 10 次。
【屈膝屈髋】两膝屈起上抬，尽量贴近胸部，两手抱住两膝，保持 2 分钟。
【抱膝滚腰】完成上一动作后，继续以腰为身体与床的接触点向左右轻轻晃动。重复 15 次。

第二套

预备姿势：俯卧于床上，两臂及两腿自然伸直、放松。
【单腿上高抬】左（右）腿用力向上抬起，随后还原成预备姿势。两腿交替，重复 20 次。
【俯卧撑】两臂弯曲，两手于胸前按床，两腿自然伸直，然后两臂伸直，撑起上身，随后还原。重复 10 次。
【飞燕式运动】四肢同时用力向上抬起，同时挺胸抬头。重复 5 ～ 10 次。
【弯曲后蹲】两腿弯曲，跪于床上，两手撑于身前，臀部尽量向后坐，以触及脚底为宜，保持 5 秒。重复 5 次。

第三套

预备姿势：身体直立，两脚分开，与肩同宽，两臂自然垂于体侧，放松。
【踮脚运动】两手上提，同时两脚脚跟逐渐提起，在最高处停留 3 秒后，轻轻落下。重复 20 次。做本运动时，可重点使用患腿踮脚；刚开始时可两手扶着双杠练习。
【搓腰运动】两手掌根自腰背部向下搓至骶部。重复 5 ～ 10 次。
【转腰运动】两手叉腰，头脚保持不动，腰部左右旋转 10 次。
【伸展运动】两臂前上举，左（右）脚向前成弓步，同时伸展腰部。左右交替，重复 10 次。
【悬挂运动】两手握单杠，两臂伸直，两脚离地，身体成悬垂姿势，腰部放松，至力竭时下落还原。落地后休息 3 分钟，再重复 3 次。尽量坚持，但不必勉强。
【倒走运动】两手握拳，顶在两侧腰眼上，倒走。身体重心后移，腰部尽量向前挺出，走 5 ～ 10 分钟。

3 下肢静脉曲张

下肢静脉曲张是指下肢浅表静脉扩张、延长、弯曲成团状的病症。长期伏案或站立工作，容易导致下肢静脉壁薄、静脉瓣膜损坏和静脉内压增高，进而引起下肢静脉曲张。

例如，银行柜员由于长时间的坐姿操作，下肢静脉血液回流较慢，如不注意进行下肢活动，容易形成下肢静脉曲张。

下肢静脉曲张初期并没有明显的症状，患者只觉得下肢沉重、胀痛、易疲劳，但稍事休息后症状即可消失。中期出现患肢静脉逐渐隆起、突出，有的甚至卷曲成团状，但站立后症状会减轻或消失，并不明显。病程长时，患者的小腿下端、踝部皮肤常有色素沉积和湿疹，部分患者可并发下肢慢性溃疡性病变。

下肢静脉曲张的体育疗法有医疗体操、游泳、快速步行等。

医疗体操 →

【直腿上举】仰卧于床上，左右腿交替直腿上举。两腿各做 10 次左右。
【直腿后举】俯卧于床上，两腿伸直，两臂伸直，置于体侧。两腿交替直腿向上抬举，各做 10 次左右。
【仰卧蹬空】仰卧于床上，两臂屈肘置于头部两侧；两腿弯曲，两脚踩在床上。两腿抬起，交替屈伸，模仿蹬自行车动作 1 ～ 2 分钟，中间可以休息几次。动作要协调轻快，两腿屈伸范围尽可能大。
【脚趾、脚踝运动】仰卧于床上，全身放松，两臂在身体两侧伸直，两腿伸直。① 弯曲两脚脚趾，再伸直两脚脚趾，重复 30 次；或左右脚交替弯曲、伸直脚趾，各做 30 次。② 两脚脚踝同时或交替绕环，重复 30 次；先伸直后弯曲两脚脚背，再转动踝关节，重复 30 次。
【膝、踝伸屈】仰卧于床上，右（左）腿垂于床边，做膝、踝屈伸动作 2 分钟，再换左（右）腿垂于床边，做膝、踝屈伸动作 2 分钟。重复 2 或 3 次。

游泳 →

游泳是预防和辅助治疗下肢静脉曲张的较佳方式。在游泳时，水的压力有助于增强血管弹性；下肢不断地在水中进行规律性的屈伸或打水动作，可增加腿部肌肉的张力。

快速步行 →

每天坚持快速步行 4 次，每次 15 分钟，有助于缓解下肢静脉曲张。快速步行后，躺下休息 15 分钟，尽量将脚抬高。

4 肩周炎

肩周炎是肩关节周围的肌肉、韧带、滑囊、关节囊等软组织损伤、退变而引起的关节囊和关节周围软组织的慢性非特异性炎症。肩周炎多为单侧发病，左侧较右侧多见，少数人可双侧同时发病。易发肩周炎的年龄与肩关节产生严重退变的年龄基本一致，肩部有损伤或曾经有局部外固定史、受寒史、偏瘫史的人易患此症，也有无任何诱因而发病者。

肩周炎的主要症状为肩部疼痛及肩关节活动受限，疼痛为最明显的症状。疼痛的程度及性质有较大的差异，或为钝痛，或为刀割样痛，有持续性，夜间疼痛加重，可影响睡眠。

肩周炎的发生与发展大致可分为急性期、慢性期、恢复期。各期之间无明显界限，各期病程长短不一，因人而异，差别较大。

肩周炎的体育疗法主要有徒手体操和棍棒操。

徒手体操

【弯腰画圆】两脚分开同肩宽站立，向前弯腰 90°，患侧手臂自然下垂，沿顺时针方向画圆 20 ～ 30 次，还原至预备姿势，休息约 1 分钟；再弯腰成 90°，患侧手臂沿逆时针方向画圆 20 ～ 30 次，还原至预备姿势。所画圆的直径逐渐增加至最大，画圆的次数也应逐渐增加。

【屈肘摸背】两脚分开同肩宽站立，患侧手臂屈肘置于身后，手背贴在腰部，手指徐徐向上摸背，直至最高；患侧手放松，手指沿背部慢慢下落，直至腰部。重复 5 ～ 7 次。

【旋转上肢】两脚分开同肩宽站立，健侧手叉腰。患侧手臂屈肘上举，先由后向前做肩关节旋转运动 15 ～ 20 次，再由前向后做肩关节旋转运动 15 ～ 20 次。动作应柔和，动作幅度应逐渐增大。

【手指爬墙】面墙而立，两脚分开同肩宽。患侧手的手指扶墙，沿墙徐徐向上爬行，直至最高；手指沿墙下落，回至原处。重复 5 ～ 7 次。手指向上爬墙时，不要扭动身体或提踵，患侧手臂要尽量上举。每次锻炼都要使手指爬墙的高度逐渐增加，直至恢复正常。

棍棒操

【前上举】两脚分开同肩宽站立，两手在体前握棒，两手距离同肩宽。两臂前举，接着两臂下落，还原至预备姿势；两臂经体前尽量上举伸直，同时抬头挺胸，接着两臂经体前下落，还原至预备姿势。重复 10 次。

【侧上举】两脚分开同肩宽站立，两手在体前握棒两端。两臂向左摆至左臂侧平举，接着向右摆至右臂侧上举，这是右肩患肩周炎时的摆臂动作；若是左肩患肩周炎，两臂向左摆时摆至左臂侧上举。两侧交替，重复 10 次。

【后上提】两脚分开同肩宽站立，两手于身后握棒。两臂屈时，尽量将棍棒向上提，接着两臂下落，还原至预备姿势。重复 10 次。

【后举】两脚分开同肩宽站立，两手于身后握棒，两手距离同肩宽。两臂徐徐用力向后上举，同时稍挺胸，接着两臂放松，还原至预备姿势。重复 10 次。

【扭臂】两脚分开同肩宽站立，两手在体前正握棒，两手距离同肩宽。两臂前平举，接着右臂向下用力压棒扭至右手手心向上，左臂随棒运动至左手手心向上，棍棒由水平位经垂直位再扭至水平位，旋转 180°，两前臂在体前交叉，稍停后，还原至预备姿势。重复 10 次。

【旋臂】两脚分开同肩宽站立，两手在体前正握棒，两手距离同肩宽。两臂先上举再后举至棍棒置于颈后，同时稍挺胸；两臂上举，然后在体前下落，还原至预备姿势。重复 10 次。

【绕环】两脚分开同肩宽站立，两臂伸直下垂，两手在体前正握棒，两手距离同肩宽。两臂从左向右摆，接着从身体右侧上举，向左绕环至体前，然后做相反方向的绕环。重复 4 或 5 次。

体育思政课堂

掌握维护健康的知识和技能

每个人是自身健康的第一责任人。大学生应做自身健康的负责人，树立主人翁意识，通过学习科学运动、合理作息、平衡膳食、预防疾病和运动损伤等维护健康的知识和技能，不断提高自身的健康管理能力，增强体质，增进健康，努力成为合格的社会主义事业建设者和接班人。

保障人民健康 建设健康中国

要把人民健康放在优先发展的战略地位，以普及健康生活、优化健康服务、完善健康保障、建设健康环境、发展健康产业为重点，加快推进健康中国建设，努力全方位、全周期保障人民健康，为实现“两个一百年”奋斗目标、实现中华民族伟大复兴的中国梦打下坚实健康基础。

——2016年8月，习近平在全国卫生与健康大会上的讲话

思考与探究

1. 根据健康的评判标准，评价自己的健康状况。
2. 结合自身的锻炼情况，谈一谈你在运动过程中是如何补水的。
3. 怎样预防运动损伤？常见职业性疾病的体育疗法有哪些？

课外体育活动

因长时间的伏案学习，学生容易出现肩颈疲劳、腰椎不适和下肢酸胀。这不仅会对学生的身体造成损伤，还会影响学生的健康发育。在课间，结合本章内容，做一些简便易行的运动，放松肌肉和大脑吧！

总结与创新

项目三 体能全面发展进行时

项目导读

体能是通过力量素质、速度素质、耐力素质、柔韧素质、灵敏素质等身体素质表现出来的人体的基本运动能力。职业体能是与职业相关的体能。高职体育既具有普通高校体育的共性，又具有其发展的个性，即职业性。这就要求高职体育在完成一般体育教学内容的基础上，适当开展职业体能训练，促进学生增强职业体能，从而更好地体现高职体育的特色。对于今后走向工作岗位的大学生来说，了解科学锻炼的原则与方法、练好基础体能、提升自己的职业体能至关重要。

学习目标

1. 了解体育锻炼的原则与方法。
2. 掌握准备活动和整理活动的方法。
3. 掌握基础体能的锻炼方法。
4. 掌握职业体能的锻炼方法。

学习内容

一、体育锻炼的原则与方法

（一）体育锻炼的原则

体育锻炼的原则是体育锻炼客观规律的反映，是锻炼者进行体育锻炼，达到理想效果所必须遵循的基本原则。在体育锻炼的过程中，锻炼者正确地理解和运用体育锻炼的原则，有助于获得良好的效果。

1 安全性原则

安全性原则是指在体育锻炼过程中，锻炼者应保证不发生或尽量避免发生运动伤害事故。安全性原则是体育锻炼的首要原则。开始体育锻炼前，锻炼者应进行身体检查，全面评估个人的身体状况和运动能力，制订适合自己的运动健身方案。

锻炼者在开始锻炼前要进行充分的准备活动，在锻炼结束后要进行整理活动。

2 自觉性原则

自觉性原则是指锻炼者应在充分理解体育锻炼目的和意义的基础上，自愿、主动、积极地进行体育锻炼。体育锻炼是一种自愿行为。目的明确和积极主动是锻炼者参加并坚持体育锻炼的重要条件。

3 全面性原则

全面性原则是指在体育锻炼过程中，锻炼者应运用多种内容、方法和手段，使身体各部位的机能，以及各项身体素质和心理素质得到全面、均衡的发展。

4 循序渐进原则

循序渐进原则是指锻炼者必须遵循人体自然发展、机体适应的基本规律，从实际出发，合理安排运动负荷。在体育锻炼过程中，运动技能的学习应由易到难、由简到繁，运动量的安排应由小到大逐渐增加。运动负荷具有特异性和时效性。锻炼者应根据个人的机能状态，随时调整运动负荷，逐步提高锻炼水平。

5 个性化原则

个性化原则是指在体育锻炼过程中，锻炼者应根据自己的年龄、性别、爱好、身体条件、职业特点、锻炼基础等情况，选择适合自己的运动项目，做到个性化发展。

例如，身体健壮的大学生可以选择对抗性强、运动较剧烈的球类运动，以及登山、骑自行车等户外运动；有职业体能训练需求的大学生可以根据未来职业的特点和个人身心特质选择有利于提高职业体能的运动项目；体质一般的大学生可以重点选择有氧运动，如健身走、打太极拳、跳健身操等；有身体疾病的大学生还可以请专业人员为自己制订特殊的运动处方，有针对性地进行康复训练。

6 经常性原则

经常性原则是指锻炼者应经常地、持之以恒地进行锻炼。只有这样，锻炼的效果才能明显、持久。虽然短时间的体育锻炼也能对身体机能产生一定的影响，但是体育锻炼一旦停止，这种良好的影响会逐渐消失。

（二）体育锻炼的方法

❶ 重复锻炼法

在锻炼的过程中，锻炼者多次重复同一练习，在两次（组）练习间安排相对充分的休息，从而增加负荷量的锻炼方法称为重复锻炼法。采用此方法的关键是在一次练习后，间歇时间应当充足，这样可以有效提高锻炼者的无氧与有氧混合代谢能力，提高各种技术应用的熟练性和机体的耐久性。练习的重复次数不同，身体对运动负荷的反应就不同。练习的重复次数越多，身体对运动负荷的反应就越大。练习的重复次数不断增加，可能会使身体承受的负荷超出极限，乃至破坏身体的正常状态，从而对身体造成损害。锻炼者运用重复锻炼法的关键是把握好运动负荷的有效价值标准（最有锻炼价值负荷量下的心率），并据此调节重复练习的次数。通常认为，大学生运动负荷的有效价值标准范围以运动中心率为 130 ～ 170 次/分较为适宜。

❷ 间歇锻炼法

在锻炼的过程中，锻炼者对多次锻炼的间歇时间做出严格规定，使机体在不完全恢复状态下反复进行锻炼的方法称为间歇锻炼法。锻炼者采用间歇锻炼法的关键是严格控制间歇时间，使机体处于不完全恢复状态，要求每次练习的负荷时间较长，负荷强度适中。此方法可使锻炼者的心肺功能明显增强；通过调节负荷强度，可使身体机能产生与锻炼项目相匹配的适应性变化，提高人体的有氧代谢能力，增强人的体质。

间歇锻炼法的间歇时间要根据负荷的有效价值标准确定。一般来说，当负荷反应指标（心率）低于负荷的有效价值标准时，锻炼者应缩短间歇时间；当负荷反应指标高于负荷的有效价值标准时，锻炼者应延长间歇时间。通常情况下，锻炼者在心率恢复到 130 次/分左右时，就应再次开始锻炼。间歇时，锻炼者不应静止休息，而应边活动边休息，如慢走、伸腰、放松手脚等。

❸ 连续锻炼法

在锻炼的过程中，锻炼者为了保持有价值的负荷而不间断地连续进行运动的方法称为连续锻炼法。连续锻炼法要求锻炼者负荷强度较小，负荷时间较长，在一定时间内不间断地连续进行运动。连续、间歇、重复等因素各有其独特的作用。连续的作用在于使负荷量维持在一定水平不下降，使运动充分发挥作用。连续锻炼的时间同样要根据负荷的有效价值标准确定。通常情况下，锻炼者在 140 次/分左右的心率下连续锻炼 20 ～ 30 分钟，可使身体各个部位获得充足的血液和氧的供应，能有效地提高有氧代谢能力，发展耐力素质。

4 循环锻炼法

锻炼者在锻炼前设立几个不同的练习点（或称作业站），按照既定顺序和路线，依次完成每个练习点的练习任务（即锻炼者完成一个练习点的练习任务就迅速转移到下一个练习点，后面的锻炼者依次跟上）的方法称为循环锻炼法。锻炼者完成各个练习点的练习任务就完成了一次循环。循环锻炼法的结构要素有每个练习点的练习内容、每个练习点的运动负荷、练习点的安排顺序、练习点之间的间歇时间、每次循环的间歇时间、练习点的数量与循环练习的组数。循环锻炼法对锻炼者的技术要求不高，且各项目都采用较小负荷练习，因此可以有效地调动不同层次和水平的锻炼者的运动情绪；可以防止身体局部负担过重，延缓疲劳的产生；可以交替刺激身体不同部位，从而达到全面发展各项身体素质的目的。大学生锻炼时既要发展四肢，又要发展躯干；既要运动胸背部，又要运动腰腹部；既要追求体态的健美，又要注意身体机能、身体素质的全面发展。因此，大学生必须科学地搭配循环锻炼法的各结构要素。

5 变换锻炼法

锻炼者通过不断变换运动负荷、练习内容、练习形式及练习条件，以提高锻炼的积极性、身体的适应性及自己的应变能力的方法称为变换锻炼法。变换锻炼法可以有效地调节人的生理负荷，提高神经系统的兴奋性，强化个体的锻炼意识，使个体克服疲劳和厌倦情绪，以达到提高锻炼效果的目的。例如，刚开始参加锻炼时，锻炼者可多做一些诱导性练习和辅助性练习。随着锻炼水平的提高，锻炼者应加大练习的难度，如用越野跑代替在田径场的长跑等。锻炼条件的变化可使锻炼者的大脑皮质不断接受新异的刺激，提高神经系统的兴奋性，激发锻炼者的锻炼兴趣，提高锻炼者机体对负荷的承受能力，增强锻炼效果。另外，锻炼者不断地对锻炼的内容、时间、动作速率等提出新的要求，可有效地调节生理负荷，使机体不断产生适应性变化，从而达到更好地锻炼身体的目的。

二、准备活动和整理活动

（一）准备活动

锻炼者在参加正式运动之前应进行一定形式的准备活动。人们通常将这类活动称为热身。

对于锻炼者来说，低强度的快走、慢跑及动态拉伸是最基本和最常用的准备活动。

1 快走

符合生物力学要求的快走运动能够提高运动能力，提升健康水平。采取正确的快走姿势，可以使锻炼者走更长的距离。

（1）身体姿势。步行时，上身要保持直立，抬头挺胸，平视前方，两肩放松，躯干处在髋部的正上方。锻炼者应有“拔高”的感觉，如同有一根绳子从头顶将身体向上拉，脊柱有被拉伸的感觉。从侧面看，锻炼者的耳部、肩部和髋部应在同一个平面内。这样，步行时，脊柱和竖脊肌共同承担身体的质量和地面的作用力，大大分担了脊柱后侧肌群，尤其是下背部肌群的压力。

（2）手臂动作。手臂的摆动应与脚步动作保持协调。当左臂前摆时，右脚向前迈出；当右臂前摆时，左脚向前迈出。放松的肩关节带动两臂自然摆动。快速步行时，两臂像钟摆一样运动。

（3）步态。正确的步态是先以脚跟着地，然后迅速过渡到前脚掌着地，最后前脚掌离地。不正确的步态包括脚过度内翻或过度外翻，这样的步态容易对身体健康造成损害。

（4）步长和步频。步行速度是由步长和步频决定的。步长是指每一步的距离，步频是指每分钟步行的次数。走相同的距离，可以通过增加步长或提高步频，或同时增加步长和提高步频来缩短步行的时间。要增加步长，就要加大髋关节的活动幅度，但没有必要像竞走那样刻意做出明显的髋部动作。自然的髋部运动即可增加步长。

手脚的动作必须协调配合，摆臂的速度应与步频协调。快走时，屈肘 90° 会使摆臂效果更好。手臂的前后摆动会对身体产生一定的推动力。摆臂时，手臂要贴近身体两侧，稍微向身体的中心线摆动，但不要超过身体的中心线。向前摆动时，手可以摆到接近胸部的高度；向后摆动时，手可以摆到接近臀部的高度。手自然地半握拳，拇指贴在食指的第二指节上，拇指朝前。

2 慢跑

跑步是一种对改善心血管系统机能有极佳效果的运动形式。与快走一样，慢跑适合体质较差的锻炼者和业余运动员。跑步的净能量消耗高于快走，因此，慢跑锻炼者需要具有较高的心血管健康水平。跑步不仅有横向前进的能量消耗，还有纵向的能量消耗。基于此，一名锻炼者能走 4 千米，不一定能跑 4 千米。锻炼者可以采用走跑交替的方式进行锻炼，如 1 ～ 2 分钟慢跑与 3 分钟快走交替进行。随后，锻炼者可每周增加跑的时间（如 3 ～ 4 分钟依次递增），直到能够完成 15 ～ 20 分钟的连续跑。走跑交替周期的安排要依锻炼者的健康状况、体能水平和兴趣而定。

跑步的缺点是对下肢冲击力较大，每一步单腿落地产生的负荷相当于自身体重的 2 ～ 4 倍。这会对人体组织造成伤害，引起损伤。超重者，以及腰、髋、膝、踝和脚有外伤的锻炼者最好选择低冲击力的运动形式，如快走、骑车和水中运动。另外，采取正确的跑步姿势，可以有效地预防运动损伤。

（1）身体姿势。跑步时，要保持上体正直，抬头挺胸，平视前方，肩关节放松，躯干位于髋部的正上方。锻炼者应有“拔高”的感觉，好像有一根绳子从头顶将身体向上拉，脊柱有被拉伸的感觉。从侧面看，耳部、肩部和髋部在同一个平面内。这样的姿势会减小脊柱各节椎体间和竖脊肌的压力。

（2）摆臂动作。在长跑中摆臂时，肩部要放松，肘关节应弯曲。摆臂的垂直高度应位于胸与腰之间。摆臂过高，容易造成肩部和背部的疲劳；摆臂过低，容易造成上体过度前倾。摆臂时，两手自然地半握拳，拇指轻触食指。向前摆动时，手可以摆到接近胸部的高度；向后摆动时，手可以摆到接近臀部的高度。手臂可以向前、向内侧摆动，但不要超过身体的中心线。腕关节放松，但不要过于松弛。

（3）步态。许多长距离跑步者采用由脚跟过渡到前脚掌的落地方式。以这样的方式落地，可以借助脚掌的“滚动”动作，将身体质量迅速分散到全脚掌。先以脚跟着地，再过渡到脚掌前部着地，最后以前脚掌蹬离地面。脚跟和前脚掌着地要轻，不要用脚跟磕地，也不要用前脚掌拍地，这样可以减少能量消耗，减轻地面冲击力带来的损伤。避免每一步弹跳过高，减少纵向位移，以减少不必要的能量消耗。由脚跟过渡到前脚掌的着地方法比较安全，尤其对于长距离跑步者而言，有助于缓冲和稳定落地。由于地面反作用力较大，超重和脚过度内翻的锻炼者在跑步过程中可能会遇到比步行中更多的问题。

（4）步长和步频。与步行一样，跑步的速度也取决于步长和步频。要提高跑步的速度，可以通过增大步长，或提高步频，或同时增大步长和提高步频来实现。

① 步长。步长取决于腿长、力量、柔韧性、协调性、疲劳程度等因素。在跑步时，步长要合理。如果脚落地时离身体太远，会产生较大幅度的震动和轻微的制动效果；另外，迈大步会使腿在空中停留的时间较长，造成不必要的制动和能量消耗。许多跑步者想通过迈大步来增加步长、缩短时间，结果却适得其反。相反，如果步长过小，则会出现无谓的能量消耗，并且会减慢身体前移的速度。

增大步长的最佳方法是增强跑动中后腿的驱动力，提高关节活动度，提高柔韧性。超等长训练可以增强后腿驱动力。锻炼者应在制订训练计划时予以适当考虑。

② 步频。为了提高步频，锻炼者可以进行一些快速且放松的步法练习，尽可能使脚离地较近；合适的超等长训练也可以提高步频。

以健身为目的的锻炼者通过慢跑进行热身时，因为没有速度要求和比赛目标的激励，所以通常不考虑步长和步频，但是出于安全考虑，应避免慢速地迈大步。慢速地迈大步会抬高身体重心，延长身体滞空时间，导致地面对身体的反作用力过大。这样不仅会减慢速度，还会增加发生运动损伤的风险。

3 动态拉伸

正确、全面的动态拉伸动作不仅可以增强肌肉的功能，还可以提高软组织的延展性，降低运动损伤发生的概率。锻炼者宜采用每次 5 ～ 10 分钟的动态拉伸作为准备活动，以收到比静态拉伸更好的效果，锻炼身体的柔韧性、灵敏性、稳定性、平衡性和对称性。

◎ 直腿前踢

【准备姿势】标准姿势站立，两臂垂于身体两侧。
【动作说明】一腿向上抬起，同时两臂前平举，两手碰触脚尖后，抬起腿落地，支撑腿前踢。两腿交替练习。
【练习要点】腿向前伸直时，屈髋肌必须用力收缩。

◎ 高抬腿

【准备姿势】标准姿势站立，两臂垂于身体两侧。
【动作说明】两腿交替屈膝上抬，上体直立，保持身体平衡。两臂随抬腿节奏用力摆动。
【练习要点】抬腿时，脚尖勾起。脚用力向下蹬地，使髋关节充分伸展。迈步过程中交替摆臂。

◎ 直腿体前屈

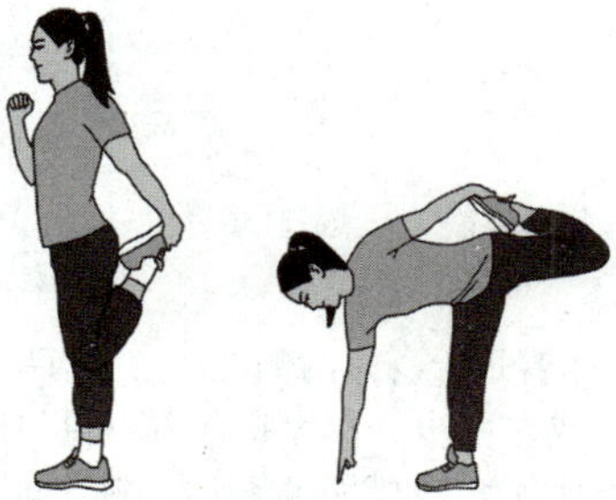

【准备姿势】两膝微屈，上体直立，左腿屈膝后抬，左手抓住左脚脚尖。
【动作说明】右腿支撑，左脚脚跟尽量靠近臀部，躯干立直；屈髋，身体慢慢前屈，左腿膝关节尽量向后抬高，上体与地面平行。换腿练习，完成规定次数。可原地练习，也可在行进中练习。
【练习要点】前屈时，保持挺胸，骨盆摆正，勿掀髋。

◎ 抱膝行走

【准备姿势】两膝微屈，上体立直，两臂垂于身体两侧。
【动作说明】右腿支撑，左腿屈膝上抬至腹前，两手环抱左膝，尽量将左膝拉向胸前，同时收紧右侧臀肌。换腿练习，完成规定次数。可在原地练习，也可在行进中练习。
【练习要点】一腿屈膝上抬时，保持挺胸，收紧支撑腿一侧的臀肌。

◎ 单腿踮脚伸臂

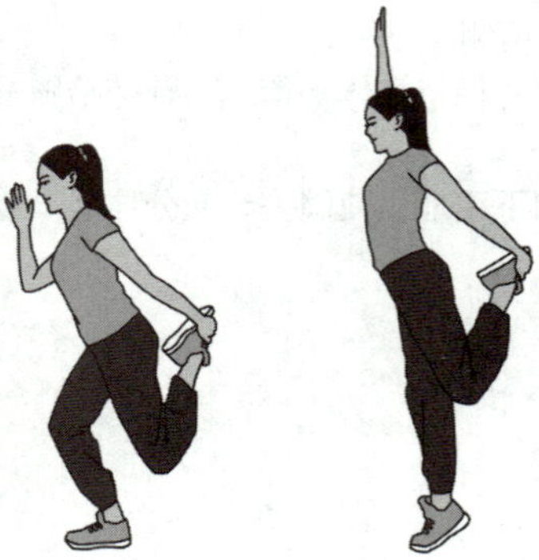

【准备姿势】右腿膝关节微屈，上体挺直，右臂屈肘向上置于体前；左腿屈膝后抬，左手抓住左脚脚背。
【动作说明】右腿支撑，右膝伸直，右脚脚跟抬起，右臂向上伸展，展髋。尽量收紧支撑腿一侧臀肌。换腿练习，完成规定次数。可在原地练习，也可在行进中练习。
【练习要点】保持挺胸，收紧支撑腿一侧臀肌。

◎ 后弓步加体侧屈

【准备姿势】标准姿势站立，两臂垂于身体两侧。
【动作说明】左脚向前迈步，成左弓步。左大腿、右小腿与地面平行，左小腿、右大腿与地面垂直，收紧右侧臀肌。右臂向上伸展，左臂自然下垂，向下伸展，躯干向左侧弯曲伸展。换腿练习，完成规定的次数。可在原地练习，也可在行进中练习。
【练习要点】在做动作时，后腿一侧臀肌要始终收紧，前腿膝关节始终在躯干前侧，后腿膝关节不要触地。保持挺胸，收缩前腿一侧臀肌。站立，回到准备姿势。

◎ 抱腿上提膝外展

【准备姿势】标准姿势站立，上体立直。
【动作说明】左腿屈膝外展抬起，右腿支撑，左手扶左膝，右手握左脚脚踝，右侧臀肌收紧。换腿练习，完成规定的次数。可原地练习，也可在行进中练习。
【练习要点】保持挺胸，一侧膝外展时，另一侧臀肌收紧。

◎ 前弓步 – 股后肌群拉伸组合

【准备姿势】标准姿势站立，两臂自然垂于身体两侧。
【动作说明】左脚向前迈步，成左弓步。两臂置于左腿两侧，两手置于地上，保持 2 秒。左臂向上抬起，尽量向上伸展，上体向左扭转，目视左手，保持 2 秒。左臂收回，上体转向右侧，右臂尽量向上伸展。右臂收回，臀部向上抬起，收回左腿，右腿向前迈步，换腿练习，每侧完成规定次数。
【练习要点】成弓步时，后伸腿的膝关节不能触地。在做动作的过程中始终收紧大腿后侧肌群。

◎ 歇步

【准备姿势】标准姿势站立，背部挺直，两手交叉翻转，向前直臂伸展。
【动作说明】左脚后撤至右脚后外侧约两脚距离处，髋部摆正，右脚向左前方迈步，两腿屈膝下蹲。站立，重复完成规定次数，然后换另一侧练习。可原地练习，也可在行进中练习。
【练习要点】挺胸，身体重心在前脚上。蹲下时，前腿膝关节垂面不超过脚尖。

◎ 侧弓步

【准备姿势】标准姿势站立，背部挺直，两手交叉翻转，向前直臂伸展。
【动作说明】左脚向左侧跨出，右腿伸直，上体保持直立。回到准备姿势，完成规定次数，然后换另一侧练习。原地练习。
【练习要点】挺胸，身体重心在屈腿一侧，侧弓腿的膝关节垂面不过脚尖。

◎ 燕式平衡

【准备姿势】标准姿势站立，两臂侧平举，两手拇指向上，两侧肩胛骨向后、向下收紧。
【动作说明】保持身体成一条直线，屈髋，同时左腿勾脚尖向后抬起，上体前俯至与地面平行。支撑腿可适当弯曲，并感觉腿的后部肌群有强烈拉伸感，保持 3 秒。回到准备姿势，完成规定次数，然后换腿练习。可原地练习，也可在行进中练习。
【练习要点】保持身体平直，上体与地面平行，保持耳、髋、膝、踝在一条直线上。动态重复单侧动作时，抬起脚尽量不要触地。

◎ 直腿体前屈 – 俯卧撑组合拉伸

【准备姿势】站位体前屈，两腿后撤，成手支撑。
【动作说明】保持两肩伸展，两腿伸直，脚踝发力向前走，臀部向上抬起，成瑜伽的下犬式，保持 2 秒。两脚继续向前走，回到站位体前屈姿势，完成规定次数。
【练习要点】手支撑时，保持膝关节伸直，腹部收紧。

◎ 倒 V 手上举

【准备姿势】站位体前屈，两手触地。
【动作说明】两手前移，成瑜伽的下犬式，抬起左臂，保持 2 秒。右臂放下，换另一臂抬起，完成规定次数。
【练习要点】保持膝关节伸直，腹部收紧。

（二）整理活动

整理活动包括主动恢复法和被动恢复法两大类。主动恢复法也称积极恢复法，主要是指用转换活动内容的方法进行恢复。例如，在锻炼过程中可通过调整运动负荷、变换练习内容和改变不同的练习部位来消除疲劳。被动恢复法主要包括静态拉伸、按摩、温水浸泡、营养补充、睡眠等。从现代体能训练的角度看，静态拉伸主要用于增强肌肉柔韧性，或恢复由肌肉运动引起的肌小节缩短和纤维的混乱状态，促进肌纤维的恢复。静态拉伸时采用缓慢恒定的速度，在伸展的位置一般要保持至少 30 秒。以下主要介绍静态拉伸。

1 胸部拉伸

◎ 蝴蝶式胸部拉伸

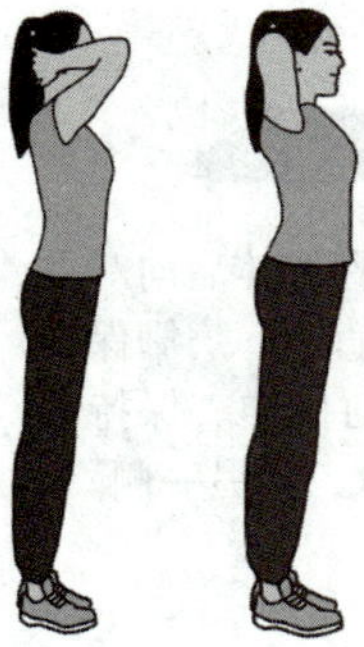

站姿（或坐姿），两手置于耳后或头部后方，缓缓地将肘关节向两侧展开。保持 15 ～ 30 秒或深呼吸 3 ～ 5 次。

◎ 站姿胸部拉伸

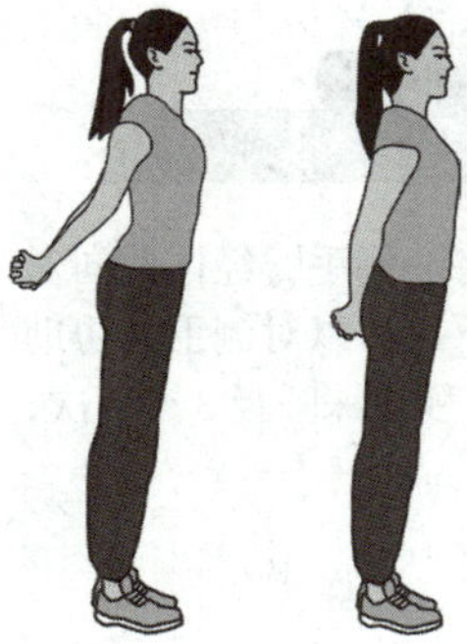

站姿，两臂在身后伸直，两手交握，抬起。此动作幅度视个人柔韧性而定。保持 15 ～ 30 秒或深呼吸 3 ～ 5 次。

◎ 站姿侧边胸部拉伸

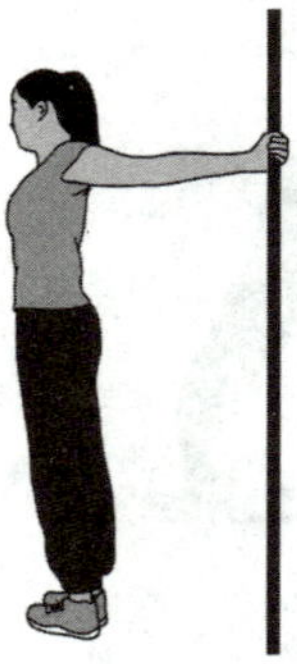

站姿，单手扶支柱、墙壁、门框或其他设施，将身体缓慢地转向扶墙手臂的另一侧。保持 15 ～ 30 秒或深呼吸 3 ～ 5 次。

2 上背部与颈部拉伸

（1）颈部侧屈伸展。坐姿（或站姿），缓慢地将头倾向一侧。保持 15 ～ 30 秒或深呼吸 3 ～ 5 次。

（2）颈部前屈伸展。坐姿（或站姿），缓慢低头，眼睛向下看，颈、背部肌肉及上斜方肌有充分拉伸感。保持 15 ～ 30 秒或深呼吸 3 ～ 5 次。

（3）上背伸展。坐姿（或站姿），两手互握，手心向外翻转前推，颈、背部肌肉及上斜方肌有充分拉伸感。保持 15 ～ 30 秒或深呼吸 3 ～ 5 次。

3 三角肌拉伸

◎ 三角肌向前伸展

坐姿（或站姿），将一侧手臂经体前向对侧缓缓拉伸，肩胛下压，以对侧手稍协助拉伸。保持 15 ～ 30 秒或深呼吸 3 ～ 5 次，换另一侧。

◎ 三角肌向后伸展

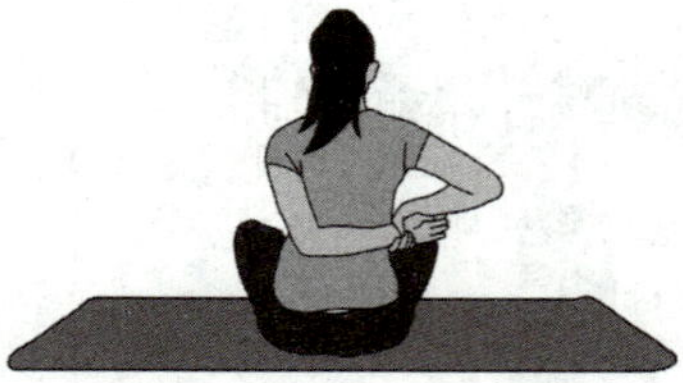

坐姿（或站姿），将一侧手臂经体后向对侧缓缓拉伸（肘关节可弯或直），肩胛保持下压，可以用对侧手协助拉伸。保持 15 ～ 30 秒或深呼吸 3 ～ 5 次，换另一侧。

4 背阔肌拉伸

◎ 上臂前侧伸展

站姿，上体前屈，一只手扶同侧大腿，腹部收紧。对侧手臂向斜前方直臂上抬。保持 15 ～ 30 秒或深呼吸 3 ～ 5 次，换另一侧练习。

◎ 单侧屈伸展

坐姿（或站姿），左臂高举过头，右手可扶于同侧大腿或同侧地板上，上体向右侧屈。保持 15 ～ 30 秒或深呼吸 3 ～ 5 次，换另一侧练习。

5 肱三头肌拉伸

◎ 手臂过顶伸展肱三头肌

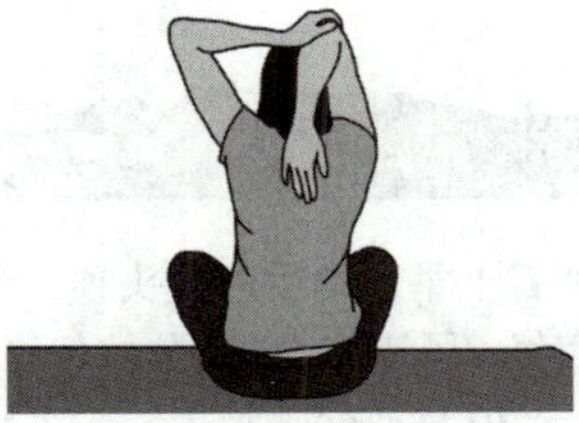

坐姿（或站姿），一侧手臂高举过头并弯曲肘关节，手指尽量向下碰触脊椎，努力使肘尖朝上，可以用对侧手协助拉伸。保持 15 ～ 30 秒或深呼吸 3 ～ 5 次，换另一侧练习。

◎ 手臂向前伸展肱三头肌

坐姿（或站姿），一侧手臂的肘关节弯曲 90°，手指经体前摸对侧肩部，可以用对侧手协助拉伸。保持 15 ～ 30 秒或深呼吸 3 ～ 5 次，换另一侧练习。

6 肱二头肌拉伸

◎ 手臂向后伸展肱二头肌

坐姿（或站姿），两臂直臂向后伸展。保持 15 ～ 30 秒或深呼吸 3 ～ 5 次。

◎ 手臂向前伸展肱二头肌

盘腿坐姿，一侧手臂向前伸展，伸直肘关节，手心朝上架在同侧膝关节上，借助膝关节和对侧手协助拉伸。保持 15 ～ 30 秒或深呼吸 3 ～ 5 次，换另一侧练习。

7 腕关节拉伸

◎ “网球肘”伸展

坐姿（或站姿），左臂前伸，左前臂内旋，右手轻压左手手背，使左侧腕关节屈曲，并确保左臂伸直。保持 15 ～ 30 秒或深呼吸 3 ～ 5 次，换另一侧练习。

◎ “高尔夫球肘”伸展

坐姿（或站姿），左臂前伸，前臂外旋，右手轻压左手手指，使左侧腕关节伸展，并确保左臂伸直。保持 15 ～ 30 秒或深呼吸 3 ～ 5 次，换另一侧练习。

8 腹直肌拉伸

◎ 俯卧眼镜蛇式伸展

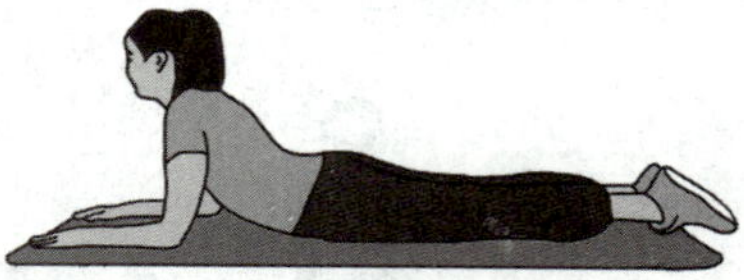

俯卧，以两肘支撑上身。骨盆下压靠近支撑面，脊椎向上伸展，颈部与脊椎成一条直线，充分拉伸腹直肌。保持 15 ～ 30 秒或深呼吸 3 ～ 5 次。

◎ 腹部肌群笔式伸展

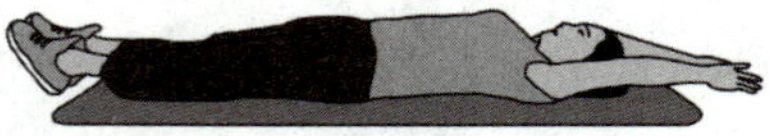

仰卧，两臂上举，两手超过头顶，与身体成一条直线，尽量伸展，充分拉伸腹直肌。保持 15 ～ 30 秒或深呼吸 3 ～ 5 次。

三、基础体能的锻炼方法

进行体育锻炼，要根据人体发展规律，运用多种身体练习，提高力量素质、耐力素质、速度素质、灵敏素质、柔韧素质等身体素质，从而发展基础体能。

（一）发展力量素质的锻炼方法

1 静力性力量练习

静力性力量练习的特点是肢体固定在一定位置上或保持一定姿势，不产生明显位移。静力性力量练习主要用于提高肌肉耐力。

（1）对抗静力练习。

根据发展某部位肌肉力量的需要，身体姿势保持固定不变，用极限力量对抗固定的物体。

（2）负重静力练习。

根据发展某部位肌肉力量的需要，确定姿势和负重量，在一定时间内保持身体姿势和负重量不变。

（3）慢速静力练习。

通过肌肉的紧张收缩来完成慢速力量练习动作，如杠铃负重深蹲等。

❷ 动力性力量练习

动力性力量练习是指练习时产生明显的位移或较快速推动其他物体运动的练习。

（1）绝对力量练习。

练习绝对力量一般以最大负重量的 80% ～ 100% 为负荷强度进行练习，争取以较少的次数（1 ～ 3 次）完成练习。

（2）速度力量练习。

速度力量主要体现为肌肉短时间内快速收缩的能力。练习速度力量时，以中等或较低负荷强度（最大负重量的 60% ～ 80%）为宜，争取以较少的重复次数和最快的速度完成练习。

（3）力量耐力练习。

发展力量耐力，宜以最大负重量的 40% ～ 60% 为负荷强度，重复次数达到 15 次以上，不追求速度，但严格规定重复次数和坚持时间。可选择俯卧撑、仰卧起坐、引体向上、举重、弯举哑铃等练习方式。

（二）发展耐力素质的锻炼方法

人们进行各种脑力及体力劳动时，在生理上表现出的抵抗疲劳、持久连续工作（活动）的能力称为耐力。实践证明，耐力素质越高，坚持工作的效率就越高。在体育锻炼中，耐力素质是一项极为重要的基础素质。发展耐力素质对增强心肺功能具有显著的积极作用。

有氧练习是耐力训练的主要手段。人体在氧气供应充足的条件下，进行强度适中、持续时间较长的锻炼，可为发展有氧耐力创造良好条件。有氧练习方式包括健身走、慢跑、骑自行车、游泳、原地跑、打篮球等。进行有氧练习，应注意以下几个方面。

❶ 控制呼吸

有氧耐力的锻炼效果是与呼吸技术密切相关的，尤其是在做耐力跑练习时，更应注意控制呼吸。随着运动负荷的逐步加大，呼吸应由浅入深，呼与吸必须均衡，呼吸节律（频率）要保持相对稳定。这样能够提高人体的最大摄氧量，调节体内的氧供应状态，确保练习质量；否则易引起呼吸不畅，甚至导致呼吸肌痉挛，妨碍运动。

2 注重体力的恢复

长时间运动易造成能量供应不足和代谢物质的堆积，使肌力减退，产生疲劳。因此，在做有氧练习前，锻炼者要适当补充碳水化合物、维生素、蛋白质。有氧练习后，锻炼者要做充分的整理活动，还可进行温水浴及局部肌肉按摩，加速全身血液循环，加快缓解疲劳，以恢复体力。

3 进行综合性练习

锻炼者应选择自己较感兴趣的几种有氧练习内容组成综合性练习方式，如第一天跑步、第二天游泳、第三天打篮球等。选择自己感兴趣的综合性练习项目，便于锻炼者自觉练习，避免其因日复一日地进行同一项目的练习而产生枯燥感，可以调节神经系统的灵活性，有助于提高锻炼效果。

4 以持续练习为手段

锻炼者进行有氧练习可以持续练习为手段，进行长时间、长距离、慢节奏及中等强度（约 70% 最大心率强度）的锻炼。在不受伤的前提下，一次锻炼的时间可持续 40 ～ 60 分钟。同较高强度的练习相比，持续练习安全性更高。

5 采用间歇练习法

间歇练习法是指运动强度、持续时间和间歇时间都较为固定的练习方法，比较适合有一定耐力基础及期望达到更高适应水平的锻炼者采用。与持续练习相比，间歇练习能使人完成更大运动量的练习，每次练习后有一段休息时间。休息时间应与练习时间相等或稍长于练习时间。

6 以组合练习为手段，发展肌肉耐力

采用低强度或中等强度的负荷，进行较多重复次数的组合练习，对增强肌肉耐力有较好的效果。

（三）发展速度素质的锻炼方法

速度素质是指人体或人体的某一部位在最短时间内快速完成动作的能力。在田径运动的短跑项目及游泳运动的短距离项目中，速度对成绩起着决定性的作用。有些运动项目（如跳远、三级跳远等）本身虽然不以比赛速度为重，但是速度素质对运动员的成绩也有着明显的直接影响。速度在其他体育运动中，尤其是在球类运动中，同样具有重要的作用。

速度由反应速度、动作速度和位移速度组成。发展速度素质，需要提高以上三种速度。

❶ 提高反应速度的方法

提高反应速度，需要提高听觉反应速度、视觉反应速度和综合反应速度。

（1）提高听觉反应速度的方法。

对突然发出的信号（如鸣枪、鸣哨、击掌、呼喊等）迅速做出准确的反应，如短跑时听枪声起跑、接力跑中听信号接棒等。

（2）提高视觉反应速度的方法。

对变化、移动的信号目标（如手势、旗势、物体等）迅速做出应答反应。例如，在射击、击剑、球类运动等项目中，锻炼者需通过对目标移动、变化的方向、速度、高度做出预测，从而决定自己的起动时机、站位，采取正确的对策。

（3）提高综合反应速度的方法。

先后或同时接收视觉、听觉、触觉、味觉等多种信号，做出快速、准确的反应。

人体的感觉器官在长期的进化中获得了专门的感受能力。当内外部环境发生变化时，人体的感觉器官会产生神经冲动。这些神经冲动将沿着各自的传导途径传至大脑皮质的相应区域，随后大脑皮质将对这些神经冲动进行精密分析并调节肢体活动。因此，大脑皮质可以被视为感觉器官的综合体。虽然感觉器官是单独存在的，但是它们的活动是相互联系和相互制约的。为了提高大脑皮质的综合分析能力和反应能力，在进行反应速度练习时，运动指导者可采用时而吹哨、时而挥旗、时而击掌、时而喊话的信号发出方式，使锻炼者的多种感觉器官同时进入活动状态并建立复杂的联系，为神经系统进一步调节效应器官的活动奠定基础。综合反应练习可以使人体感觉器官和效应器官更好地满足运动需要，使机体能够快速、准确和有效地完成动作，提高反应速度。

❷ 提高动作速度的方法

（1）利用外界助力。

利用外界的助力（托、送、推、顶、拉等辅助动作，风力等外力）来提高、控制练习时的动作速度，如短跑练习中的牵引跑、顺风跑、下坡跑等。

（2）加大动作难度。

加大动作难度有利于提高动作速度，原因是身体在完成难度较大的动作时，神经系统会产生较强的兴奋，之后做难度较小的动作，能使剩余兴奋继续发挥作用，指挥肌肉迅速收缩，从而提高动作速度。例如，从适时、适量的负重跑、跳、投练习恢复到正常的跑、跳、投练习时，锻炼者会感到轻松、有力，动作速度会有所提高。

（3）调整动作节奏。

在练习中，动作的节奏变化应快慢结合，并力争在练习时超过平时的速度，以利于提高运动中枢的兴奋性；切忌使动作速度保持在同一水平。

此外，动作速度在很大程度上是肌肉爆发力的表现，因此动作速度的提高应与力量素质、灵敏素质、柔韧素质等身体素质的发展密切结合。

3 提高位移速度的方法

（1）增强肌肉力量。

物体运动速度的获得是力的作用的结果。作用力越大，位移越快。可见，提高人体位移速度必须增强肌肉力量。发展肌肉力量的方法有负重全蹲、负重半蹲、蛙跳、单足跳、双足跳等。力量的增强并不能使位移速度立即得到提高，通常需要几周甚至更长的时间才能见效。因此，锻炼者应有坚持不懈练习的思想准备。

（2）减小内外阻力。

在运动中，人体的重力、空气的阻力、摩擦力、惯性等都是位移的外部阻力；肌肉的黏滞性、活动关节囊的摩擦力及拮抗肌群的牵引力等是人体位移的内部阻力。设法减小这些阻力，有利于位移速度的提高。具体方法如下：① 控制体重，使体重适当减轻，即使力量不变，速度也有望提高；② 提高肌肉的协调能力，削弱对抗性，以便节省能量，提高动作效率；③ 提高动作技术的正确性，减小位移过程中的不正确动作所产生的阻力。

（3）提高综合能力。

位移速度还与神经系统的灵敏性、心血管系统的功能和适应性，以及肌肉的伸展性、关节的灵活性等多种因素相关。要想提高位移速度，还需提高综合能力。具体方法如下：① 进行一定强度的短距离重复跑、间歇跑；② 反复做 60 ～ 80 米的冲刺跑，前后左右的摆腿、踢腿、转肩、涮腰、压腿等；③ 采用变速跑、顺风跑、牵引跑、上坡跑等方式克服速度障碍（速度发展到一定程度后停滞不前的状态）。

（四）发展灵敏素质的锻炼方法

灵敏素质是指在环境突然改变的条件下，个体迅速、准确、协调、灵活地完成动作的能力。它是个体的活动技能、神经反应和各种身体素质在活动过程中的综合体现。

发展灵敏素质的方法有以下几种：① 在跑、跳中迅速、准确、协调地做出各种动作，如各种快速改变方向的跑，各种快速突然的起动、停止及转体等练习；② 各种调整身体方位的练习，如利用体操器械做各种较复杂的动作；③ 专门设计的各种复杂多变的练习，如立握撑、十字变向跑、8 字跑及综合变向跑等；④ 各种变换方向的追逐性游戏和对各种信号做出反应的游戏。

发展灵敏素质练习的具体实施手段有以下几种：① 单人徒手练习；② 单人器械练习；③ 双人徒手练习；④ 双人器械练习；⑤ 组合练习，如交叉步－后退跑－折返跑练习、前滚翻－后滚翻－侧手翻－跑跳起练习等。

（五）发展柔韧素质的锻炼方法

柔韧素质是指人体关节的活动幅度，以及肌肉、韧带等软组织的弹性与伸展能力。人体在运动时所表现出来的速度素质、力量素质等其他身体素质都与柔韧素质密切相关。柔韧素质对完成技术动作的力度与幅度，以及有效地预防运动损伤都具有非常重要的作用。

1 颈部柔韧素质练习

发展颈部柔韧素质的练习方法如下。

（1）低头—抬头。

（2）头右转—左转。

（3）头右倒—左倒。

（4）颈部绕环和抗拒性练习。

【伸展的肌肉】斜方肌、胸锁乳突肌。

【功效】增大颈部关节活动范围，促进颈部血液循环，预防和辅助治疗颈椎病。

2 肩关节柔韧素质练习

发展肩部柔韧素质的练习方法如下。

（1）各种不同体位压肩。

（2）各种不同姿势拉肩。

（3）各种不同方法牵引和绕肩。

【伸展的肌肉】胸大肌、背阔肌、肩带周围肌群。

【功效】增强肩带肌群的伸展力，扩大肩关节的活动范围，提高肩关节的灵活性，促进肩部的血液循环，预防和辅助治疗肩周炎。

3 腰腹部柔韧素质练习

发展腰腹部柔韧素质的练习方法如下。

（1）体前（后）屈。

（2）体侧屈。

（3）体转。

（4）双人体后屈。

【伸展的肌肉】腰背肌、股后肌群、股四头肌。

【功效】增强腰腹部肌力，扩大腰部关节的活动范围，提高腰部的血液循环与代谢能力，预防腰脊病变。

4 下肢柔韧素质练习

发展下肢柔韧素质的练习方法如下。

（1）压腿。将一只脚固定在一定高度物体上，另一腿支撑，进行正压或侧压，尽量使头部、上体靠近腿部。

（2）原地或行进间踢腿练习，两腿尽量不弯曲。

（3）跨栏步压腿。

（4）原地或行进间弓步压腿。

（5）纵叉，横叉。

（6）跪坐，脚背着地，身体后仰压脚背。

【伸展的肌肉】股后肌群、股四头肌、小腿三头肌、大腿内侧肌群。

【功效】增强髋关节、膝关节周围肌群的伸展力，提高髋关节、膝关节的灵活性。

四、职业体能的锻炼方法

（一）坐姿类岗位职业体能的锻炼方法

坐姿类岗位从业人员的工作以脑力工作为主。由于长期伏案工作，这类人员容易出现颈椎病、腰椎间盘突出症、坐骨神经痛等病症；高标准的工作定额、任务指标及各种考评容易造成从业人员心理压力过大，身体容易处于透支状态，脑力劳动过度，精神长期紧张，进而引发慢性疲劳综合征等病症。坐姿类岗位职业体能的锻炼方法如下。

1 力量练习方法

（1）颈肩部肌群力量练习。

◎ 摸耳屈伸

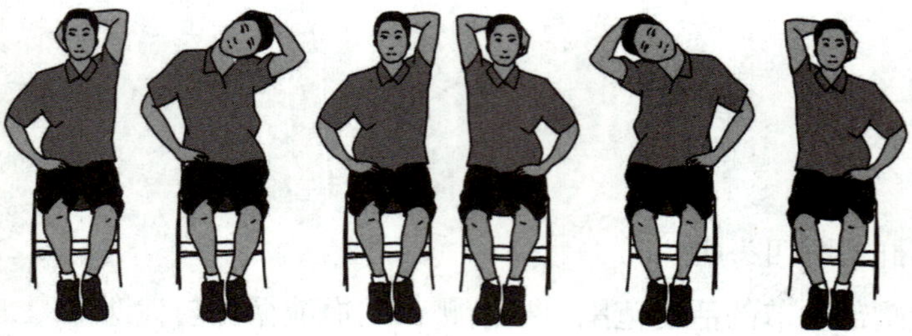

【准备姿势】坐立均可，背部挺直，目视前方。

【动作方法】右手叉腰，同时左臂上举，左手经头后摸右耳，颈部向左侧屈，还原；右手再以同样的姿势去摸左耳，颈部向右侧屈，还原。

【练习要求】动作过程应缓慢，以防肌肉、韧带拉伤。

◎ 单手侧压颈屈伸

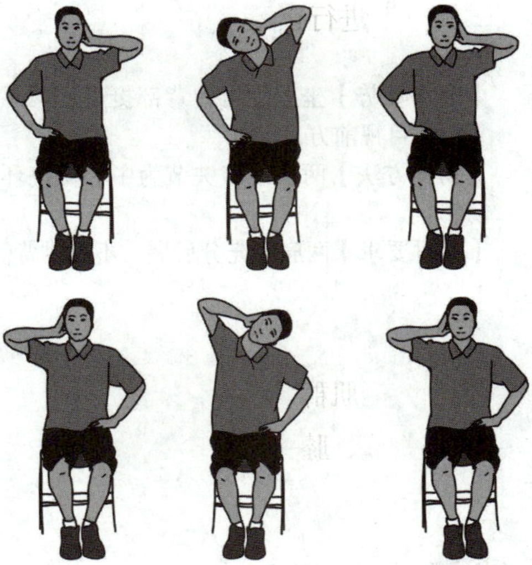

【准备姿势】坐立均可，背部挺直，目视前方。
【动作方法】右手叉腰，左手按头左侧，用力向右侧推压头部，而颈部则用力顶住，不让手轻易压倒头部，但头部要逐渐被压倒；然后，颈部用力使头向上、向左抬起，而左手则用力压住头部，不让其轻易抬起，但头部要逐渐完全竖直，还原。换另一侧练习。
【练习要求】不要用过大、过猛的抗力。前几次用力要小，逐渐加大用力，以避免颈部扭伤。颈部不要有任何旋转动作。

◎ 双手正压颈屈伸

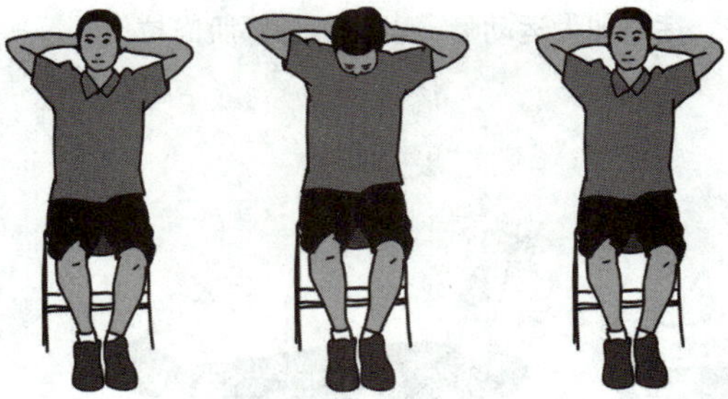

【准备姿势】坐立均可，背部挺直，目视前方，两手十指交叉，抱于头后。
【动作方法】两手用力向前压头部，使头部向前下屈，颈部则用力顶住，不让手轻易压倒头部，但头要逐渐被压倒，下颌触及胸部；然后，颈部用力，使头向上抬起，而两手则用力压住头部，不让头部轻易抬起，但头部要逐渐抬到原位。
【练习要求】颈部屈伸时，身体不要前俯后仰。不要用过大、过猛的抗力。前几次用力要小，逐渐加大力度，以避免颈部扭伤。颈部不要有任何旋转动作。

◎ 耸肩

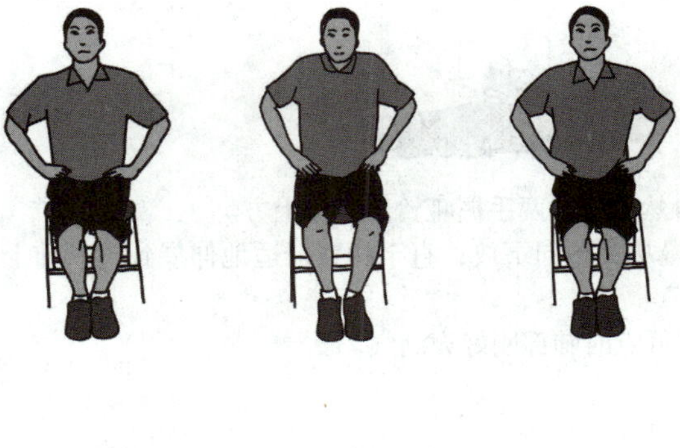

【准备姿势】坐立均可，背部挺直，两手叉腰，目视正前方。
【动作方法】两肩缓缓向上耸，尽力触碰两耳，然后放下。
【练习要求】动作过程应缓慢，尽最大努力完成动作。

◎ 双肩绕环

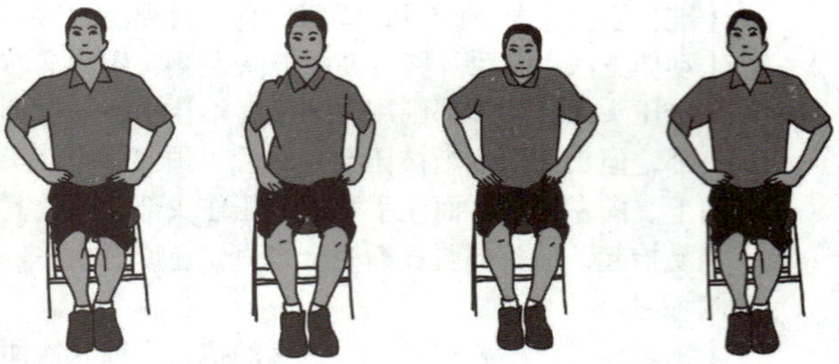

【准备姿势】坐立均可，背部挺直，两手叉腰，目视前方。
【动作方法】两肩以肩关节为中心做绕环动作。
【练习要求】两肩要充分后展，不要拱背。

（2）腰背部、臀部肌群力量练习。

◎ 俯卧背腿

【准备姿势】俯卧在地上或垫上，两腿并拢伸直，两臂自然伸直置于体侧。
【动作方法】以髋部支撑，连续做两腿向上振起动作。
【练习要求】两腿尽量向上振起；前几次的动作幅度应小些，逐渐加大运动量，以防腰背部肌肉拉伤。

◎ 仰卧过顶举

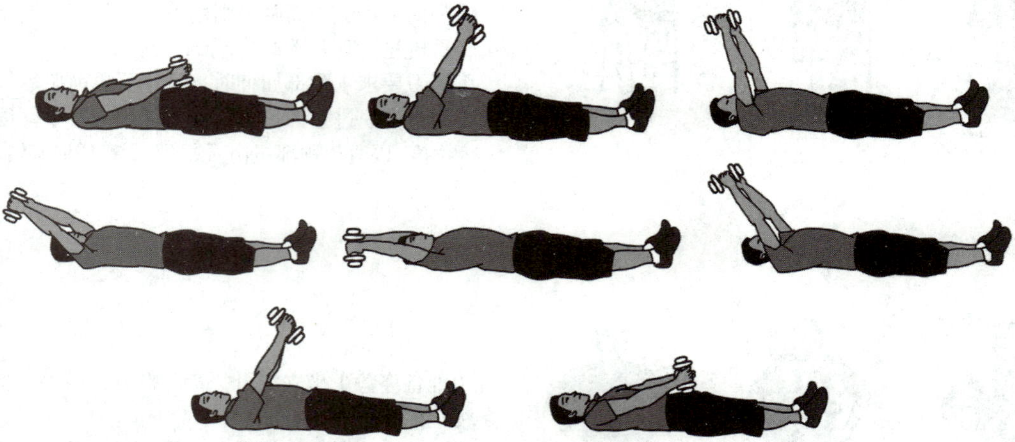

【准备姿势】仰卧在地上或垫上，两腿并拢伸直，两臂自然伸直，两手握哑铃于身体上方。
【动作方法】两臂伸直向上提举哑铃至胸部上方，再慢慢从头顶向下放，直至两臂舒适地伸展到头顶前上方，然后慢慢还原。
【练习要求】两臂上举时呼气；下放时开始吸气，放至最低点时肺部刚好充满气。

◎ 屈体单臂划船

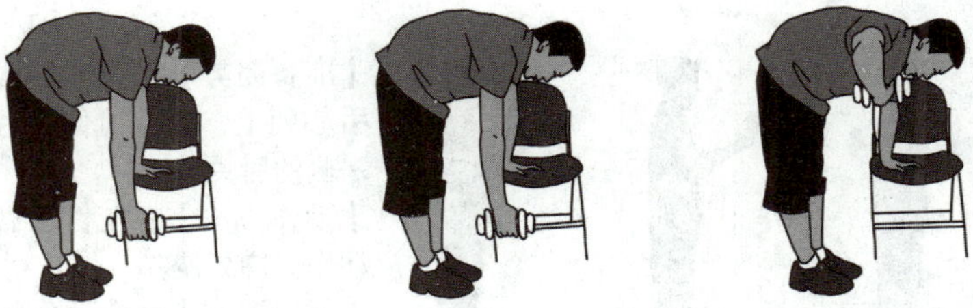

【准备姿势】身体直立，两脚并拢，上体前屈，一手支撑于矮凳上，另一手握哑铃于体侧。
【动作方法】吸气，持哑铃手上提哑铃至胸部高度，然后呼气放下；连续练习 8 ～ 12 次后，换另一手练习。
【练习要求】动作节奏不宜太快，切勿用猛力。

◎ 屈体双臂划船

【准备姿势】身体直立，上体前屈，两手各握一哑铃于两脚前，两臂伸直，两膝稍弯曲。
【动作方法】吸气，两臂向上屈肘，两手用力上提哑铃至两大腿前，上体保持前屈；呼气，还原至准备姿势。
【练习要求】动作过程中，臀部始终高于肩部，头、背保持平直。逐渐增加负重量。

◎ 屈体提拉

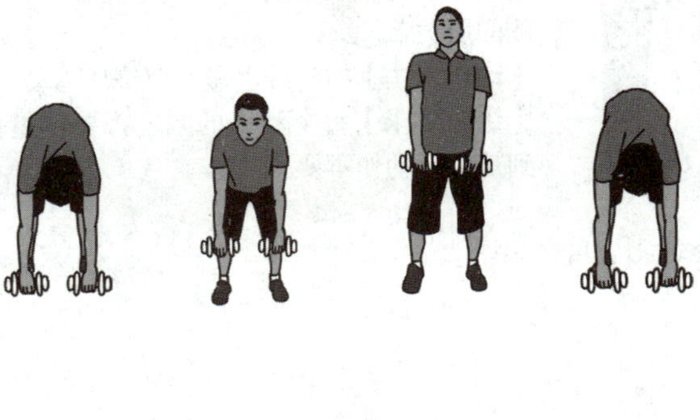

【准备姿势】身体直立，上体前屈，两手各握一哑铃于地面上方，两臂伸直，两手距离稍比肩宽，上体前屈，头颈及背部保持平直，两膝稍弯曲以减轻下背部及腿后侧的压力。
【动作方法】吸气，两手上提哑铃至两大腿前，身体逐渐成直立姿势；呼气，两手慢慢下放哑铃，回到准备姿势，伴随呼气。在动作过程中，两臂始终保持伸直。
【练习要求】动作节奏不宜太快，切勿用猛力。

（3）腕部肌群力量练习。

◎ 动态屈伸腕

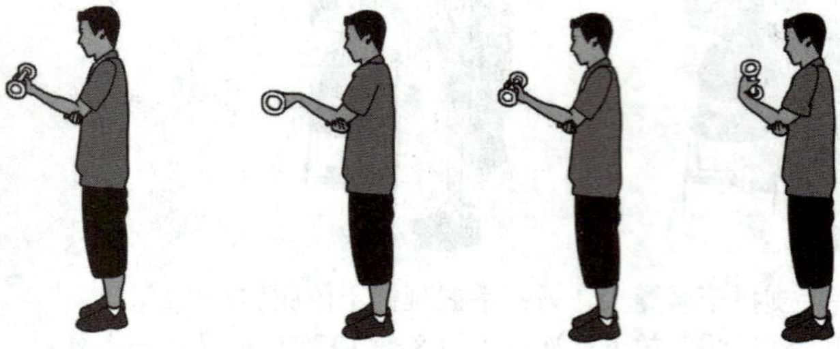

【准备姿势】以立正姿势站立，一手紧握哑铃，手心朝上，前臂前伸；另一手微托握哑铃手一侧的肘关节。

【动作方法】握哑铃手做屈伸腕运动，每个动作保持 2 秒。

【练习要求】每个动作的幅度都要尽量做到最大，动作不要太快。

◎ 静态屈伸腕

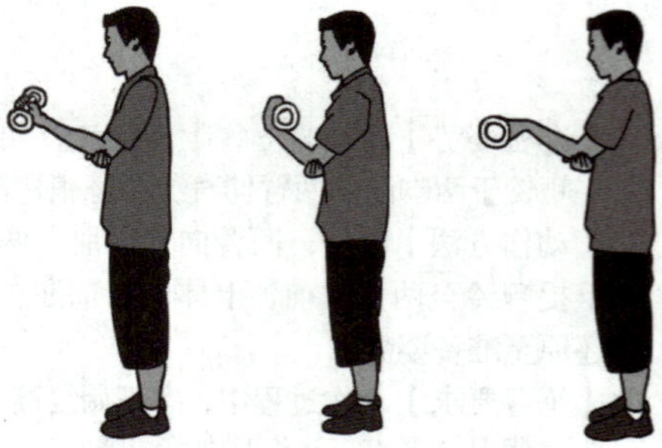

【准备姿势】以立正姿势站立，一手紧握哑铃，手心朝上，前臂前伸；另一手微托握哑铃手一侧的肘关节。

【动作方法】握哑铃手向后充分屈腕，静止 15 秒，休息 5 秒，再充分伸腕，静止 15 秒。

【练习要求】每个动作的幅度都要尽量做到最大，动作不要太快。

◎ 8 字绕环

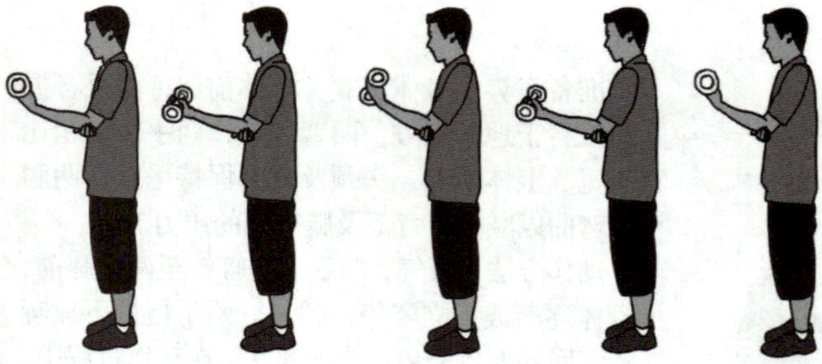

【准备姿势】以立正姿势站立，一手握哑铃（女生可以两手合握一个哑铃），手心朝上，前臂前伸；另一手微托握哑铃手一侧的肘关节。

【动作方法】握哑铃手做 8 字绕环运动。

【练习要求】每个动作的幅度都要尽量做到最大，动作不要太快。

（4）颈部、肩部、腰部、背部肌群的放松练习。

◎ 按揉颈肌

【准备姿势】坐立均可。

【动作方法】两手十指交叉放于颈后两侧，自下而上用掌根按揉颈肌。

【练习要求】主要用两手大鱼际按揉颈肌；动作要有节奏，可根据个人情况调节按揉的力度。

◎ 按穴旋肩

【准备姿势】坐立均可，两臂向上屈肘，两手置于两肩。

【动作方法】两手中指点按于两侧肩井穴，两臂前后绕环各 4 拍。

【练习要求】找准肩井穴，根据个人情况调节按揉的力度。

◎ 放松背部肌肉

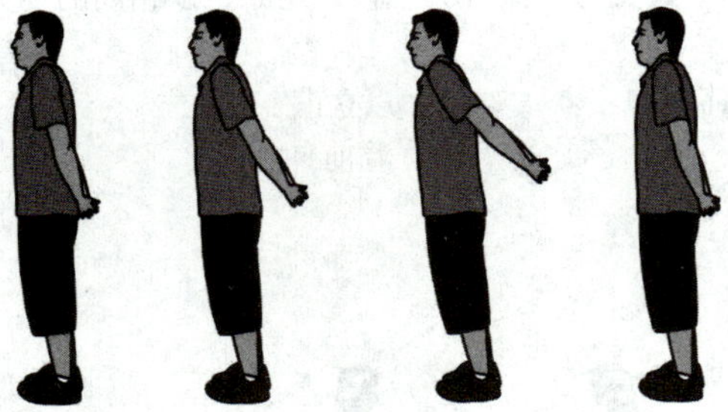

【准备姿势】两腿直立。

【动作方法】两手在背后十指交叉握紧，两肩打开，两臂尽量向后伸；稍停，然后两臂放下。

【练习要求】两肩尽量打开，动作幅度由小到大。

◎ 轻揉腰肌

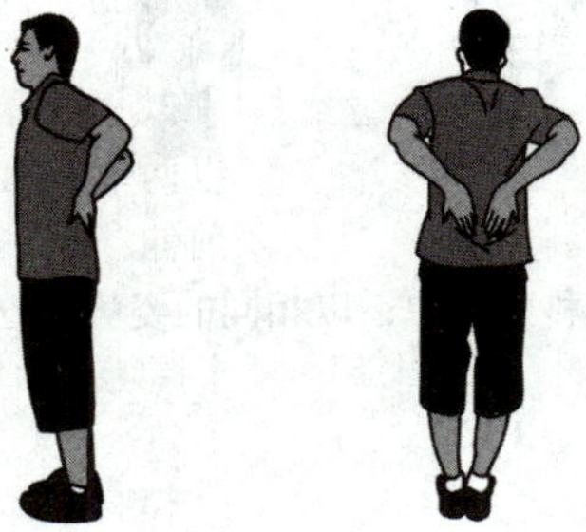

【准备姿势】坐立均可。

【动作方法】先用两手轻揉腰部肌肉至有发热感，再以两手掌根推拿腰肌 10 次，最后握空拳轻轻叩击腰部。

【练习要求】推拿、叩击动作力度均匀且由小到大。

❷ 柔韧性练习方法

柔韧性练习对于需要长期静坐的从业者来说尤为重要。例如，机动车驾驶员进行柔韧性练习，有助于提高其关节的灵活性，使其头部转动自如，在向后观察时，能够越过肩部观察到一些视野盲区，从而有助于完成停车及倒车等工作。

下面主要介绍发展颈部、肩部和腰背部柔韧性的方法。

（1）颈部柔韧性练习。

◎ 扭转望月

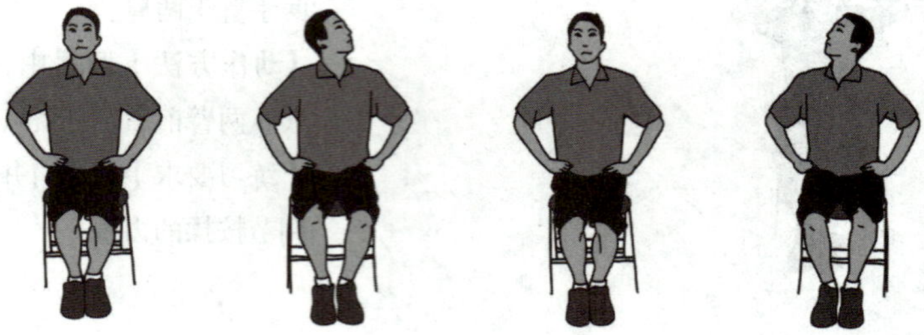

【准备姿势】坐立均可，背部挺直，两手叉腰，目视正前方。
【动作方法】头缓缓地向左后方旋转，目视左上方，尽最大努力，保持6～8秒，还原；以相同的姿势换方向练习，还原。
【练习要求】动作过程要缓慢，转头时尽量不要带动上体转动。

◎ 屈伸探肩

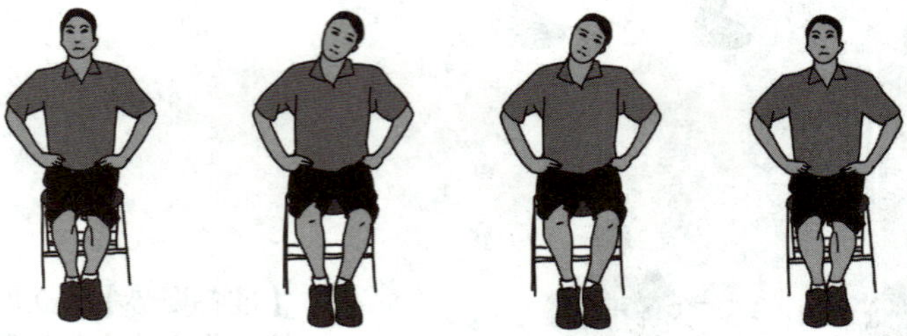

【准备姿势】坐立均可，背部挺直，两手叉腰，目视正前方。
【动作方法】颈部向左侧倾，左耳努力接近左肩，保持6～8秒，还原；以相同的姿势换方向练习，还原。
【练习要求】动作过程要缓慢，以防肌肉、韧带拉伤。

◎ 十字形弯曲

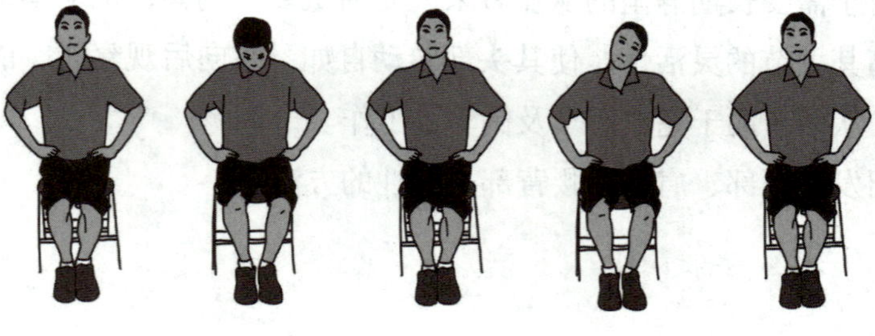

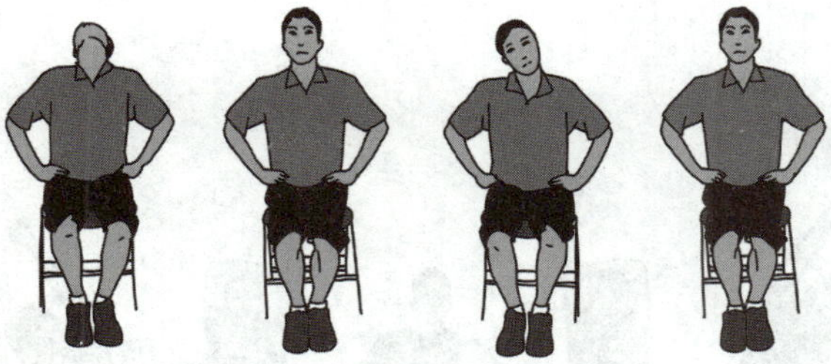

【准备姿势】坐立均可，背部挺直，两手叉腰，目视正前方。
【动作方法】头部依次前屈—复位—左屈—复位—后仰—复位—右屈—复位。
【练习要求】动作过程要缓慢，动作幅度要由小到大。

◎ 前后摆头

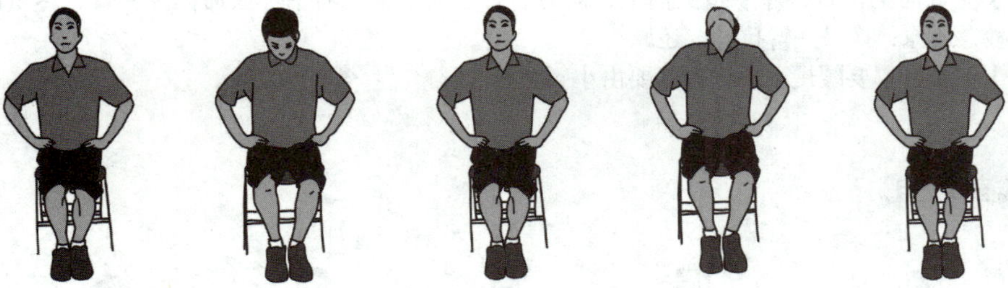

【准备姿势】坐立均可，背部挺直，两手叉腰，目视正前方。
【动作方法】缓慢低头，下颌尽量靠近胸部，以拉伸颈部肌肉，保持 30 秒后还原；头向后仰，保持 30 秒后还原。
【练习要求】动作过程要缓慢，动作幅度要由小到大。

（2）肩部柔韧性练习。

◎ 双肩绕环

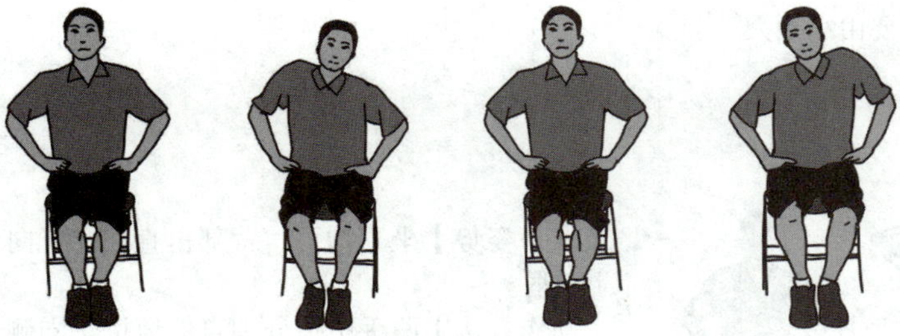

【准备姿势】坐立均可，背部挺直，两手叉腰，目视正前方。
【动作方法】左肩先向前绕环，重复 10 次左右还原；右肩再向前绕环，重复 10 次左右。
【练习要求】动作过程要缓慢，动作幅度要由小到大。

◎ 拉伸两肩

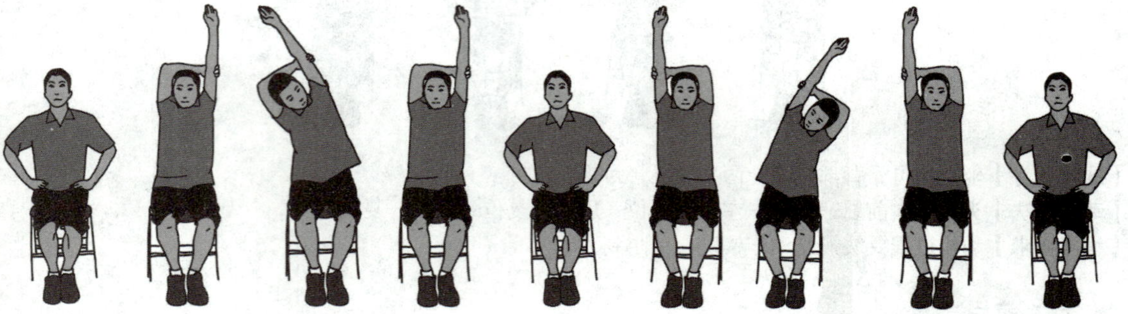

【准备姿势】坐立均可，背部挺直，两手叉腰，目视正前方。
【动作方法】左臂向上伸直，左手指尖向上，同时右臂屈肘上举，右手经头后握住左臂，尽量向右侧拉，保持 6 ～ 8 秒，还原；换另一臂拉伸，还原。
【练习要求】动作过程要缓慢，动作幅度要由小到大。

◎ 体前拉伸

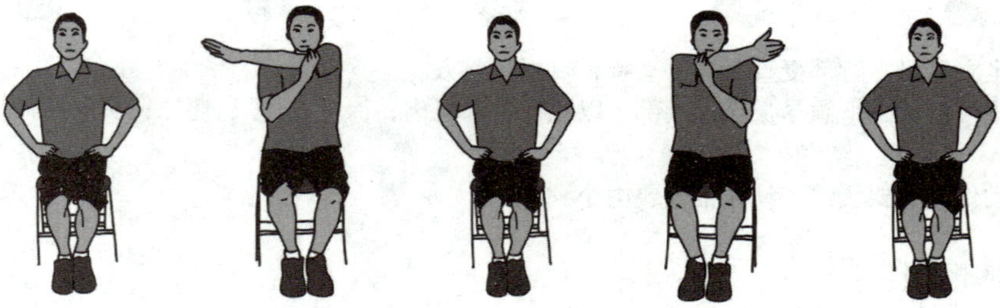

【准备姿势】坐立均可，背部挺直，两手叉腰，目视正前方。
【动作方法】左臂经体前向右侧平举，右臂屈肘，右手在体前握住左肘，尽量向右拉左臂，保持 6 ～ 8 秒，还原；换另一臂拉伸，还原。
【练习要求】动作过程要缓慢，动作幅度要由小到大。

◎ 肩部上提

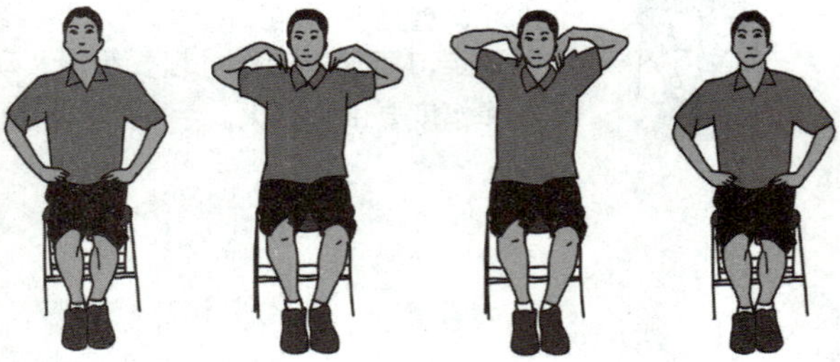

【准备姿势】坐立均可，背部挺直，两臂向上屈肘。
【动作方法】两手中指分别自然地按于同侧肩上，两肩用力上提，上体充分舒展，保持 20 ～ 30 秒，还原，放松。
【练习要求】动作过程要缓慢，动作幅度要由小到大。

（3）腰背部柔韧性练习。

◎ 俯腰

【准备姿势】并步站立，两腿挺膝夹紧，两臂伸直上举，两手十指交叉，掌心向上。
【动作方法】上体前俯，两手手心尽量向下贴地面，两膝保持挺直，髋关节屈紧，腰背部充分伸展，两手直臂握住同侧踝关节，使胸部尽量贴近两腿，腰背部充分伸展，保持一段时间后放松起立；还可以在两手触地时向左侧或右侧转腰，使两手手心触及两脚外侧的地面，以增强腰部伸展时左右转动的柔韧性。
【练习要求】动作过程要缓慢，动作幅度要由小到大。

◎ 甩腰

【准备姿势】一脚稍前站立，上体挺直。
【动作方法】一腿支撑，另一腿向后上方直腿摆动，上体前倾，同时两臂伸直，随身体前倾向下、向后做摆振动作，使腰背部充分伸展，然后还原。
【练习要求】动作过程要缓慢，动作幅度要由小到大。

◎ 体侧屈

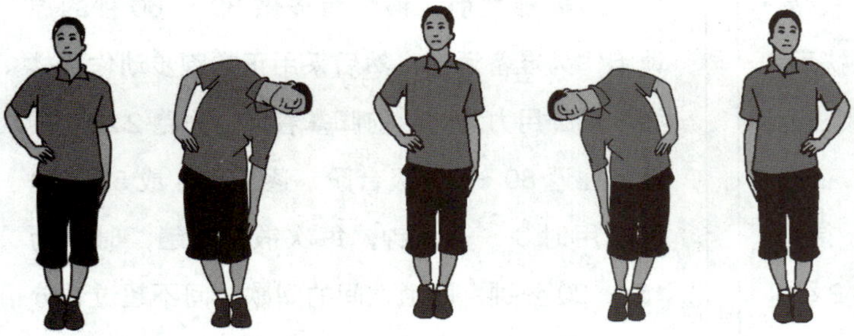

【准备姿势】并步站立，上体挺直，右手叉腰，左臂伸直下垂。
【动作方法】上体尽量向左侧倾斜，保持 6 ～ 8 秒，还原，换方向做。
【练习要求】动作过程要缓慢，动作幅度要由小到大，上体不要有扭转动作。

◎ 转体

【准备姿势】并步站立，上体挺直。
【动作方法】左臂屈肘向后，左手经体后扶于右侧腰部，右臂屈肘，右手经体前绕至左侧颈后；上体尽量向左转，保持6～8秒后，还原后换方向练习。
【练习要求】动作过程要缓慢，动作幅度要由小到大。

3 增强心肺功能的练习方法

常用的增强心肺功能的练习方法有以下几种。

（1）慢跑。

慢跑时，呼吸要深、长、细、缓，且有节奏。呼吸的节奏可为两步一呼、两步一吸，或三步一呼、三步一吸。呼吸时，要尽量用腹式呼吸，吸气时鼓腹，呼气时尽量将气吐尽。跑步时，步伐要轻快，全身肌肉放松，两臂自然摆动。

（2）健身走。

健身走的要求是在自然行走的基础上，躯干伸直，收腹、挺胸、抬头。随着步速的加快，肘关节自然弯曲，两臂以肩关节为轴自然地前后摆动；脚向前迈时，脚跟先着地，逐渐过渡到全脚着地，并将身体推离地面。健身走时，上下肢应协调运动，并配合深而均匀的呼吸。健身走的速度是决定锻炼效果的关键因素。

（3）跳绳。

跳绳是一种比较剧烈的运动。锻炼者应根据自己的身体状况确定切实可行的目标和制订合理的练习计划；经过一个阶段的系统锻炼后，可逐渐增加练习的时间和次数。

（4）登楼梯。

◎ 爬楼梯法

爬楼梯时，锻炼者应弯腰、屈膝、高抬脚，两臂自然摆动，尽可能不抓扶手。每秒爬1级，爬4或5层楼，每次往返2或3趟，两趟之间可稍作休息。在开始阶段，每次可练习5分钟左右。待身体适应后，可以加快速度，每秒爬2级，并增加往返趟数，时间为10分钟左右。

◎ 跑楼梯法

跑楼梯之前，锻炼者先做30～60秒的原地跑作为准备活动，然后采用正常跑步动作跑楼梯。两脚用力均匀，前脚掌着地，先跑2或3层楼，往返80～90级台阶，逐渐跑4或5层楼。每趟用时3～4分钟，每次锻炼5趟，时间为15～20分钟，两趟之间的间歇时间不超过2分钟。跑楼梯的运动量比较大，适合青年锻炼者。

（5）有氧舞蹈。

有氧舞蹈是一种以锻炼身体为目的、以徒手运动为主、结合舞蹈动作并在音乐的伴奏下进行的健身活动，有利于提高心肺功能。锻炼者可根据自己的年龄特点、体能状况、锻炼目的等选择或自编有氧舞蹈进行锻炼。

（二）站姿类岗位职业体能的锻炼方法

站姿类岗位从业人员常保持站姿，对下肢的力量和耐力要求较高，因此这类人员在进行发展职业体能的锻炼时，应以发展下肢和腰腹肌的力量为主，并练习一些形体操、健美操，塑造合理的站立姿势和优美的体态；同时，可考虑参与野外生存训练、轮滑等项目。这些锻炼项目对锻炼者发展下肢和腰腹部的力量，改善身体的平衡能力和提高灵敏素质都具有良好的效果。

1 腿部肌群力量练习

（1）深蹲。

【重点锻炼部位】大腿肌群、臀大肌和腰背肌群。

【起始姿势】身体直立，两脚左右分开，比肩稍宽，两手紧握，两臂前平举，两脚脚尖稍向外展。

【动作方法】两腿屈膝下蹲至大腿约与地面平行，保持 1 秒，大腿和臀部用力，两脚蹬地使身体恢复直立。按规定次数和组数重复练习。也可负重练习。

【练习要求】在整个动作过程中，背部要平直，上体勿前倾，臀部不要后坐，腰部要绷紧，动作要稳定，腿部快伸直时，用力挺直膝关节。

（2）腿屈伸。

重点锻炼部位：股四头肌。

起始姿势：坐在装有伸腿架的卧推凳上，两脚脚背分别紧贴下托棍的下沿。两手握住卧推凳两端，使上体挺直。

动作方法：两腿借助股四头肌收缩的力量慢慢伸直，保持 1 ～ 2 秒，慢慢还原。

练习要求：可以绷直脚背，也可以通过脚跟内旋或者外转体会不同的受力方式。

（3）腿弯举。

重点锻炼部位：股二头肌。

起始姿势：俯卧于卧推凳上，使膝关节正好抵住凳沿，两腿伸直，两脚脚跟紧贴于上托棍的下沿，两手握住卧推凳的前端。

动作方法：两腿股二头肌用力收缩，使小腿彻底收紧，保持 1 ～ 2 秒，慢慢还原。

练习要求：可以绷直脚背，也可以通过脚跟内旋或者外转体会不同的受力方式。

（4）踮脚跳跃。

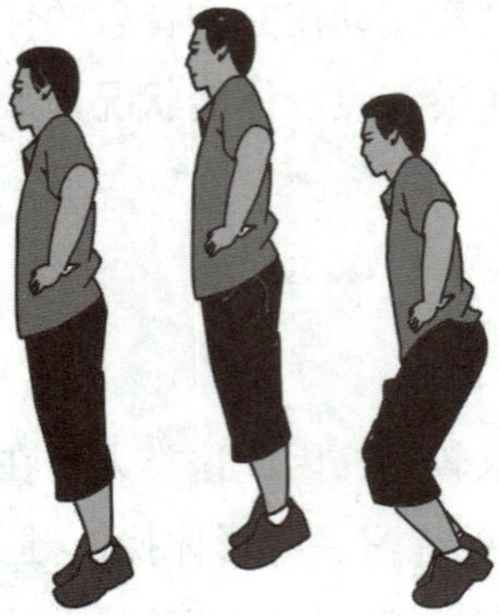

【重点锻炼部位】小腿后侧肌群。
【起始姿势】两腿并拢站立，两脚脚尖踮起，两手叉腰。
【动作方法】两脚前脚掌蹬地跳起；下落时，前脚掌先着地，然后过渡到全脚着地，再踮脚起跳，重复练习。
【练习要求】原地向上纵跳时，膝关节绷直。为提高锻炼兴趣，可以采用踮脚跳绳的练习方法。

2 腰腹部肌群力量练习

（1）搁腿仰卧。

【重点锻炼部位】上腹部肌群。
【起始姿势】仰卧，两小腿平行置于凳面上，两手十指交叉抱于头后。
【动作方法】屈体收腹，两肩慢慢向膝关节靠近，直至两肘触及两膝，保持 1 ～ 3 秒，还原。
【练习要求】屈体收腹时，下背部必须紧贴地面或垫面，使腹部有较强的收缩感。

（2）直腿上举。

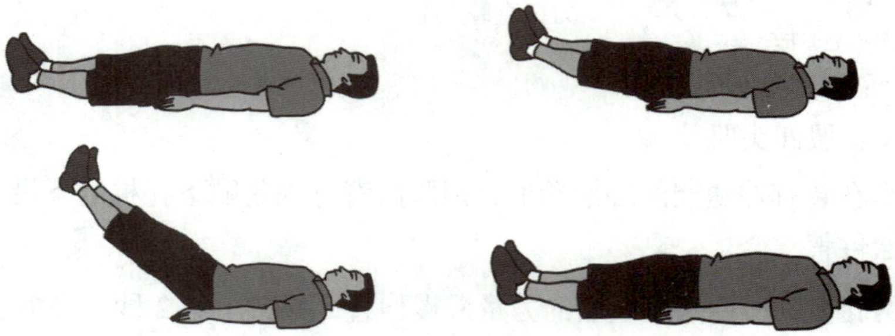

【重点锻炼部位】下腹部肌群。
【起始姿势】仰卧，两腿并拢伸直，两臂在体侧伸直。
【动作方法】下腹部肌群收缩发力，将两腿慢慢举起，使躯干与大腿约成 120°，保持 5 ～ 10 秒，然后慢慢还原。
【练习要求】向上举腿时，两腿要伸直并拢。

3 柔韧性练习方法

柔韧性的练习方法参见“坐姿类岗位职业体能的锻炼方法”部分的柔韧性练习方法。

（三）变姿类岗位职业体能的锻炼方法

对于变姿类岗位从业人员来说，静力性工作与动力性工作是交替进行的，因此这类岗位的从业人员劳动（工作）时的解剖学、生理学负荷特征与坐姿、站姿类岗位的从业人员既有许多相同之处，又不完全相同。这类岗位从业人员工作姿势的变化没有一定的规律，有些从业人员（如园艺工作者）的工作姿势变化频率快，肌肉可以交替休息，不易疲劳；有些从业人员（如机械工人）在工作时需要承受一定的静力负荷，肌肉一直处于紧张性收缩状态，很容易紧张、僵硬。

一些变姿类岗位从业人员在高温、高湿、高寒、辐射、噪声等恶劣环境中工作，工业自动化程度较低，体力消耗较大，且存在姿势不良、用力过度、振动等诸多引起职业性疾病的危险因素。因此，这类岗位对从业人员的身体健康提出了特殊要求，即其不但需要具备良好的心肺功能，而且需要具备良好的协调性和灵活性。这就要求锻炼者在选择运动项目或开展有针对性的体能锻炼时，注意使身体各部位都得到锻炼，全面发展职业体能，以满足工作的需要。

1 增强心肺功能的练习方法

变姿类岗位从业人员增强心肺功能的练习方法参见“坐姿类岗位职业体能的锻炼方法”部分的增强心肺功能的练习方法。

2 提高肌肉耐力的练习方法

肌肉耐力是肌肉维持长时间工作的能力。高抬举作业，如手举焊枪、紧固螺丝、打孔等工作，需要从业人员保持较长时间的肌肉收缩状态。如果肌肉耐力不好，就容易导致肌肉供血不足，肌肉代谢废物不能被及时排出，从而引起局部肌肉疲劳，导致工作效率降低，甚至出现工伤事故。提高肌肉耐力的练习应采用小负荷、多次重复的练习方法。下面以上肢肌肉耐力的练习方法为例进行介绍。

◎ 侧握腕弯举

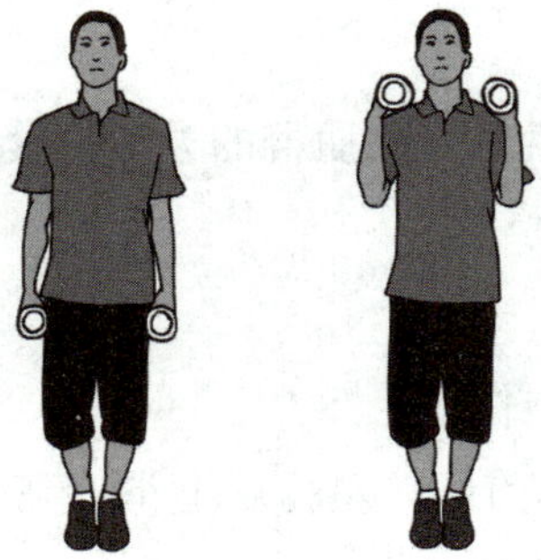

【重点锻炼部位】前臂肌群和上臂前侧肌群。

【起始姿势】身体直立，两臂自然垂于体侧，两手各握一哑铃，手心相对。

【动作要求】两臂向上弯举至哑铃置于两肩上方，然后缓慢下放还原。

◎ 反握腕弯举

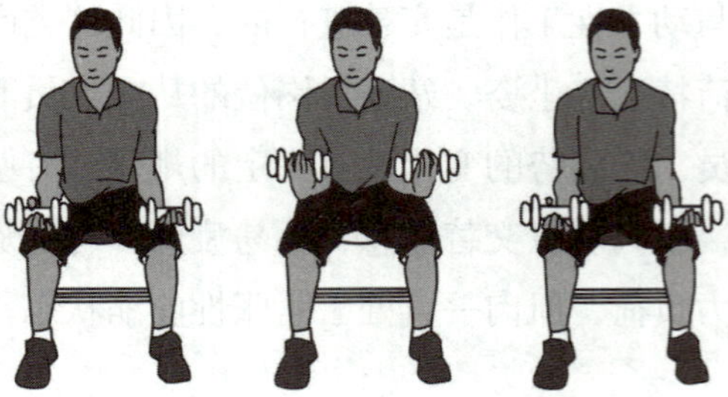

【重点锻炼部位】前臂肌群。
【起始姿势】坐在凳上，两手各握一哑铃，手心向上，两臂屈肘，两前臂置于两大腿上，手腕放松。
【动作要求】两前臂用力，使两腕向上弯起至不能再弯为止，然后放松还原。

◎ 仰卧后撑

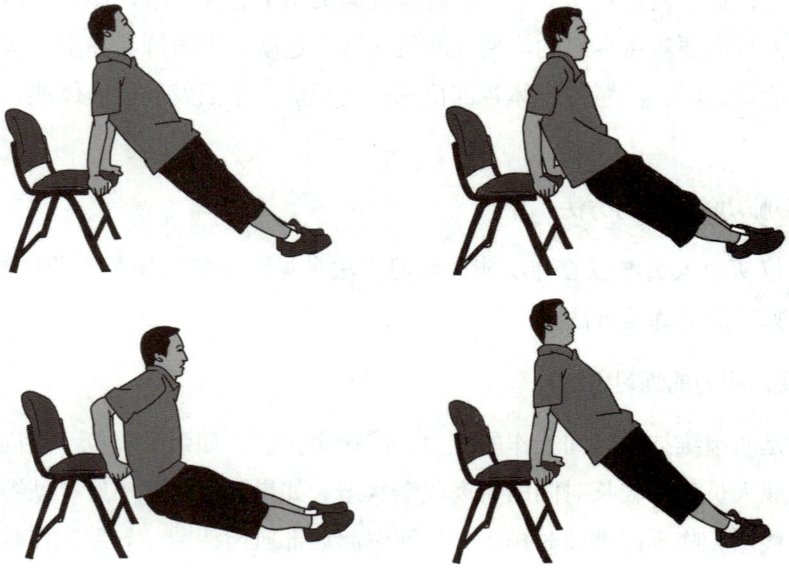

【重点锻炼部位】肱三头肌、胸大肌、三角肌、大圆肌等。
【动作要求】仰卧，两手撑在背后稍高的凳子上，两脚放在平地上，身体其他部位挺直、悬空，呼气，两肩放松，两臂慢慢屈肘，身体尽量下沉（尤其要沉臀），稍停2～3秒，然后吸气，两臂用力伸直，撑起身体，还原。

3 提高平衡能力的练习方法

具备较高的平衡能力有赖于身体的柔韧性、协调性和主要肌群的力量的发挥。下面重点介绍提高平衡能力的几种练习方法。

（1）燕式平衡。

锻炼目的：增强小腿、后背部和腹部主要肌群的工作稳定性。

动作方法：由站立开始，右脚向前迈一步，上体前倾；左腿后上举，高于头。抬头挺胸，两臂侧平举。做动作时，支撑腿要伸直，两腿交替进行。

（2）静止搭桥。

锻炼目的：增强后背部和腹部主要肌群的工作稳定性。

动作方法：屈腿平躺，两脚着地，两臂放在体侧，脊柱位于中间位置，以臀部、大腿和躯干的肌肉用力提起骨盆，直到肩部与膝关节成一条直线，然后身体缓慢下降，还原。

（3）借球搭桥。

锻炼目的：增强腘绳肌、臀部肌肉和股四头肌的工作稳定性。

动作方法：平躺，两脚放在健身球上，两膝微屈，两臂置于体侧；做搭桥练习时，脚跟用力压球面，以保持身体平衡，两臂向上伸直，然后慢慢放下身体，还原。

4 提高抗热、抗寒、抗风雨能力的练习方法

在室外工作时，夏天的炎热、冬天的寒冷及风霜雨雪都可导致机体不适，进而引发疾病。因此，室外从业人员应加强有氧运动的练习，以提高免疫力；同时可参加定向运动、野外生存等项目，以提高抗疲劳能力、野外生存能力、环境适应能力等。

体育思政课堂

传承大国工匠精神，树立远大职业梦想

自古以来，中华民族就是勤劳智慧的民族，从来不缺工匠精神。实现中华民族伟大复兴的中国梦迫切需要大国工匠精神。工匠精神的基本内涵就在于敬业、精益、专注、创新。加快制造业转型升级，实现由制造大国向制造强国的转变，需要培养大批具有工匠精神的技术型人才。

大学生应领悟新时代工匠精神的内涵，充分了解爱岗敬业的职业精神、精益求精的品质精神、协作共进的团队精神、追求卓越的创新精神；感受多样的职业文化，感悟工匠精神的力量，让梦想的种子在心中发芽；做到对职业有规划，对未来有憧憬，树立技术报国的职业理想。为了实现远大的职业理想，大学生在校期间应了解各类型岗位的特点，掌握各岗位职业体能的锻炼方法，努力提高自身职业体能，从而促使自己形成良好的职业综合素养，成为合格的社会主义事业建设者和接班人。

落实全民健身　建设体育强国

广泛开展全民健身活动，加强青少年体育工作，促进群众体育和竞技体育全面发展，加强建设体育强国。

——党的二十大报告

思考与探究

1. 科学锻炼应遵循哪些基本原则？
2. 结合所学内容和自身实践，谈一谈你是怎样进行准备活动和整理活动的。
3. 基础体能的锻炼方法有哪些？
4. 试述坐姿类岗位职业体能的锻炼方法。

课外体育活动

根据自己所学专业，在课间选择与专业相适应的职业体能锻炼方法进行练习。每次练习15分钟。

总结与创新

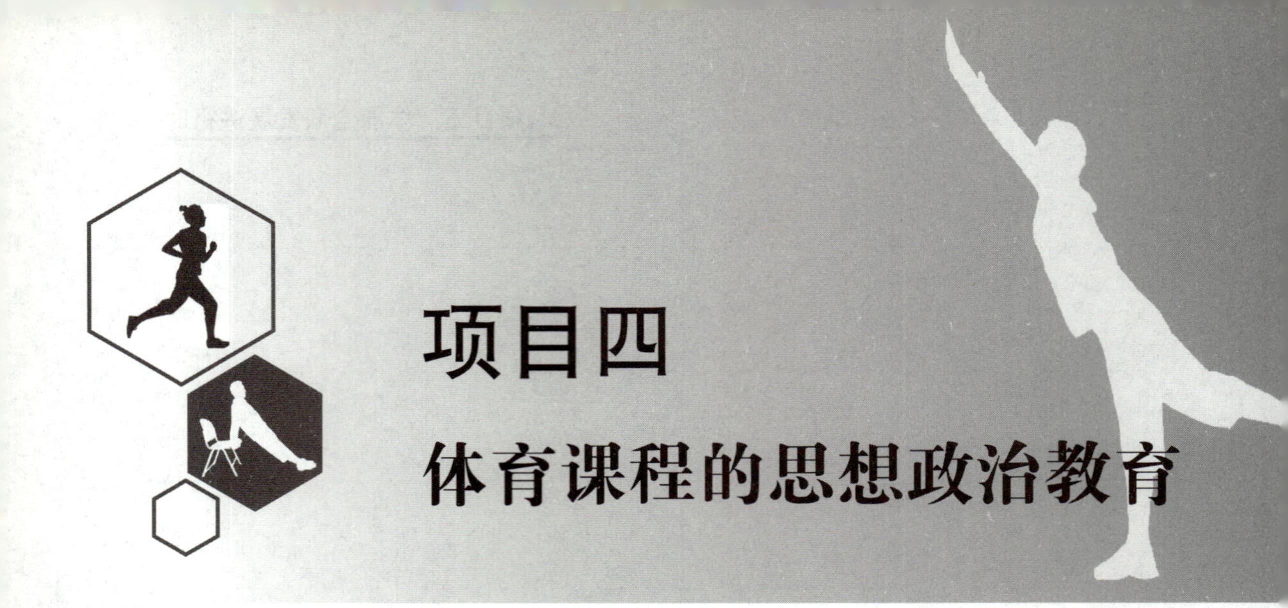

项目四

体育课程的思想政治教育

项目导读

体育课程的思想政治教育以体育课程为载体，以立德树人为根本，注重充分挖掘蕴含在专业知识中的德育元素，实现体育课程与德育的有机融合，使德育渗透、贯穿于体育教育和教学的全过程，帮助学生塑造正确的世界观、人生观、价值观，助力学生的全面发展。

学习目标

1. 熟悉体育课程中蕴含的丰富思想政治教育资源。
2. 理解体育精神及其培养途径。
3. 理解体育竞赛对人格塑造的作用。

学习内容

一、体育课程的思想政治教育概述

2016年，习近平在全国高校思想政治工作会议上指出，要“使各类课程与思想政治理论课同向同行，形成协同效应”。高校的各类课程都要发挥课程的思想政治教育作用。2020年5月，教育部印发了《高等学校课程思政建设指导纲要》，要求高校结合专业特点，分类推进课程思政建设。

大学体育课程是高校促进大学生身心全面发展，寓思想品德教育、文化科学教育、生活与体育技能教育于身体活动的教育过程，是高校实施素质教育、贯彻落实“立德树人”根本任务和培养全面发展的人才的重要途径。

大学体育课程蕴含着人文关怀、进取精神、团队意识和健康向上的文化追求等丰富的思想政治教育资源。对于高校思想政治教育来说，这些蕴含在体育教学和体育竞赛中的思想政治教育资源是独特而富有成效的隐性资源。体育锻炼鼓励大学生挑战自我、追求卓越、自强不息。体育竞赛要求参与者遵守一定的竞赛规则，有助于培养大学生自律自制的习惯和按规则行事的规则意识。体育竞赛还需要参与者与他人形成或合作、或竞争的关系，正确地处理人际关系，可以培养大学生的集体主义精神和团结合作意识。此外，体育文化倡导的身心全面发展，树立健康的生活理念，胜不骄、败不馁的生活态度，以及乐观向上、积极健康的生活方式等，对于大学生形成正确的世界观、人生观和价值观具有很好的导向作用。

为了贯彻和落实国家的相关文件精神、发挥好每门课程的育人作用、提高高校人才培养质量，加强高校体育课程的“课程思政”建设、推进体育课程与思想政治教育的融合势在必行。

二、体育课程对大学生体育精神的培养

大学体育课程不仅可以使大学生得到身体的锻炼、体能的增强，还可以对其精神和意志进行培养。对于大学生来说，体育精神教育作为一种独特的教育，其作用是其他知识教育所不具备的。

不同运动项目虽然技术手段、比赛方法、取胜方式各不相同，但其基本的体育精神却是相同的。学生一投入体育运动，就已经开始接受体育精神的影响和教育，受到体育精神的熏陶。

（一）体育精神的内涵

体育精神是指在体育运动中表现出来的、体现体育运动本质和特点的精神，是人的精神风貌的重要组成部分，是一种催人奋进的崇高的人类精神。体育精神的魅力在于其能够产生较强的鼓舞力、感染力，从而成为影响和指导人类生活方式的积极因素之一。中国体育人在多年的实践中，总结出了以“为国争光、无私奉献、科学求实、遵纪守法、团结协作、顽强拼搏”为主要内容的中华体育精神。以下着重介绍中华体育精神。

1 为国争光

为国争光就是要为国家和人民争取来自世界体坛的荣誉，体育人要把为国争光作为自己的终身追求。我国体育健儿在国际舞台上要以最佳的竞技状态和良好的精神风貌，为祖国争光，为民族争气，为奥运增辉，为人生添彩，不辜负祖国人民对体育的高度重视及对体育健儿的鼓励和期待。

2 无私奉献

无私奉献指的是淡泊名利、甘于奉献，展现了一种大爱的胸怀、忘我的精神。作为一种优秀品质，无私奉献表现为体育人在平凡的工作岗位上忘我工作、不计回报，因热爱而坚守，为了国家荣誉甘愿牺牲个人利益。体育人要以自己忘我的无私奉献中推动体育强国建设，实现自己的人生价值。

3 科学求实

科学求实是指在实事求是的基础上讲求科学，尊重规律，谋求科技助力体育发展。从实际出发，从国情出发，普及健身知识，传播健康生活方式，尊重运动训练、人才成长和体育竞赛规律，尊重体育市场规律，学习国外先进经验，用科技的力量助推中国体育发展。

4 遵纪守法

遵纪守法指的是遵守体育的伦理道德和相关制度规范，通过公平竞赛和兑现承诺，维护体育的诚信。一方面，我国运动员要遵守国际体育的纪律要求和规则限制，尊重裁判、尊重对手、尊重观众，公平参赛，反对弄虚作假；另一方面，在筹办奥运会等重大体育赛事时，申办城市要兑现承诺，向国际社会展示中国政府和中国体育的诚信。

5 团结协作

团结协作是中国人民和中华民族战胜前进道路上的一切风险挑战、不断从胜利走向新的胜利的重要保证。体育可以培养人们特别是青少年勇于竞争、善于合作、不怕挫折，追求胜利的优秀品质，这在集体项目中体现得尤为明显。

6 顽强拼搏

顽强拼搏是中国体育的优秀传统，不屈不挠、砥砺奋进是中国体育人的行为方式。习近平指出：“我们的国家，我们的民族，从近代积贫积弱一步一步走到今天的发展繁荣，靠的就是一代又一代人的顽强拼搏，靠的就是中华民族自强不息的奋斗精神。”

（二）体育精神培养的途径

新时代的大学生培养体育精神，一般要以接受宣传、学习实践、内化提高相结合的方式进行。首先，大学生要通过校园宣传汲取精神养分，形成对体育精神的初步认知。其次，大学生要在课堂学习中升华对体育精神的认识，夯实体育精神培养的基础。再次，大学生要通过体育活动树立体育精神，在实践中感悟体育精神。大学生要将接受校园宣传、进行课堂教学、参加活动实践三者合一，将理论与实践相结合，从而培养全面的体育精神，力争成为新时代助力体育强国建设的创新型人才。

1. 接受校园宣传

学校组织体育精神宣传活动有利于营造体育精神培养的氛围，提高大学生对体育精神的认识。大学生应正确认识学校对体育精神的宣传，并积极接受宣传。校园宣传体育精神多利用校内的墙报、报纸、广播，以及电视、网络等媒介。大学生要学会从这些渠道获取有关培养体育精神的知识，从而形成对体育精神的认知，主要包含三个方面：什么是体育精神，为什么要培养体育精神，以及如何培养体育精神。大学生只有在对体育精神具有深刻、理性的认知的基础之上，才能将其内化、升华，并正确地运用于体育实践、生活实际和人生发展中。

2. 进行课堂学习

课堂学习主要包括体育理论课的学习和体育技术课的学习。在体育理论课上，大学生要通过教师的讲解理解体育精神的深刻内涵及其理论意义与现实意义。这不仅有助于提高大学生对体育精神的认识水平，还有助于大学生为体育技术课的学习做足准备。大学生应认真听课，紧跟教师的教学思路，充分了解体育课程所蕴含的精神因素，进一步升华对体育精神的认识。在体育技术课的学习中，大学生能通过技术实践加深对理论知识的理解，更直观、形象地理解体育精神的内涵，从而有利于其体育精神的培养。在课堂学习中，大学生要积极融入教学氛围，体悟所学，从而巩固培养体育精神的基础。

3. 参加活动实践

除了课堂学习以外，大学生可以经常参加多种形式的体育训练、体育竞赛，它们既可以是竞技性的，也可以是健身性、娱乐性的；也可以经常参加一些常规体育项目的活动实践，尤其是集体性的项目，如拔河、球类、接力跑、广播操等。这不仅能够培养集体主义精神，还能通过实践验证理论知识，再通过理论知识指导实践活动，从而进一步升华体育精神。大学生不仅要重视参加体育实践的过程，还要关注并参与整个活动的组织，这样既能培养团结协作精神，还能形成参加体育活动的大局观。除了常规体育项目之外，大学生还可以加入诸如登山、攀岩、漂流、高尔夫球、定向越野、野外生存等经校方批准的校园俱乐部或社团，跟随其定期参加体育活动，亲近大自然的同时，培养意志品质。在体育竞赛中，大学生要运用技战术，敢于拼搏，勇于战胜自我，善于总结经验和教训，科学求实，不断向新的目标迈进，培养拼搏进取精神。此外，大学生要严格遵守相关的活动或比赛制度和规则，培养诚实守信、遵纪守法的习惯。

大学生在形式不拘、层次多样、内容丰富的校园宣传、课堂学习和活动实践中，要充分发挥主动性、积极性和创造性，做到在理论知识层面知晓体育精神的内涵、意义和培养方法，在体育实践层面践行体育精神，发挥才能，健全人格，锤炼意志，全面地、立体地内化体育精神，使体育精神成为自己的自觉意识和行动指南。新时代发展对大学生的身体和精神、知识与能力、道德与行为等方面有了新的要求。大学生不要墨守成规，要敢于创新求变，适应新时代的变化，在学习和掌握体育技能的同时，学会独立思考，注重体育精神的培养，通过培养体育精神来完善人格，做一名合格的社会主义新青年。

三、体育竞赛对大学生人格塑造的作用

体育精神最有效、最直接的培养途径就是参加各种体育竞赛。体育竞赛是竞技体育的表现形式，是人类社会竞争与协作的缩影，它所体现的精神就是竞技体育精神。体育竞赛的出现和发展反映了人类文明发展的历史轨迹和社会进步的内在要求。作为一种特殊形态的社会文化活动，体育竞赛不但是体育运动的主要表现形式和重要组成部分，而且是大众体育的有机构成和对大众体育的有力支持。从这个意义上说，体育竞赛的价值基本等同于体育的价值。

体育精神是以充满个性魅力的价值观念、文化观念、思维模式和行为方式对大学生个体产生深刻的影响的。体育竞赛对大学生人格塑造的作用表现在以下几个方面。

（一）培养竞争意识

具备竞争意识是现代人的重要素质之一。曾有学者指出，现代的生产及生活方式接近于体育竞赛，在机会相等的条件下，谁的节奏快、竞争意识强，谁就有可能占据优势。竞争是竞技体育最根本的特征，没有竞争就谈不上竞技体育。竞争包括赶超对手和自我超越。它是体育魅力之所在。

竞争在当代社会无处不在，如升学竞争、就业竞争等。个人如此，一个企业如此，一个国家也是如此。因此，培养一个人的竞争意识与能力就显得非常重要，这也是现代教育必不可少的课程。在这方面，体育竞赛有着特殊的教育作用。体育竞赛激励着人们利用体能、技术、勇气、智慧等奋勇拼搏，积极进取，大胆创新，为个人和集体争取荣誉。体育竞赛讲求公平竞争，鼓励参与者进行有规则的、公正的、平等的竞争。体育竞赛还激励参与者挑战生理和心理极限，在“更快、更高、更强——更团结”理念的指导下，不断实现自我超越。

（二）锻炼意志品质

坚强的意志通常对人们成就事业有较大的帮助，良好的意志品质对于大学生来说十分重要。意志薄弱的人容易被消极情绪控制，被困难和挫折击倒，从而造成严重的心理压力，损害身心健康；意志坚强的人则可以控制自己的情绪，能够克服各种困难和干扰，战胜挫折，以积极的心态和坚忍不拔的意志面对人生的各种挑战。参加体育竞赛，有助于大学生树立勇敢、自信的人生态度，顽强拼搏，勇于竞争。此外，在人生实践中经受困难和挫折的磨炼，在不利的环境中保持良好的精神状态，也能锻炼自己，从而形成坚强的意志。

（三）培养团结协作精神

随着社会的发展和科学技术的进步，重要的创新活动已经很少能靠个人单独完成，更多的是跨学科集群式的创新。许多企业也把一个人是否具有团队合作意识作为招聘录用的重要考量条件。不具备团队精神，不能协同攻关，就很难得出重要的创新成果。个人融入集体，有利于个人获得更大的发展。目前，国内很多高校都非常注重培养大学生的团队精神，这既是德育的要求，也是大学生学业上的要求。具备团结协作精神是现代人的重要素质。

在高校中，参加体育竞赛是培养大学生集体主义观念的一种有力手段。在体育竞赛中，大学生的团队意识、集体观念都会得到增强，集体荣誉感、自豪感会倍增。

现代社会既需要竞争意识，又需要合作精神。在体育竞赛过程中，需要多方面的团结协作，缺少任何一方的协作，都可能导致失败。集体竞赛项目离不开团队配合，而个人竞赛项目也离不开集体的支持。大学生置身体育竞赛集体，能够亲身感受集体的温暖和团队的力量，从而有利于加强集体主义观念和团结协作精神。

（四）培养诚信意识

诚信是人与人相处应遵循的行为准则，是一种优良的道德品质。就个人而言，诚信是高尚的人格力量；就学校而言，诚信是宝贵的无形资产；就社会而言，诚信是社会秩序正常运行的基础；就国家而言，诚信代表着良好的国际形象。人无信不立，这是每名大学生都知道的箴言。诚信是每名大学生应具备的品质。

任何级别、任何层次、任何水平的体育竞赛都是一种“仪式化的战争”。在这种“仪式化的战争”中，遵守规则、尊重对手、公平竞争、通力合作的要求影响着人们的观念，强化着人们的意识，改变着人们的行动。体育竞赛强化着大学生的诚信原则和公平竞争的观念，使他们的价值标准符合社会要求。

（五）培养人际交往能力

大学生正处于渴望交往、渴求理解的心理发展时期，其人际交往的要求较为强烈。良好的人际关系有利于增强大学生的自我认同感，减轻其挫败感，缓解其内心的苦闷，减弱孤独、寂寞、空虚、恐惧等不良心理的影响。同学之间的交往状况影响着大学生对大学生活的满意度。从某种意义上讲，保持良好的人际关系对大学生的成长进步甚至是人生的成功都有着重要的作用和意义。参加体育竞赛，能够增加大学生与他人交往的机会，并使大学生扩大知识交流和信息交流范围，这既能减轻他们的孤独感，又能使他们处理人际关系的能力得到锻炼。交往的成功会增进友谊，有利于大学生摆脱猜疑和不信任他人的不良心理。

（六）培养创新意识

体育竞赛过程的多变性和追求取胜的目的要求参与者不断创新，如不断改进技战术等。高校必须把创新人才的培养提高到实现中华民族伟大复兴的战略高度来重新审视，加大力度培养大学生的创新意识、创新能力和实践能力。教育制度的设计应为大学生张扬个性留出足够的空间。

知识窗

运动赋予人们的十二种体育精神如下。

1. 能吃苦	2. 有目标	3. 重过程
4. 重礼仪	5. 懂传承	6. 善合作
7. 明善恶	8. 守规则	9. 有成就
10. 重感情	11. 不怕输	12. 敢胜利

没有个性就难有创造性，就难成就人才。培养创新型人才的基础是张扬个性。竞技体育可以激发人的创新激情。所谓创新激情，就是面对机遇，要敢于争先；面对艰险，要敢于探索；面对落后，要敢于奋起；面对竞争，要敢于创新。参加体育竞赛，在规则允许的条件下，参赛双方在竞赛中应审时度势，随机应变，斗智斗勇，以赢取最终的胜利。竞赛过程就是参赛双方发挥聪明才智和创造力，合理利用技术和运用战术，争取胜利的过程。

（七）宣泄不良情感，消除不良心理

观看体育竞赛时，人们通过欣赏运动员潇洒飘逸的动作和完美的造型，能够获得美的视觉享受。体育竞赛带来的美可以使大学生感受到体育竞赛的乐趣，获得快乐。

竞争激烈的竞赛过程对参赛者的心理活动的影响也是很大的。良好的心理素质往往是取胜的关键。竞赛过程中的竞争越激烈，给参赛者带来的心理压力也越大。在体育竞赛中，参赛者需要调整好心态，冷静、沉着，以使自己的技术水平得到正常发挥，争取竞赛的胜利。

大学生面临学业、就业、社会适应等压力，持续积累的心理紧张与焦虑容易使其形成不良的心理状态。而大学生参加体育竞赛，可以获得表现自我和进行情感宣泄的机会，可以调节不健康的情绪和心理，有效缓解压力，保持良好的精神状态，形成乐观、开朗、积极向上的生活态度。

增强文化自信 建设文化强国

用社会主义核心价值观铸魂育人，完善思想政治工作体系，推进大中小学思想政治教育一体化建设。坚持依法治国和以德治国相结合，把社会主义核心价值观融入法治建设、融入社会发展、融入日常生活。

——党的二十大报告

思考与探究

1. 当中国运动员或运动队在国际赛场上夺冠后，通过网络搜集该运动员或运动队成功背后的故事，体会其中的运动精神。

2. 在集体竞赛项目中，获胜的功臣不单单是能力较强的运动员，全体运动员都为比赛的胜利做出了贡献。请试着关注运动员在竞赛过程中的贡献。

课外体育活动

学习了体育课程的思想政治教育后，请同学们在课外体育锻炼时，充分发扬体育精神，公平竞争，团结协作，展现饱满的精神状态和积极的人生态度吧！

总结与创新

模块二 基本运动技能

项目一　跑

项目二　跳

项目三　投

项目一

跑

【体育精神】

“亚洲飞人”——苏炳添

苏炳添，1989 年出生于广东省中山市，是我国优秀的短跑运动员，被称为“亚洲飞人”。

初中时期，苏炳添与短跑结缘，加入了学校的田径队。2004 年，15 岁的苏炳添第一次参加正规的田径比赛——中山市中学生田径比赛，并取得了 100 米跑项目的第一名，展现了其在短跑项目上的天赋。之后，中山市体育运动学校田径教师宁德宝将苏炳添招入麾下，苏炳添便开始了他的田径运动生涯。之后，苏炳添又先后被选拔进入了广东省田径队、国家田径队，成绩突飞猛进。

在 2011 年全国田径锦标赛暨伦敦奥运会达标赛男子 100 米跑决赛中，苏炳添以 10 秒 16 的成绩夺冠，并打破了全国纪录。之后的两年，苏炳添一直雄踞中国男子 100 米跑项目第一的宝座。对于这些成绩，苏炳添并没有感到满足，他要向更高水平迈进。他告诉自己：机会总是眷顾那些有准备的人，只有充分挖掘潜力，才能迎头赶上。哪怕每次进步 0.01 秒，也是胜利。他投入到更加刻苦的训练之中。2015 年 5 月，在国际田径联合会（以下简称“国际田联”）钻石联赛尤金站男子 100 米跑决赛中，苏炳添以 9 秒 99 的成绩夺得季军。2017 年 5 月，苏炳添在国际田联钻石联赛上海站男子 100 米跑决赛中以 10 秒 09 的成绩夺冠，成为第一个在国际田联钻石联赛 100 米跑比赛中夺冠的中国人。2018 年 8 月，在第 18 届亚运会男子 100 米跑决赛中，苏炳添以 9 秒 92 的成绩夺冠并打破亚运会纪录，成为继 2010 年的劳义之后第二位获得亚运会男子 100 米跑金牌的中国男“飞人”。2021 年 6 月，在全国田径冠军赛暨奥运会选拔赛男子 100 米跑决赛中，苏炳添夺得冠军。2021 年 8 月，苏炳添在东京奥运会男子 100 米跑半决赛中以 9 秒 83 的成绩打破亚洲纪录，并进入决赛，成为第一位进入奥运会男子 100 米跑决赛的中国选手。在该届奥运会中，苏炳添还率领中国田径男子 4×100 米接力队夺得铜牌。2021 年 9 月，苏炳添在第 14 届全运会男子

100 米跑决赛中以 9 秒 95 的成绩夺冠，获得个人运动生涯中首枚全运会金牌。

苏炳添取得的优异成绩与其多年不怕苦、不怕累地坚持训练密不可分。他顽强拼搏、坚韧不拔的意志品质值得大学生学习。

项目导读

在高职院校体育课上，跑非常容易开展，是课外体育活动中适合学生参加的一项运动。跑的形式多种多样，有短跑、中长跑、跨栏跑、接力跑、健身跑等。学生在体育课上参与跑的活动，能提高运动系统的功能，改善神经系统的功能，使兴奋与抑制更协调；接力跑是集体性的项目，参与接力跑，有利于发展身体协调性，培养团队协作能力。

学习目标

1. 掌握短跑时的手脚配合动作。
2. 掌握中长跑时的呼吸节奏。
3. 了解跨栏跑技术的构成。
4. 掌握接力跑的传接棒技巧。
5. 掌握健身跑的身体动作要求。

学习内容

一、短跑

短跑

短跑是一项典型的发展速度素质的运动项目，是一项单脚支撑与单脚腾空交替，摆臂、摆腿、扒地缓冲与后蹬密切配合的周期性运动。短跑技术可分为起跑、起跑后的加速跑、途中跑和终点跑四个部分，其中途中跑技术最为关键。

◎ 起跑

起跑时，运动员应以保持身体平衡和获得最大速度为目的。

◎ 起跑后的加速跑

运动员逐渐加速，逐渐抬起上体、加大步幅。

◎ 途中跑

途中跑在整个短跑过程中是距离最长的一个阶段，这一阶段的任务是保持最高速度跑向终点。途中跑包括后蹬与前摆、腾空、着地缓冲等阶段。

◎ 终点跑

终点跑的任务是尽量保持高速度跑过终点。

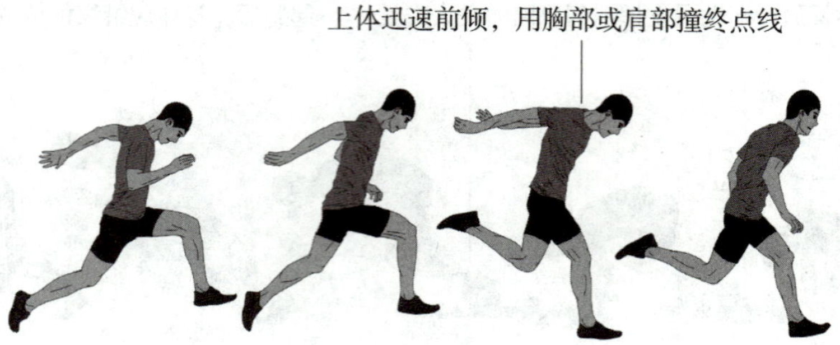

二、中长跑

中长跑

中长跑是发展耐力素质的主要项目，是中距离跑和长距离跑的简称，要求肌肉长时间连续、协调地工作。经常参加中长跑，能改善呼吸系统和循环系统的机能；能培养勇敢、顽强、吃苦耐劳等优良品质。因此，中长跑是人们健身的有效手段。

中长跑一般采用站立式起跑。起跑后的加速跑要求朝弯道弧线的切线方向或有利于自己战术发挥的位置跑进。加速跑时，上体前倾幅度加大，两腿交换频率加快，要在较短时间内达到预定速度。中长跑中腿的后蹬力量比短跑中要小，后蹬角度比短跑中要大。途中跑时，中长跑的脚着地动作要柔和且有弹性，分为以前脚掌和以全脚着地两种。摆臂的动作幅度要小于短跑，上臂与前臂的夹角较小，肩关节要放松，两臂要协调地配合下肢动作前后摆动。终点跑动作要求基本与短跑相同。

知识窗

中长跑的距离较长，体力消耗较大，人体对氧的需要量较大，因此，掌握正确的呼吸方法，对改善中长跑中的气体交换和血液循环具有重要意义。中长跑时，一般可配合跑步频率有节奏地用鼻子和半张的嘴同时进行呼吸。呼吸要有节奏，一般采用两步一呼、两步一吸或三步一呼、三步一吸。随着疲劳感的产生，呼吸频率应加快。吸气的深度取决于呼气的深度，因此要特别注意增加呼气深度。

三、跨栏跑

（一）110 米跨栏跑

跨栏跑

1 起跑至第一栏

起跑至第一栏要求步数固定，步幅稳定，准确地踏上起跨点。如跑八步至第一栏，起跨腿应放在起跑器前抵足板上；如跑七步至第一栏，摆动腿应放在起跑器前抵足板上。同短跑相比，跨栏跑上体抬起较快，大约在第六步时身体姿势已接近短跑途中跑的姿势。

2 途中跑

跨栏途中跑是由九个跨栏周期组成的，每个跨栏周期都由跨栏步和栏间跑构成。

过栏技术由起跨攻栏、腾空过栏、下栏着地三个部分构成。

起跨攻栏：起跨腿着地时，摆动腿由体后向前摆动，大小腿在体后开始折叠，脚跟靠近臀部，膝关节朝下，以髋为轴，大腿带动小腿积极向前上摆至膝关节超过腰部的高度；起跨腿离地前，身体重心积极前移；当身体重心移过支点后，脚跟提起，上体加速前移，在摆动腿屈膝折叠、积极前摆的配合下完成后蹬，形成有利的攻摆姿势；摆动腿快速高摆，加大两腿的夹角；两腿蹬摆配合完成起跨动作的过程中，上体随之加大前倾幅度，摆动腿异侧臂屈肘向前上方摆出，肘关节达到肩部高度，另一臂屈肘摆至体侧，整个身体集中向前用力。

腾空过栏：起跨攻栏结束后，摆动腿大腿继续向前上方高抬，当膝关节超过栏板高度时，摆动腿小腿迅速前摆，待脚掌接近栏板时，摆动腿几乎伸直，脚尖微微上翘，使大腿伸肌拉长准备积极下压着地；摆动腿前摆的同时，异侧臂伸向栏板上方，与摆动腿基本平行；同侧臂后摆，上体加大前倾幅度，躯干与摆动腿成锐角，目视前方；在摆动腿脚掌到达栏板之前，起跨腿一侧的髋关节保持伸展状态，小腿约与地面平行或膝略高于踝，两腿在过栏前成 120° 以上的夹角。

下栏着地：摆动腿脚掌移过栏板的同时，起跨腿屈膝外展，小腿收紧抬平，脚尖勾起，脚跟靠臀，以膝领先经腋下加速提拉；当起跨腿脚掌过栏后，膝关节继续收紧，向身体中线高抬，脚掌沿最短路线向前摆出，身体成高抬腿跑的姿势。

过栏时，两腿剪绞换步动作是在两臂和躯干协调配合下完成的。摆动腿的异侧臂与经腋下向前提拉的起跨腿做相对运动，膝、肘几乎相擦而过。臂的摆动要积极有力，一侧手臂摆过身体中轴线后屈肘内收，摆向体后，另一臂屈肘前摆，以保持身体平衡。

伸直下压的摆动腿在接近地面时，前脚掌做积极的扒地动作。脚落地时，踝关节要稍有缓冲，注意脚跟不触地面，膝关节、踝关节保持伸直状态，使身体重心保持在较高的位置上。躯干应保持一定前倾角度，起跨腿大幅度带髋提拉，两臂积极摆动，以形成有利的跑进姿势。

栏间跑用三步跑过。

第一步：为使跨、跑紧密结合，脚在下栏着地时，应充分发挥踝关节及脚掌力量，借起跨腿的高抬快摆和两臂前后用力摆动加速身体重心前移。

第二步：抬高大腿，用前脚掌着地，上体稍前倾，两臂积极前后摆动。

第三步：其动作特点与跨第一栏前的最后一步相同，形成一个快速的短步，摆动腿抬得不高，放脚积极迅速。

合理的栏间跑技术表现为栏间三步的步长比例合理，身体重心高、起伏小，动作频率快、节奏稳定、直线性强，接近平跑技术。

全程跑过栏技术与栏间跑技术要有机结合，跨过最后一个栏架后，运动员要像短跑一样冲刺。

（二）400 米跨栏跑

400 米跨栏跑跑动距离较长，对运动员的动作节奏、速度、耐力等有较高的要求。400 米跨栏跑的起跑技术与 400 米跑起跑技术基本相同。全程跑一般以固定步数过栏较好，但由于身体疲劳，跨最后几个栏的栏间步数可能会增加，因此，运动员应该掌握两腿过栏技术。好的跨栏跑技术表现为跑速均匀、节奏准确、动作轻松。

四、接力跑

接力跑

接力跑是径赛项目中规定人数、限定距离并以接力棒为传接工具的集体项目。接力比赛是田径运动赛场上引人关注和令人兴奋的项目。由于接力跑比赛要求运动员在快速跑动中完成传接棒的任务，队员间的默契配合、团结协作与相互鼓励则非常重要。

◎ 起跑

持棒起跑：第一棒运动员采用蹲踞式起跑，接力棒不得触及起跑线或起跑线前的地面。

通常用右手持棒，以中指、无名指和小指握住棒的末端，拇指和食指分开撑地。

接棒人起跑：第二棒、第三棒、第四棒运动员在预跑线以内自己预先确定的起跑位置上，用站立式或一手撑地的半蹲踞式起跑。

◎ 传接棒

接棒人的手臂自然向后伸出，掌心向后，虎口张开朝下，传棒人将棒由下向上传入接棒人的手中。

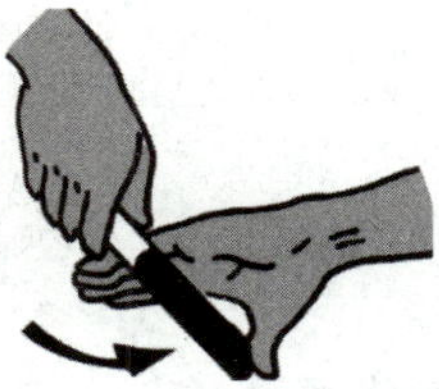

上挑式

下压式

接棒人的手臂后伸，掌心向上，虎口张开朝后，拇指向内，其余四指并拢向外，传棒人将棒前端由上向前下方传入接棒人手中。

◎ 传接棒的时机与位置

传接棒应在传棒人跑速不下降和接棒人已发挥出接近自己最高跑速，两人相距约 1.5 米，跑速相等的瞬间完成。传接棒位置在距接力区前沿 4 ～ 5 米处为宜。

五、健身跑

健身跑是近年来盛行的有氧运动项目之一。健身跑的特点是强度低、持续时间长、有节奏、有规律。

◎ 腿部动作要求

在跑动过程中先用脚跟着地，然后脚底从脚跟处向前滚动式地与地面接触，前脚与后脚的距离为20～30厘米，前脚落地时动作不要过重，凭借弹性迅速向前。后脚往前蹬的同时，前腿不要摆动得过高，大腿与小腿的弯曲应该顺其自然，身体重心保持不变。

◎ 上身动作要求

目视前方，手半握成拳状，头部自然放松，两臂自然摆动。

◎ 呼吸要求

一般情况下，跑步的节奏要与呼吸的节奏要协调，通常采用两步一吸、两步一呼或三步一吸、三步一呼。呼吸时，要用嘴和鼻配合进行，嘴要微张，舌尖微微顶住上腭。

知识窗

健身跑的注意事项：

① 锻炼者要做好准备活动，尤其是要让腿部肌肉得到充分的锻炼。② 在跑步的过程中，速度要放慢，抬腿的动作要到位，身体重心要保持平稳。③ 如果在跑步中身体出现不适，锻炼者应暂时停止运动，检查自己的身体状况，等恢复后再进行锻炼。

体育思政课堂

我国在径赛项目上取得的优异成绩

在2000年悉尼奥运会上，王丽萍夺得女子20公里竞走比赛的冠军。在2004年雅典奥运会上，刘翔以12秒91的成绩追平世界纪录，获得男子110米跨栏跑金牌。这是中国男子运动员在奥运会上夺得的第一枚田径项目金牌，翻开了中国田径历史新的一页。在此次奥运会上，邢慧娜也在女子10000米跑比赛中获得了金牌。2006年，在国际田联超级大奖赛洛桑站的比赛中，刘翔以12秒88的成绩打破了男子110米跨栏跑世界纪录，为中国田径运动树起了一座新的丰碑。在2012年伦敦奥运会上，陈定夺得男子20公里竞走比赛的冠军，并打破了奥运会纪录。在2016年里约热内卢奥运会上，刘虹和王镇分别夺得女子和男子20公里竞走比赛的冠军。2015年，在北京世界田径锦标赛上，中国男子接力队获得4×100米接力跑银牌，创造了中国田径史上4×100米接力跑项目的最佳战绩，也创造了亚洲田径史上该项目的最佳成绩。在2020年东京奥运会上，苏炳添成为首位晋级奥运会100米跑决赛的中国运动员。在2022年尤金世界田径锦标赛上，切阳什姐获得女子20公里和35公里竞走铜牌。

我国径赛运动员充分发扬顽强拼搏、奋勇争先的精神，在为国争光信念的指引下，为祖国争得了荣誉。

思考与探究

1. 分别说明不同类型的跑步能给我们的身体带来哪些益处。
2. 跑步锻炼前后的注意事项有哪些？

课外体育活动

通过本项目的学习，相信同学们已经基本掌握了接力跑的相关技术。那么就以班为单位，集中学习接力跑规则，然后组织一场接力跑比赛吧！

总结与创新

项目二

跳

【体育精神】

三次打破世界纪录的朱建华

在世界男子跳高史上，能连续三次打破世界纪录的只有3人，一位是20世纪60年代美国的托马斯，另一位是70年代美国的斯通斯，第三位就是80年代中国的朱建华。

朱建华于1963年出生在上海。在上小学三年级前，他除了偶尔打几下乒乓球外，很少参加体育活动。但区体校的胡鸿飞教练却看中了他瘦高的身材和细长的双腿，把他领进了跳高之门。胡教练另辟蹊径，很少让小朱用传统的负重训练来“练死劲”，而是对他进行了诸如蛙跳、摸高、跳橡皮筋等40种以上的花样训练。1981年，18岁的朱建华在亚洲田径锦标赛上跳过了2.30米，打破了我国运动员倪志钦保持了11年之久的亚洲纪录。1982年6月，他跳过了2.31米，从此成绩突飞猛进。同年的第九届亚运会上，他将亚洲纪录提高到了2.33米。1983年6月11日，在第5届全运会的田径预赛上，朱建华以2.37米的成绩打破了德国运动员韦西格保持的2.36米的世界纪录，成为我国继郑凤荣、倪志钦之后第三位打破跳高世界纪录的运动员。3个月后，在全运会的跳高决赛中，朱建华以2.38米的高度再破世界纪录。1984年6月，在德国埃伯斯塔特举行的国际跳高比赛中，朱建华又以2.39米的高度第三次刷新世界纪录。朱建明在一年内三次打破世界纪录。

项目导读

跳远和跳高是高职院校体育课程的重要内容。学生适当参加跳远和跳高运动，能促使身体发生适应性变化：第一，可以提高腰部和腿部肌肉的力量，肌肉力量得到增强，不仅可以增强关节的稳定性，还可以提高下肢肌肉、关节和韧带的活动能力；第二，可以增加骨骼的密度；第三，可以增强肌肉的弹性，从而有效地改善身体的灵活性、协调性和提高神经系统的控制能力。

学习目标

1. 掌握跳远的基本技术。
2. 掌握跳高的基本技术。
3. 掌握三级跳远的基本技术。

学习内容

一、跳远

跳远技术包括助跑、起跳、腾空和落地四个部分。根据起跳腾空后的空中动作，跳远分为蹲踞式跳远、挺身式跳远和走步式跳远三种。

◎ 蹲踞式跳远

单脚起跳腾空后，上体保持正直，摆动腿大腿继续向上摆动，体后的起跳腿开始屈膝前摆，逐步向摆动腿靠拢，在空中形成蹲踞姿势。落地前，小腿自然前伸。

◎ 挺身式跳远

单脚起跳腾空后，摆动腿膝关节伸展，小腿由向前、向下到向后方成弧形自然摆动，此时，体后的起跳腿向摆动腿靠拢，挺胸展髋，身体充分伸展。快落地时，两腿、两臂向身体前方合拢落地。

挺身式跳远

◎ 走步式跳远

起跳后，两腿在两臂的配合下，在腾空时采用两步半和三步半动作技术。两腿要在空中做大幅度的迈步换腿动作来保持身体平衡，并与两臂协调配合。落地前，收腹，小腿上举前伸，上体前倾，两臂同时向下后方摆动。

知识窗

跳远的起跳点设在跑道上。起跳点上面是一个有弹力的起跳板。起跳板前的指示带应在运动员每次踏过之后替换；如果鞋印被印在了起跳板前方的指示带上，那么这一跳就被视为犯规。

二、跳高

跳高是田径比赛中必设的项目。运动员通过助跑、起跳等技术动作越过横杆。跳高对运动员的身体素质和技术都有很高的要求。速度素质、柔韧性、协调性都是跳高运动员需具备的基本运动素质。

知识窗

田径运动是人类以走、跑、跳、投等自然动作发展起来的体育运动。田径运动在体育界具有举足轻重的地位，被人们誉为“运动之母”。田径运动具有全面锻炼身体的功能，同时每一个单项又具有明显的指向性，可以有效地发展速度素质、力量素质、耐力素质等身体素质。田径运动的很多项目及其采用的主要练习手段也经常被作为其他体育项目体能训练的重要手段。

◎ 跨越式跳高

腾空后，摆动腿越过横杆后内旋下压，接着起跳腿高抬外旋，完成过杆动作。

◎ 俯卧式跳高

当达到跃起的最高点时，运动员旋转身体，面向下方，越过横杆。

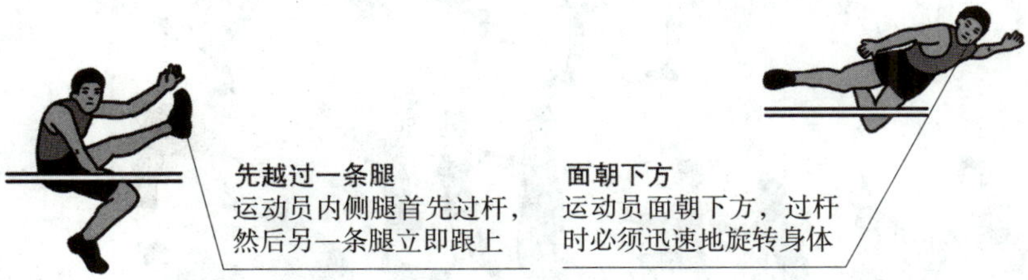

◎ 背越式跳高

运动员弧线助跑，外侧脚起跳，头和肩先越杆，然后背部弓起越杆。当臀部越过横杆的时候，上半身已在下降。正确的落地部位是肩部，而非颈部。

背越式跳高

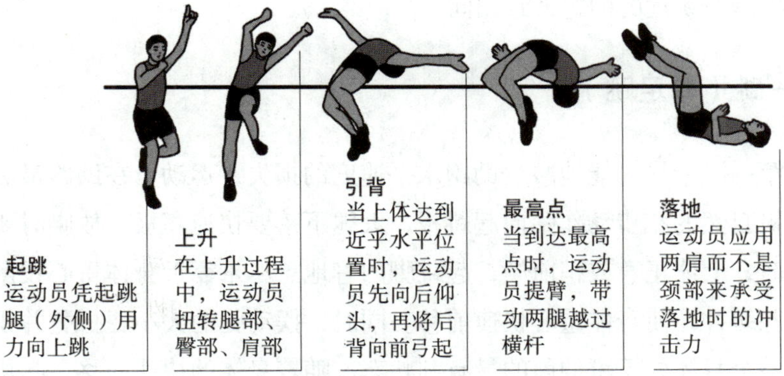

知识窗

跳高规则规定，比赛选手只能单脚起跳越过横杆，并且不能将横杆碰掉（触碰杆是允许的）。

在比赛中，运动员常常先选择一个较低的高度作为自己的第一次试跳高度。一旦越过某一高度，运动员将不能再跳比此高度低或相同的高度，除非在涉及冠军归属时出现成绩相等的情况。运动员可以放弃任一高度，即使已经尝试但是仍然无法超越的高度。一旦连续三次试跳失败，该运动员的比赛也随之结束。越过最高高度的运动员为冠军。当平局出现的时候，冠军的归属将由争夺者的失败次数来决定，失败次数最少者获得冠军。

三、三级跳远

三级跳远是运动员由助跑开始，沿直线连续进行三次水平跳跃的田径运动项目。

（一）助跑

三级跳远的助跑与跳远的助跑大致相同。

（二）第一跳（单足跳）

为了保证在第一跳中尽可能地减少助跑水平速度的损失，运动员在助跑最后一步时，起跳腿用全脚以积极自然的跑步动作踏向起跳板，大腿下落要快速积极，放脚时要有快速有力的扒地动作。此时，上体正直或稍前倾，起跳脚的着地点尽量靠近身体重心投影点。起跳腿着地后，迅速屈膝缓冲，使身体重心快速前移。同时，摆动腿的大小腿折叠并积极前摆，两臂协调配合，使整个身体处于蹬伸前的最有利状态。随着身体的快速前移，起跳腿及时做爆发性的蹬伸动作，摆动腿和两臂配合起跳腿的蹬伸动作，快速有力地向前上方大幅度摆动。在起跳结束瞬间，起跳腿充分伸直。起跳结束后进入腾空阶段，身体腾起角度以 14° ～ 17° 为宜。在单足跳保持腾空步动作 1/3 距离后开始做换腿的动作，即摆动腿以大腿带动小腿自然向下、向后摆动，同时起跳腿屈膝前摆，大小腿尽量折叠，随着摆动腿的继续后摆和起跳腿的前摆高抬，完成换步动作。

（三）第二跳（跨步跳）

当完成第一跳的换步动作后，起跳腿继续高抬，摆动腿充分后摆，以加大两腿的夹角。随着身体的下降，前摆的起跳腿开始积极有力地下压，小腿迅速前伸做有力的扒地动作，几乎成直腿，前脚脚跟着地，并及时地屈膝、伸踝迅速过渡到前脚掌着地，以促使身体快速前移，同时，摆动腿和两臂快速有力地向前摆动，促使起跳腿做快速有力的蹬伸动作。进入腾空阶段，要尽可能地保持长时间的跨步姿势，摆动腿积极上提，起跳腿屈小腿后摆，上体随着摆动腿的上提而前倾，使两腿夹角达到最大，这样有利于保持身体平衡，并能为第三跳的充分起跳做好准备。

（四）第三跳（跳跃）

在跨步跳的腾空阶段，当身体开始下降时，大腿积极下压，小腿前伸做有力的向下、向后的快速扒地动作，以保证第三跳的起跳能快速完成。随着摆动腿和两臂快速有力地大幅度向前上方摆出，及时完成第三跳的起跳动作。第三跳的空中动作与跳远时一样，运动员一般多采用挺身式姿势或蹲踞式姿势。

体育思政课堂

做人生的跳高选手——生命不息，进击不止

跳高是一项以失败而告终的项目。在跳高比赛中，不失败就意味着比赛继续进行。比赛不停止，参赛者就可以不停地跳下去，不停地冲刺新高度，不停地挑战自己。

要知道，不管能跳多高都没什么了不起，这是因为横杆能一直升高。每一次的跳跃并不一定都能成功，但每一次奋力跳跃的过程都是对过去的告别、对自身潜能的激发，它将成为我们下一次成功的基石。

思考与探究

1. 跳远的方式有哪几种？每一种方式的技术动作是怎样的？
2. 探索不同跳高方式的具体技术。
3. 复述三级跳远技术。

课外体育活动

跳高和跳远都是对自己的挑战。从中选择自己喜欢的一项开始练习，不断挑战和超越自我吧！

总结与创新

项目三

投

【体育精神】

“立”拔山兮，中国“姣”傲

20米58！当中国女子铅球运动员巩立姣第五投的成绩显示在现场的大屏幕上时，她终于将这枚渴盼已久的奥运金牌稳稳地收入囊中。

巩立姣从小就与铅球结下了不解之缘。上小学时，巩立姣就拿着铅球在家门口的路上投来投去的。2001年，巩立姣被石家庄市体育运动学校的范焕文教练选中，走上了正规的训练道路。在范教练高强度的训练下，一般的孩子训练后都累得趴到床上了，只有巩立姣是个例外——晚上她一个人在操场上还要跑上三圈。那时的巩立姣才十三四岁。2004年10月，在体校摸爬滚打了三年的巩立姣入选河北省田径队，师从我国著名铅球运动员李梅素。在李梅素的悉心教导下，巩立姣进步神速，很快就具备了参加国际大赛的实力。

2007年，初次参加大阪世界田径锦标赛的巩立姣以18米66的出色成绩夺得女子铅球第七名。2008年，在北京奥运会女子铅球比赛中，巩立姣获得季军。2009年，在柏林世界田径锦标赛女子铅球比赛中，巩立姣以19米89的成绩夺得首枚世界田径锦标赛铜牌。2010年，巩立姣获得斯普利特田径世界杯女子铅球比赛铜牌。2012年，巩立姣夺得伦敦奥运会女子铅球亚军。2013年，巩立姣在莫斯科世界田径锦标赛女子铅球比赛中再夺铜牌。2015年，巩立姣获得了北京世界田径锦标赛女子铅球亚军。2017年6月，在国际田联钻石联赛罗马站女子铅球比赛中，巩立姣以19米56的个人赛季最好成绩夺冠。2017年8月，在伦敦世界田径锦标赛女子铅球决赛中，巩立姣以19米94的成绩夺冠，这是她首夺国际大赛的金牌。2017年9月6日晚，在全运会田径比赛中，巩立姣以19米46的成绩夺得女子铅球决赛冠军。

2018年3月24日，巩立姣获得2018年全国室内田径锦标赛女子铅球冠军；8月30日，巩立姣在于布鲁塞尔举行的国际田联钻石联赛总决赛中夺得女子铅球冠军；9月9日，巩立姣夺得2018年国际田联洲际杯女子铅球项目冠军。2019年4月22日，巩立姣夺得亚洲田径锦标赛女子铅球金牌。10月5日，她夺得多哈世界田径锦标赛女子铅球金牌。

2021 年 8 月 1 日，在 2020 年东京奥运会田径女子铅球决赛中，巩立姣以第六投 20 米 58 创个人最佳成绩的表现夺冠。9 月 20 日，巩立姣获得第 14 届全运会女子铅球冠军。

在 2022 年尤金世界田径锦标赛上，巩立姣获得女子铅球亚军。

巩立姣胜不骄、败不馁，顽强拼搏的精神支撑着她获得了多次比赛的胜利。

项目导读

投是田径项目的重要分支，也是高职院校体育教学中的重要内容。投的练习内容丰富，有推铅球、投实心球、掷标枪等，学校可根据实际情况选择不同的器材开展教学活动，实现教学目标。投的练习可以强化学生的空间感知能力，使其能在复杂多变的条件下对身体进行精准控制，并迅速、准确、协调地做出相应的动作，这有助于发展学生的运动认知和运动思维，促进其认知能力的提高。

学习目标

1. 掌握推铅球的方法。
2. 掌握投实心球的技术。
3. 掌握掷标枪的注意事项。

学习内容

一、推铅球

背向滑步推铅球

推铅球技术主要分为两种：背向滑步推铅球技术和背向旋转推铅球技术。在此仅介绍背向滑步推铅球技术。铅球技术分为握持铅球、滑步前的预备姿势、滑步、最后用力和保持身体平衡五个部分。

（一）握持铅球

1 握球

以右手投掷为例，右手五指自然分开，将球放在食指、中指、无名指指根处，拇指和小指扶在球的两侧，手腕后伸。

2 持球

右手握好球后，将球放在右侧锁骨窝处，贴于颈部，下颌稍右转，右臂屈肘，右手掌心向内，左臂自然上举，两眼平视前方。

（二）滑步前的预备姿势

滑步前的预备姿势是滑步前的准备动作，可分为高姿预备姿势和低姿预备姿势两种。大多数人采用高姿预备姿势，即持球后，背对投掷方向，两脚前后开立，右脚在前，脚尖贴近投掷圈的后沿。左膝稍屈，左脚在后，以前脚掌或脚尖轻轻点地，上体正直或稍前倾，目视前下方，身体重心落在右脚上。待身体平稳后，上体逐渐前倾，左腿向后上方抬起，左臂自然下垂，右腿弯曲，左腿收回，形成团身姿势。这时，上体要与地面基本保持平行，右膝关节的投影点要在右脚脚尖的前面，铅球的投影点要在右膝关节的前面，左膝关节收至右腿腘窝处，身体重心落于右脚前脚掌上，目视前下方 2 ～ 3 米处。

（三）滑步

完成滑步前的预备姿势后，臀部带动身体重心略向投掷方向移动，使身体重心移离身体的支撑点（右脚前脚掌），但要避免身体重心起伏过大。左腿以大腿带动小腿迅速向抵趾板方向摆出并外旋，右腿积极蹬伸，并及时拉收、内旋。两腿摆蹬协调配合，推动身体向投掷方向快速移动，形成最后用力前的良好姿势。

（四）最后用力

最后用力阶段从左脚落地前开始至铅球离手结束。当滑步结束时，右脚迅速蹬转，左脚积极着地。滑步结束后，右侧髋关节向投掷方向转动，努力保持肩轴与髋轴的扭紧姿势，上体转动并逐渐抬起。为加快上体转动和抬起的速度，左臂由胸前向投掷方向牵引摆动，使身体由背对投掷方向转至侧对投掷方向。此时，肩轴仍落后于髋轴，左臂和左肩高于右肩，身体重心仍在弯曲而压紧的右腿上，身体成侧弓姿势，拉长的肌群成待发之势，为躯干最后用力创造有利条件。身体形成侧弓姿势后，右腿继续蹬伸，髋关节向投掷方向加速转动，上体顺势前移，身体重心逐渐移至左腿，左膝被动微屈。左臂由上向身体左侧靠压制动，同时快速转体，挺胸抬头，用力推球。当铅球将要离手时，右手屈腕，手指有弹性地推球，以加快铅球出手的速度。铅球出手角度一般是 35°～39°。

（五）保持身体平衡

铅球离手后，两腿前后交换，同时身体左转，并及时降低身体重心，以便减小向前的冲力，保持身体平衡，避免出圈犯规。

二、投实心球

（一）原地双手前抛实心球

两脚开立，两手持球，两腿弯曲，手臂下摆，两脚用力蹬伸，带动手臂向前上方抛球。

（二）原地双手后抛实心球

两脚开立，背对抛球方向，两手握球于头上方，两腿弯曲，两手下摆于大腿内侧，两脚快速蹬伸，躯干后摆，两手用力将球向后抛出。

（三）仰卧起坐上抛实心球

运动员屈膝并腿坐，两手持球于头上，上体后仰成仰卧，随后迅速起坐，两臂同时向前抛球。

（四）原地正面上手抛实心球

运动员两脚前后开立，两手持球于头上方，两腿微屈，上体后仰，后腿快速蹬伸，上体前摆，带动手臂向前上方将球抛出。

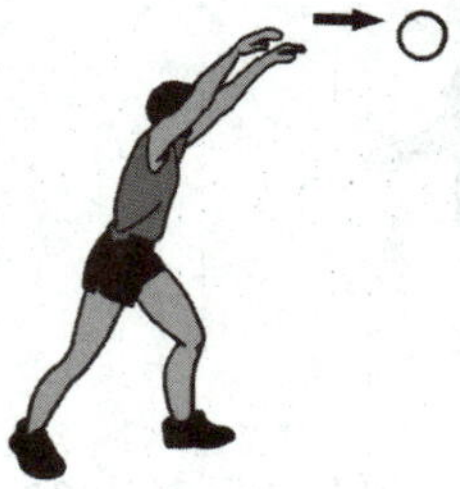

三、掷标枪

掷标枪技术分为握枪和持枪、助跑、最后用力和保持身体平衡四个部分。

（一）握枪和持枪

1 握枪

（1）现代式握法（拇指和中指握法）：将标枪斜放在右手掌心上，拇指和中指握在缠绳把手末端边沿，食指自然弯曲斜放在枪身上，无名指和小指自然地握在缠绳把手上。

（2）普通式握法（拇指和食指握法）：右手拇指、食指握在缠绳把手末端边缘，其余手指顺着食指方向握在缠绳把手上面。

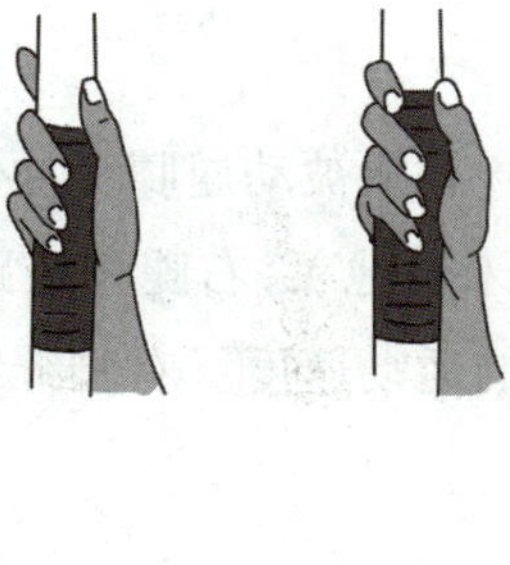

2 持枪

常用的持枪方式是肩上持枪法。运动员在做预备姿势和预跑时，右手持枪于右肩上方，枪身与地面平行或枪尖稍低于枪尾。

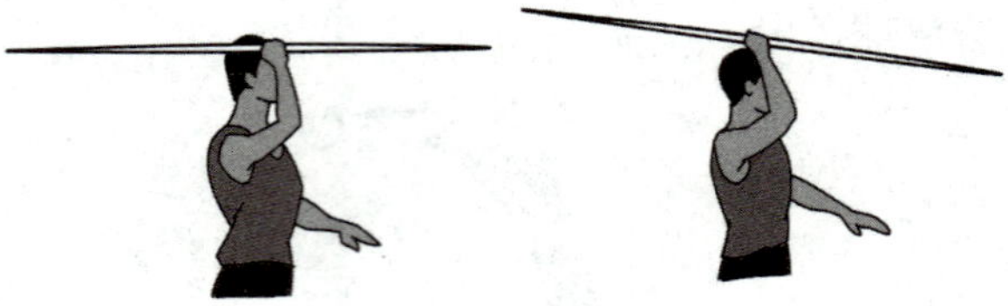

（二）助跑

掷标枪的助跑轨迹为直线，一般的助跑距离为 22 ～ 30 米（女子稍短）。通常助跑分为预跑和投掷步两个阶段。

1 预跑

预跑阶段是从第一标志线跑至第二标志线。开始助跑时，通常左脚踏在第一标志线上，迈右腿开始助跑，跑至第二标志线时预跑结束，进入投掷步阶段。在预跑阶段，跑的动作属于周期性的动作，预跑的距离一般为 12 ～ 20 米，通常用 8 ～ 14 步完成。

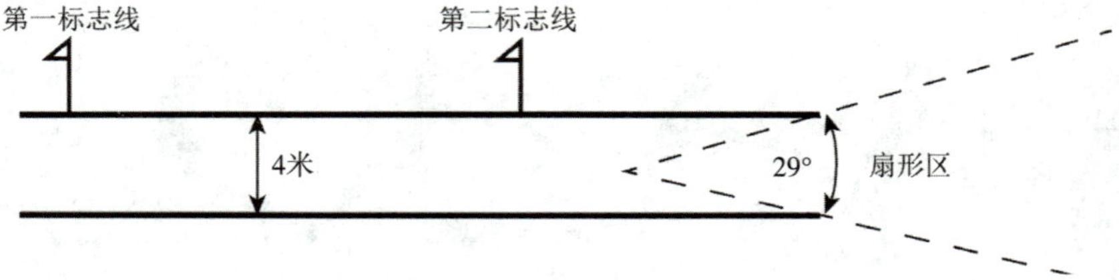

2 投掷步

投掷步阶段通常从左脚踏上第二标志线、迈右腿开始，至最后一步左脚落地时结束。投掷步的四步的步幅：第一步大，以便于完成引枪动作；第二步较大，为过渡到后两步打下良好的基础；第三步最大，以便有时间做出适宜的超越器械动作，为最后用力做好准备；第四步最小，以利于助跑与最后用力的衔接，以及做好左侧支撑动作。投掷步阶段应尽量保持预跑获得的速度，各步跑的节奏也有所不同，通常第一步、第二步较快，第三步稍慢，第四步最快。

（三）最后用力

投掷步的第三步，右脚着地后，右腿被动屈膝缓冲，身体继续向前运动，在身体重心越过了右脚支撑点上方时（左脚还未着地），右腿积极蹬伸用力。左脚着地时，左腿做出有力的制动动作，可加快上体向前的运动速度。右脚继续蹬地，推动右侧髋部加速向投掷方向运动，使髋轴超过肩轴，并带动肩轴向投掷方向转动。在肩轴向投掷方向转动的同时，投掷臂快速向上翻转，使上体转为面对投掷方向，形成“满弓”姿势。此时，投掷臂置于身后，与肩同高，与躯干几乎成直角。成“满弓”姿势后，胸部继续向前，投掷臂最大限度地放在身后，右肩部的肌肉最大限度地伸展。由于向前惯性的作用，左腿屈膝，随即做迅速有力的充分蹬伸，同时以胸部和右肩带动投掷臂向前做爆发性的鞭打动作，并使力的方向通过标枪纵轴。

（四）保持身体平衡

标枪出手后，保持身体平衡是全过程的结束动作。此动作能够有效地防止身体越过投掷弧线而造成犯规。标枪出手后，右腿应及时向前跨出一大步，降低身体重心，以保持身体平衡。

体育思政课堂

投出坚毅，掷出自信

投掷练习有利于学生培养良好的意志品质。学生坚持投掷练习，需要克服肌肉酸痛等困难，抑制消极情绪和冲动行为。这能使学生的意志品质得到磨炼，良好的个性得以形成。坚持投掷练习可以使学生在练习中体验成功，在成功中培养自信，在失败中感受挫折，在挫折中磨炼意志，从而提高心理承受能力。

思考与探究

1. 推铅球有哪些注意事项？
2. 用不同方式投实心球时，发力有何不同？

课外体育活动

在推铅球和投实心球的学习中，同学们学到了不同的技术动作，把它们都运用起来吧。比较这些技术动作的不同，然后选择适合自己的技术动作，并坚持练习，得出理想的成绩。

总结与创新

模块三 专项运动技能

项目一
中华传统体育运动

【体育精神】

世界武术冠军——赖晓晓

赖晓晓，安徽省武术专业队队员，1993 年 12 月出生于安徽省广德市。

赖晓晓小时候活泼好动，6 岁时就走上了习武之路。在刚开始学习武术的时候，赖晓晓就坚持每天 5 点起床跑步，出早操。那时的冬天寒冷刺骨，她的手有时会被冻到没有知觉。就在这样艰苦的条件下，赖晓晓还是坚持了下来。长期的刻苦训练使赖晓晓磨炼出了坚强的意志品质。

学习武术 3 年后，赖晓晓入选安徽省武术专业队。她暗下决心，一定要好好训练，好好学习，为省争光，为国争光。

赖晓晓不负众望，在加入安徽省武术专业队后，取得了一系列傲人的成绩：2013 年获得全国武术冠军赛枪术、拳术冠军；2014 年获得全国武术锦标赛枪术冠军和全国武术冠军赛枪术、拳术冠军；2015 年获得第 13 届世界武术锦标赛枪术冠军；2016 年获得第 1 届世界杯武术套路比赛枪术冠军；2021 年获得第 14 届全运会武术套路女子拳剑枪全能个人项目冠军；2022 年获得第 11 届世界运动会女子长拳项目冠军。

赖晓晓的成绩得到广泛认可。她在 2016 年被安徽省总工会授予安徽省“五一巾帼标兵”荣誉称号及安徽省五一劳动奖章，并于同年 5 月被国家体育总局授予“国际级运动健将”称号。

项目导读

中华传统体育运动是我国优秀传统文化中的瑰宝，是我国各民族流传下来的体育运动精华，具有很高的文化价值，对增进学生身体健康，以及帮助学生树立正确的世界观、人生观、价值观有积极的影响，值得大学生继承和发扬。中共中央办公厅、国务院办公厅印发的《关于全面加强和改进新时代学校体育工作的意见》指出，应“推广中华传统体育项目”，“让中华传统体育在校园绽放光彩”。

学习目标

1. 了解武术各项目的起源和发展情况。
2. 熟练掌握武术基本功的练习方法。
3. 掌握各项目的技术动作要领。

学习内容

一、武术基本功

专项技能－武术

（一）手型与手法

1 手型

手型

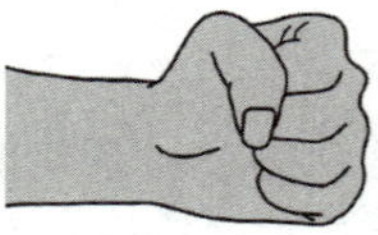

拳

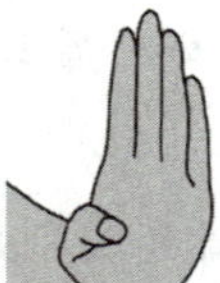

掌

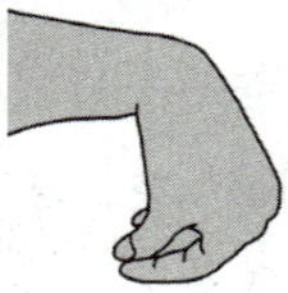

勾

2 手法

手法

抱拳

冲拳

架拳

推掌

亮掌

（二）步型

步型

弓步

马步

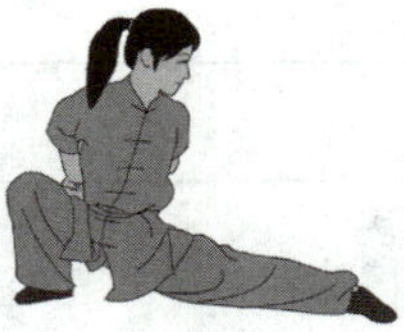

仆步

歇步

虚步

（三）腿功

正压腿

侧压腿

后压腿

里合腿

二、24 式简化太极拳

（一）太极拳概述

太极拳是中国武术的一种，可归类为内家拳。太极拳集颐养性情、强身健体、技击对抗等多种功能于一体。作为一种饱含东方包容理念的运动形式，太极拳对习练者意、气、形、神的锻炼能够满足人体生理和心理的要求，对个体身心健康及人类群体的和谐共处有着极为重要的促进作用。常见的太极拳流派有陈式太极拳、杨式太极拳、吴式太极拳、武式太极拳、孙式太极拳等派别，各派既有传承关系，相互借鉴，又有自己的特点，呈百花齐放之态。中华人民共和国成立后，国家体育运动委员会（现为国家体育总局）于 1956 年组织太极拳专家汲取杨式太极拳的精华，创编了 24 式简化太极拳。相比传统的太极拳套路，24 式简化太极拳的套路更精练，动作更规范。

（二）24 式简化太极拳动作图示

24 式简化太极拳完整示范

第一段

1. 起势　　2. 左右野马分鬃

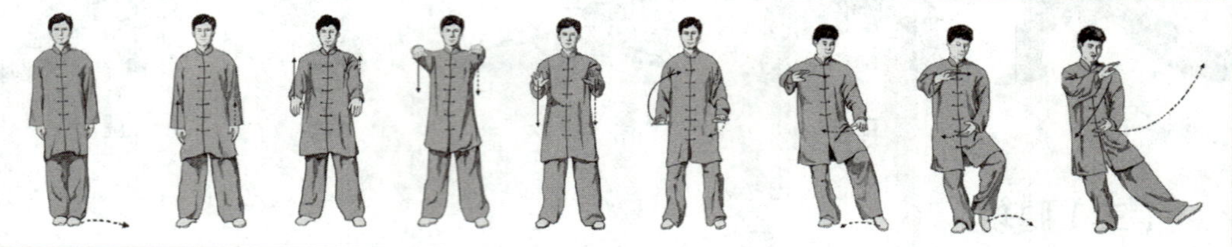

3. 白鹤亮翅

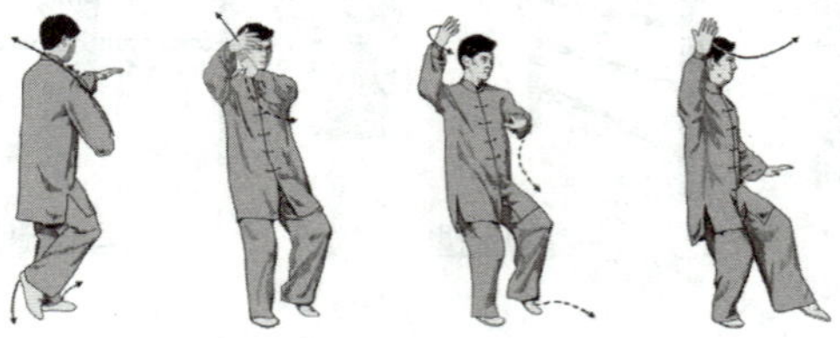

第二段

4. 左右搂膝拗步

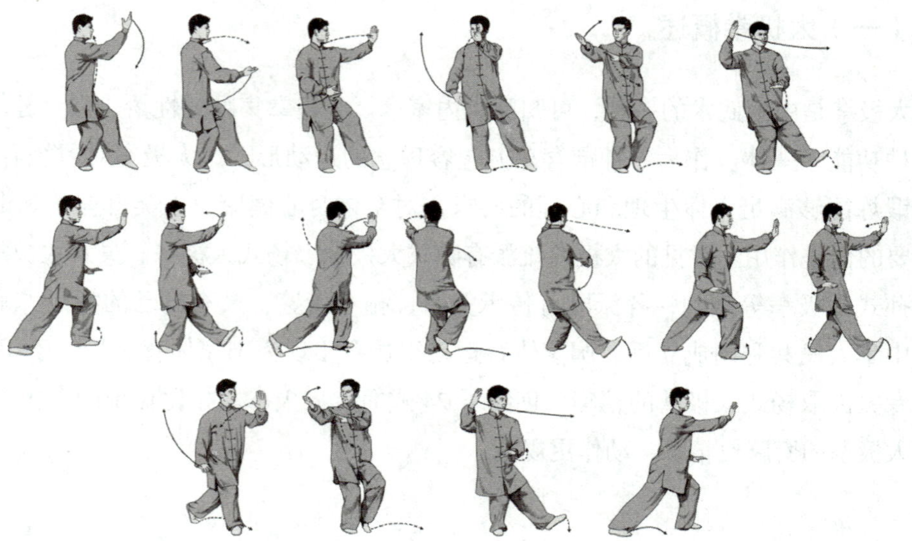

第二段	5. 手挥琵琶　　6. 左右倒卷肱

	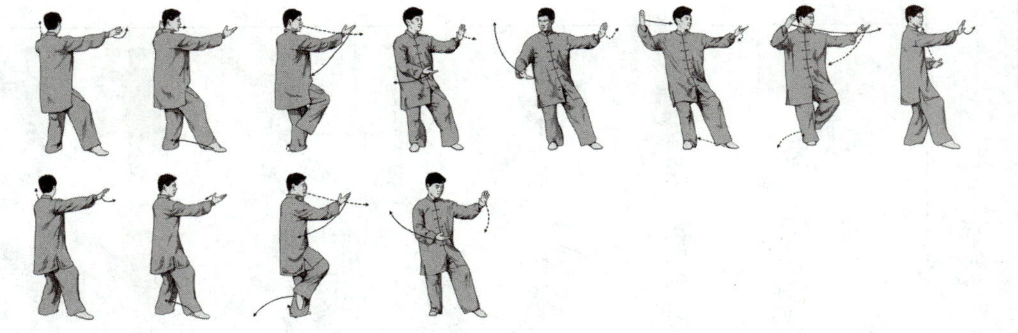
第三段	7. 左揽雀尾
	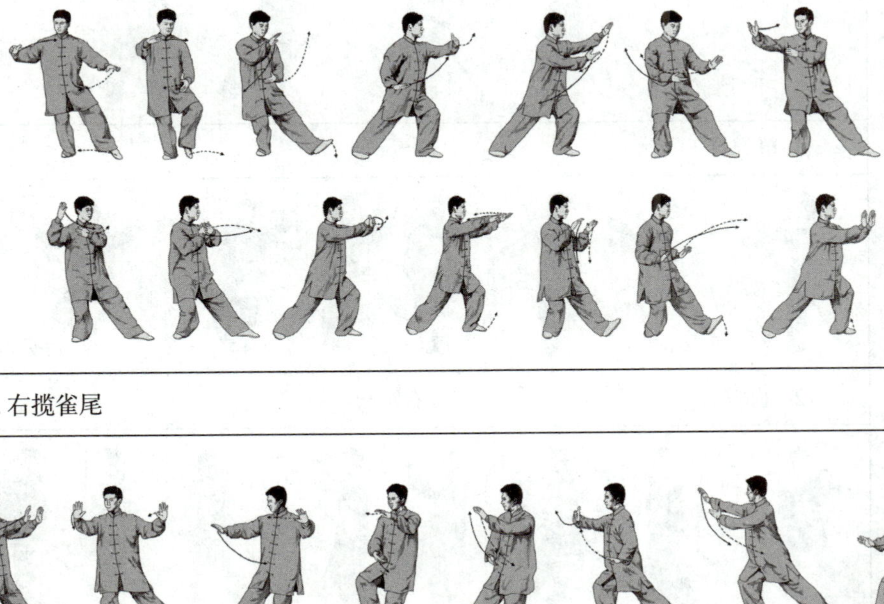
	8. 右揽雀尾

<table>
<tr><td rowspan="6">第四段</td><td>9. 单鞭</td></tr>
<tr><td></td></tr>
<tr><td>10. 云手</td></tr>
<tr><td>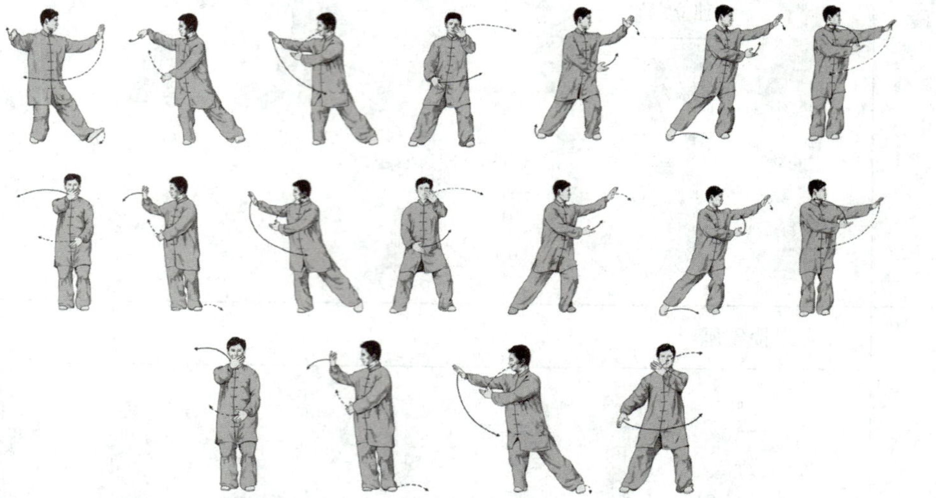</td></tr>
<tr><td>11. 单鞭</td></tr>
<tr><td>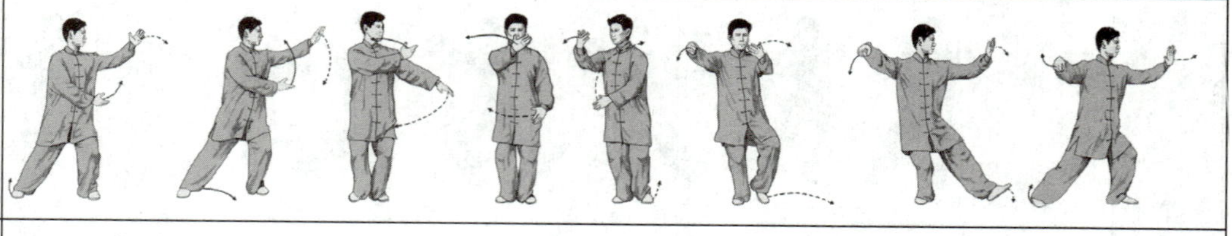</td></tr>
<tr><td rowspan="4">第五段</td><td>12. 高探马　13. 右蹬脚</td></tr>
<tr><td></td></tr>
<tr><td>14. 双峰贯耳　15. 转身左蹬脚</td></tr>
<tr><td></td></tr>
</table>

<table>
<tr><td rowspan="4">第六段</td><td>16. 左下势独立</td></tr>
<tr><td></td></tr>
<tr><td>17. 右下势独立</td></tr>
<tr><td>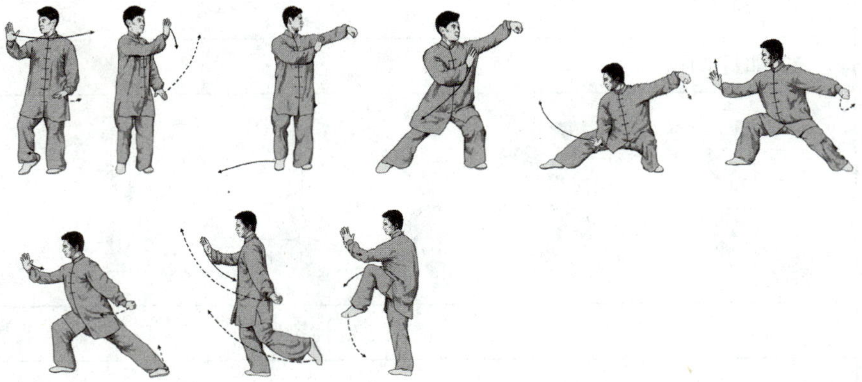</td></tr>
<tr><td rowspan="4">第七段</td><td>18. 左右穿梭</td></tr>
<tr><td>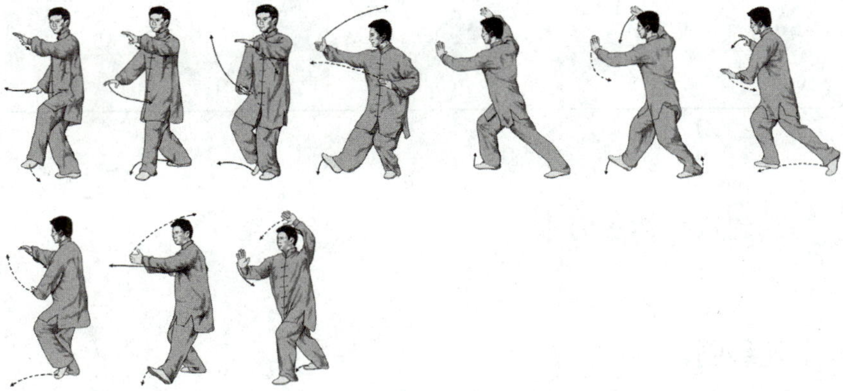</td></tr>
<tr><td>19. 海底针　　20. 闪通臂</td></tr>
<tr><td> </td></tr>
</table>

<table>
<tr><td rowspan="6">第八段</td><td>21. 转身搬拦捶</td></tr>
<tr><td>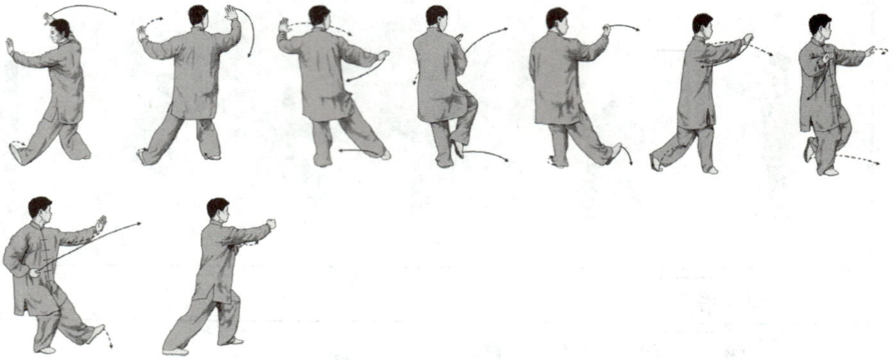</td></tr>
<tr><td>22. 如封似闭</td></tr>
<tr><td>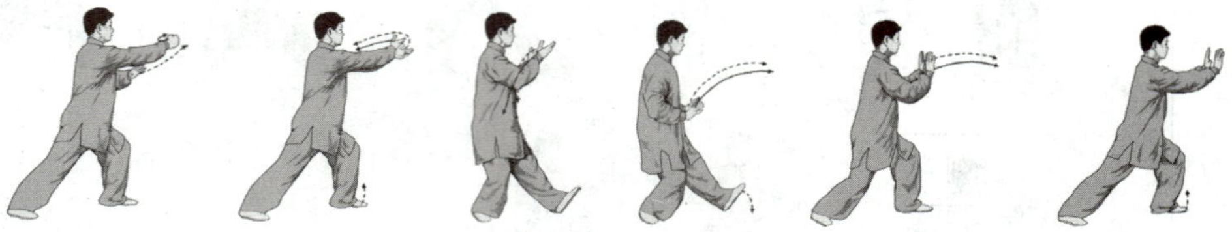</td></tr>
<tr><td>23. 十字手　24. 收势</td></tr>
<tr><td></td></tr>
</table>

三、初级剑术和初级刀术

（一）初级剑术

1 剑术概述

剑产生在商代，形似柳叶，初为铜制。汉代后铜剑渐被铁剑替代，并趋于定型。剑术在春秋后期开始出现，《吴越春秋》和《庄子·说剑》都记述了古代击剑技术。剑术现在已演化为用于全民健身的体育活动和用于观赏的表演形式。剑术动作具有优美潇洒、蓄发相间、气势流畅、虚实分明、刚柔相济、动静相兼、灵活多变等特点，因此长期练习剑术，既能有效地增强体质，又能充实人们的精神文化生活，陶冶情操，使人们能够保持乐观的心态、进取的精神和蓬勃向上的朝气。

初级剑术

2 初级剑术的动作图示

预备式	1. 起势　2. 压把穿指　3. 转身平指

	4. 弓步分指　5. 虚步接剑

第一段	1. 弓步直刺　2. 回身后劈　3. 弓步平抹　4. 弓步左撩

	5. 提膝平斩　6. 回身下刺　7. 挂剑直刺

	8. 虚步架剑
	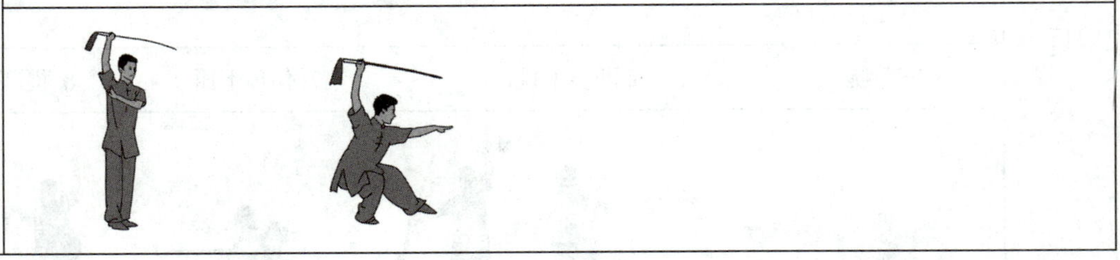

第二段	1. 虚步平劈　2. 弓步下劈　3. 带剑前点

	4. 提膝下截　5. 提膝直刺

	6. 回身平崩　7. 歇步下劈　8. 提膝下点

第三段	1. 并步直刺　2. 弓步上挑　3. 歇步下劈　4. 右截腕

	5. 左截腕　6. 跃步上挑　7. 仆步下压　8. 提膝直刺

第四段	1. 弓步平劈　2. 回身后撩　3. 歇步上崩　4. 弓步斜削

	5. 进步左撩　6. 进步右撩　7. 坐盘反撩　8. 转身云剑

收势	1. 虚步持剑　2. 并步站立

（二）初级刀术

❶ 刀术概述

刀是武术短器械的一种。早在原始社会，人们就把石刀、骨刀作为生产工具。在冷兵器时代，刀被用于战争。刀术是指刀的使用方法和技巧。明代戚继光的《辛酉刀法》、何良臣的《阵纪》、程宗猷的《单刀法选》中都有关于刀术的记载。初级刀术是短器械类武术项目，原名刀术练习，是为了适应广大群众锻炼的需要而整理审编的器械初级套路，其特点为内容丰富、结构紧凑、动作舒展、刀法多变、气势剽悍。初级刀术分为 4 段，总共 32 式（预备式与结束动作除外）。该套路内容丰富，其中有缠头裹脑刀、劈刀、砍刀、挑刀、刺刀、挂刀、撩刀、按刀、斩刀、扫刀等刀法，还有弓步、马步等基本步法，以及拧、仰、俯、转、翻、闪等身法。反复练习初级刀术不仅可以促进习武者柔韧素质、速度素质、耐力素质、力量素质等身体素质的全面发展，还可以为习武者进一步提高刀术水平及全面掌握武术技能奠定基础。

2 初级刀术的动作图示

预备式	1. 并步站立	2. 虚步抱刀	3. 并步交刀	

第一段	1. 弓步缠头	2. 虚步藏刀	3. 弓步前刺	4. 并步上挑

	5. 左抡劈	6. 右抡劈	7. 弓步撩刀	8. 弓步藏刀

第二段	1. 提膝缠头	2. 弓步平斩	3. 仆步带刀	4. 歇步下砍
			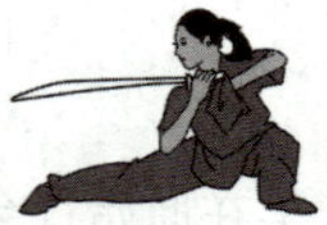	
	5. 左劈刀	6. 右劈刀	7. 歇步按刀	8. 马步平劈

第三段	1. 弓步撩刀	2. 叉步反撩	3. 转身挂劈	4. 仆步下砍

	5. 架刀前刺	6. 左斜劈	7. 右斜劈	8. 虚步藏刀

第四段	1. 旋转扫刀	2. 翻身劈刀	3. 缠头箭踢	4. 仆步按刀

	5. 缠头蹬腿	6. 虚步藏刀	7. 弓步缠头	8. 并步抱刀

结束动作	并步站立			

四、散打

散打的前身称散手，起源于我国古代人民的生产劳动，演化至今成为中华民族灿烂文化中的瑰宝。现代散打是按照国家体育总局武术运动管理中心制定的规则，运用武术中的踢、打、摔等方法，进行徒手对抗的现代体育竞技项目，是中国武术的重要竞赛形式。散打可以有效地提高武术攻防动作的实际运用能力。散打动作技击性强、杀伤力大，因此练习时要特别注意安全，自觉培养和提高自己的武德修养。

散打之所以具有比较强的感染力和生命力，是因为它本身具有体育性、对抗性、民族性等特性。

（1）体育性：相对于传统的防身术，散打作为竞技体育项目，必须体现体育的本质属性，即把人身安全和健康作为自身生存和发展的前提，不允许使用致伤、致残的技术方法。

（2）对抗性：散打运动的内在特点决定了其相互对抗的表现形式。散打的基本特性就是对抗性，这种对抗是在双方掌握了散打的基本动作和基本技术，并经过一段时间的训练后，在规则允许的范围内进行的对抗。

（3）民族性：散打是在中国特定的社会历史条件下逐渐演变发展形成的，根植于中华传统文化的土壤中，因此它具有鲜明的民族性。

（一）实战姿势

实战姿势

散打实战姿势是散打技术训练和实战对抗的准备姿势。实战姿势规范与否直接影响着进攻和防守的有效程度，因此，初学者必须掌握规范的实战姿势，以便为进一步学习散打基本技术打好坚实的基础。散打的实战姿势一般分为左手、左脚在前的正架和右手、右脚在前的反架两种。本部分均以正架为例进行介绍。

手臂、头部

四指内屈握拳，拇指横压于食指、中指的第二关节上。前臂和上臂的夹角为 90° ～110° ，拳与鼻同高，肘关节下坠。后臂的拳在下颌处，屈臂贴在胸肋处。下颌微收，两眼平视前方。

躯干

身体朝向侧前方，含胸收腹。

步型

两脚前后开立，两脚间距稍大于肩宽，前脚脚掌微内扣，后脚脚跟可微离开地面，两膝微屈，身体重心落在两脚之间。

（二）常用拳法

冲拳

1 冲拳

◎ 左冲拳

右脚微蹬地，身体重心微向左脚移动，上体微右转。左臂由屈到伸并内旋约 90°，直线向前冲出，以腰带臂发力，力达拳面。

◎ 右冲拳

右脚蹬地，前脚掌内旋，转腰送肩，上体左转。右臂由屈到伸并内旋约 90°，直线向前冲出，力达拳面。

2 摆拳

左摆拳：上体微向右转，同时左拳向外、向前、向内成平面弧形横击，左臂微屈，拳心朝下。转腰发力，力达拳面或偏于拳眼侧。

3 勾拳

◎ 左勾拳

上体微左转，身体重心下沉，腰向右转，左拳由下向前上方勾击。上臂和前臂夹角为 90° ～ 110°，拳心朝内，力达拳面。

◎ 右勾拳

右脚蹬地，扣膝合胯，腰微左转，同时右拳自下向前、向上勾击，拳心朝内，力达拳面。

（三）基本腿法

蹬腿

1 蹬腿

◎ 左蹬腿

右腿微屈支撑，身体稍向右转，左腿提膝抬起，左脚勾脚。当膝稍高于髋时，以脚领先向前蹬出，髋微向前送，力达脚掌。

◎ 右蹬腿

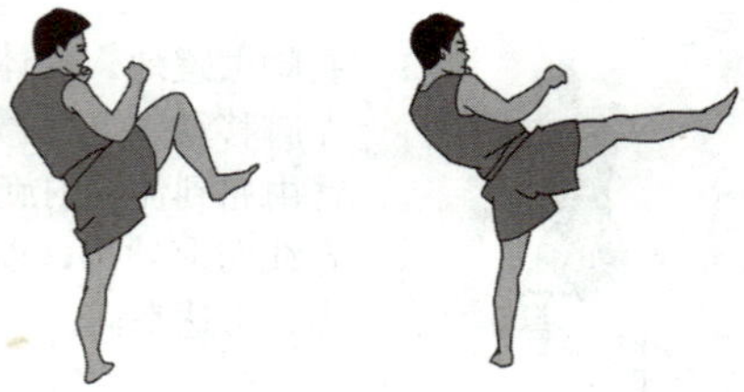

身体重心移至左脚，左腿微屈支撑，身体稍向左转，右腿屈膝前抬，右脚勾脚，以脚领先向前蹬出，髋微向前送，力达脚掌。

踹腿

2 踹腿

◎ 左踹腿

右腿微屈支撑，左腿提膝抬起与髋同高，小腿外翻，脚尖勾起，展髋、挺膝向前踹出，上体微侧倾，力达脚掌。

◎ 右踹腿

身体重心移至左脚，左腿微屈支撑，身体稍向左转；右腿屈膝抬起与髋同高，小腿外翻，脚尖勾起，展髋、挺膝向前踹出，上体微侧倾，力达脚掌。

3 鞭腿

◎ 左鞭腿

右腿微屈支撑，上体稍向右侧倾；左腿屈膝向左侧摆起，扣膝、绷脚背，随即向前挺膝鞭甩小腿，力达脚背或小腿前下端。

◎ 右鞭腿

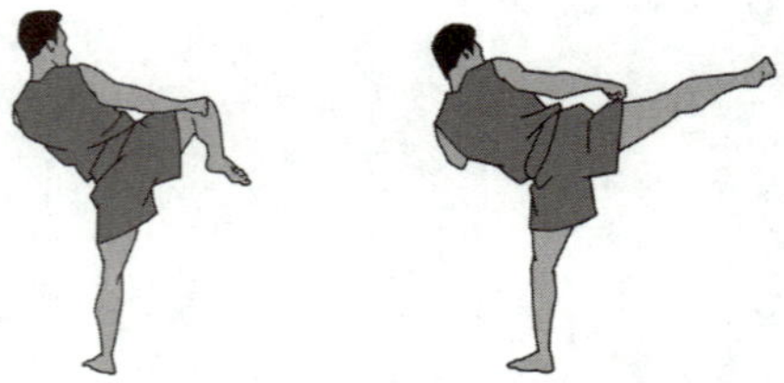

身体左转 90°，身体重心移至左腿；右腿以大腿带动小腿屈膝向右摆起，扣膝、绷脚背，挺膝向前鞭甩小腿，力达脚背或小腿前下端。

4 扫腿

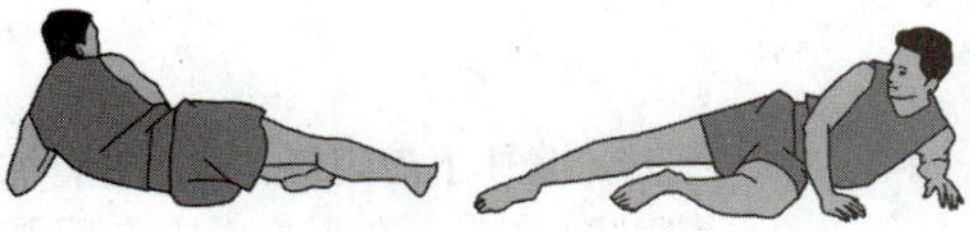

身体重心在左脚，左腿屈膝全蹲，以左脚前脚掌为轴，身体左转约 180° ；右腿由后向前旋转横扫，发力于腰，力达足弓内侧，至小腿下端。同时左臀着地，左大腿、左小腿盘叠。

5 劈腿

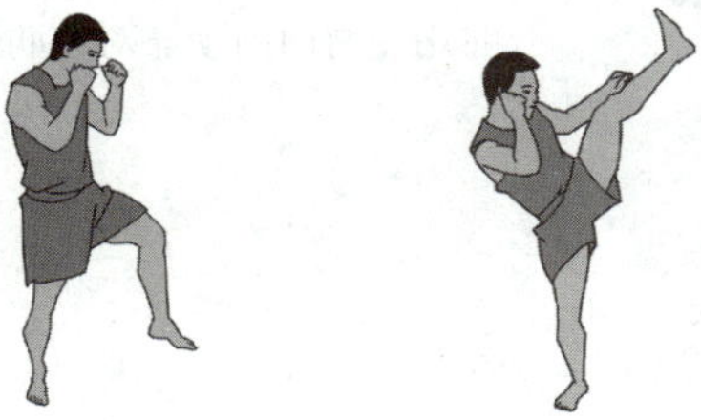

身体重心移至右脚，左腿屈膝抬起、送髋，上体保持正直或稍后倾，左脚高举过头后，快速下劈，用脚掌或脚跟下砸对方。

（四）基本摔法

基本摔法

1 贴身摔

◎ 抱腿前顶摔

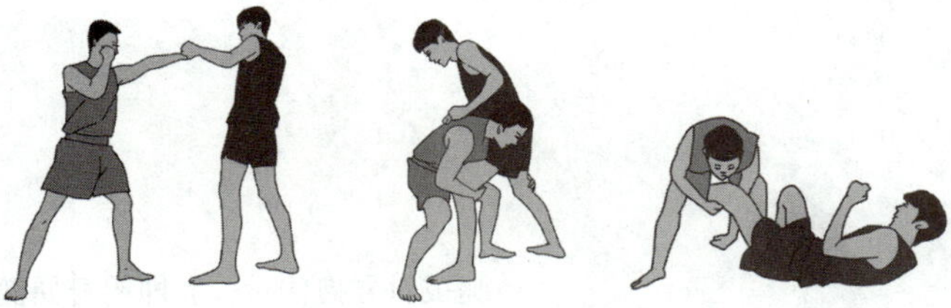

由实战姿势开始（以下均同）上左步，身体下潜闪躲，然后两手抱对方左腿腘窝，两手用力回拉，同时用左肩顶对方大腿，将对方摔倒。

◎ 抱腿旋压摔

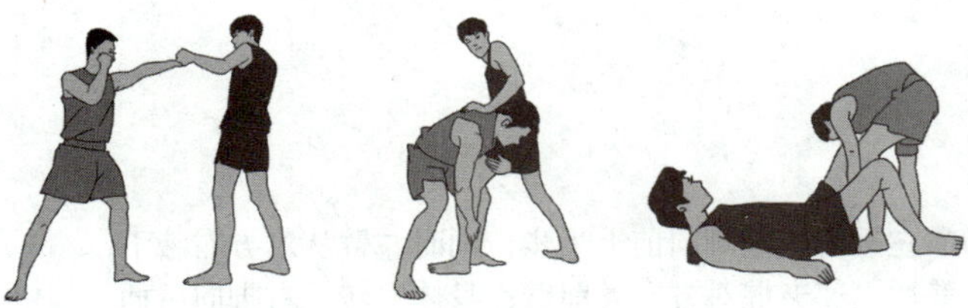

右脚蹬地，上左步，身体下潜，身体重心移至左腿；左手抄抱对方大腿内侧，右手抱住对方小腿后部，以左脚脚掌为轴，身体向右后方发力，以右手提、左肩压的合力将对方摔倒。

◎ 抱腿搂腿摔

上步，身体下潜闪躲，然后左臂屈肘抱住对方后腰，右手抱对方左腿腘窝用力回拉，使对方的左腿离地。左腿抬起前伸，由前向后搂挂对方的支撑腿，同时用左肩向前顶靠对方肋部，将其摔倒。

◎ 折腰搂腿摔

下闪，两臂搂抱住对方腰部，右腿抬起，并以小腿由前向后搂挂对方左小腿，同时两手抱住对方的腰部，上体前压对方胸部，使对方向后摔倒。

◎ 压颈搂腿摔

腿被对方抱住后，立即俯身屈髋并向左转腰，以左手压推对方后颈部，右手向上搂托对方臀部，使对方向前翻滚摔倒。

2 接招摔

◎ 抱腰过背摔

遇对方用左摆拳攻击自己头部时，立即向左闪身，左脚向前上半步，同时左臂从对方右腋下穿过，搂抱对方后腰，右手挂挡对方左拳后迅速夹握对方左臂前臂；身体右转，右脚向后插半步，两腿屈膝，臀部抵住对方小腹，继而两腿蹬伸，弓腰，上体向右转，将对方背起后摔倒。

◎ 接腿前切摔

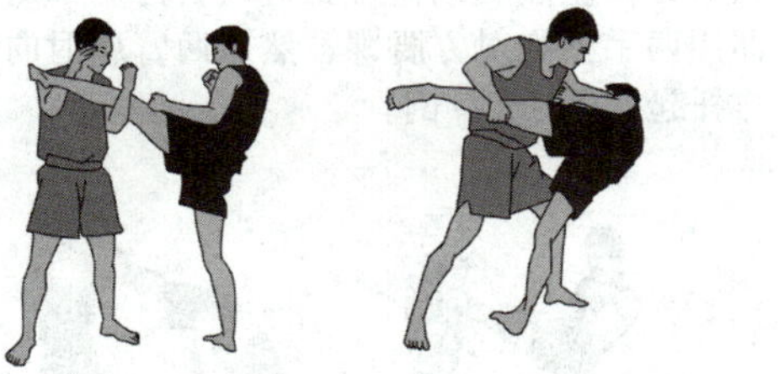

遇对方以左踹腿或左鞭腿进攻时，立即用里抄抱腿的方法抄抱对方小腿，左脚随即向前上步，换右臂掀抱对方小腿，以左前臂下端外侧为着力点向前切压对方的胸部，使对方摔倒。

◎ 接腿下压摔

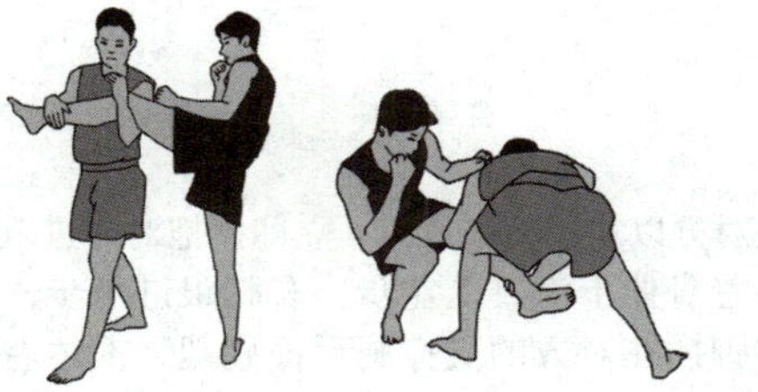

遇对方以左鞭腿进攻时，立即抄抱对方小腿后部，同时右脚向后撤步，上体右转，左手回拉；躯干前屈，用肩部、胸部下压对方左腿内侧，将对方摔倒。

◎ 接腿勾踢摔

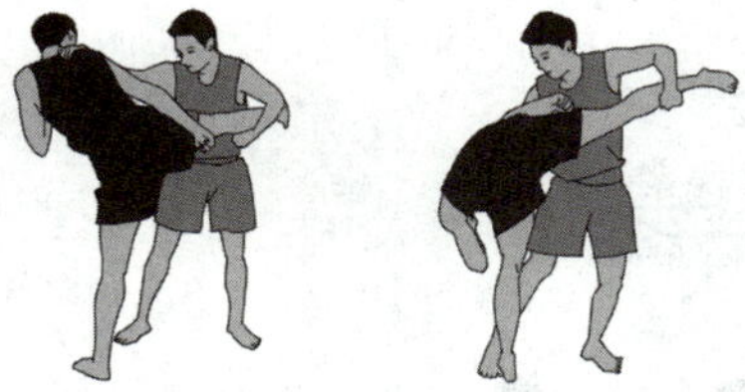

遇对方用右鞭腿进攻自己肋部时，立即抢先进步，同时用右臂抄抱对方膝关节以上部位，左手搂抱对方小腿，随后用右手迅速按向对方右肩部并下压，右脚勾踢对方支撑腿脚踝处，同时上体右转，右手回拉，将对方摔倒。

◎ 接腿挂腿摔

遇对方用右鞭腿进攻自己肋部时，立即以左脚抢先进步，用左手外抄抱对方右小腿，右腿抬起前伸，以小腿由前向后搂挂对方支撑腿，同时右手用力向右、向下推压对方右肩，将对方摔倒。

◎ 接腿摇摔

遇对方以左踹腿或右蹬腿进攻时，立即用两手抄抱对方进攻腿的脚踝，然后两腿屈膝退步，两手用力回拉，继续向左跨步，上右步，两臂由内向下、向左上方弧形摇荡，将对方摔倒。

◎ 接腿上托摔

遇对方以左踹腿或左蹬腿进攻自己胸部时，立即用两手抄抱对方脚踝，然后两臂屈肘向前上方托起，将对方摔倒。

◎ 接腿别腿摔

遇对方以左鞭腿进攻时，立即抄抱对方进攻腿，接着身体下潜，上左步，右脚跟进半步，继而左脚插在对方的支撑腿后面别腿，上体右转，用胸部、臂部下压对方进攻腿，将对方摔倒。

（五）基本步法

◎ 收步

左脚向后收步至右脚旁，左脚脚掌轻触地，身体重心主要在右脚上。

◎ 上步

右脚经左脚向前上一步，成反架姿势。

◎ 垫步

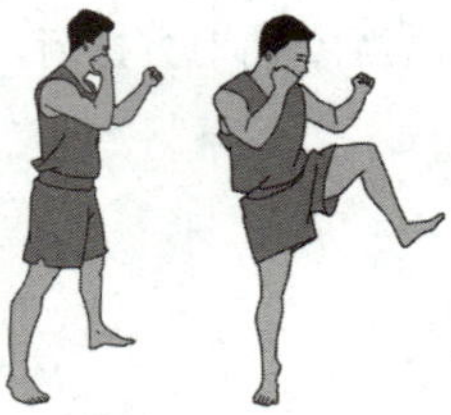

右脚蹬地向前脚内侧并拢，同时左腿屈膝提起。

◎ 纵步

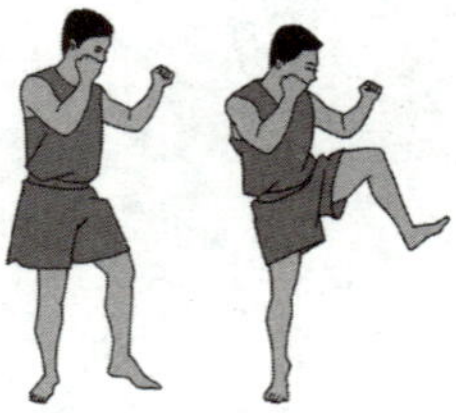

左腿屈膝上提，右脚连续蹬地向前移动。

（六）基本跌法

基本跌法

◎ 前滚翻

由实战姿势开始，身体全蹲，两手撑地，身体重心移至两手之间；低头屈臂，团身向前滚动，两手抱小腿蹲立，再站起，恢复实战姿势。

◎ 后滚翻

身体全蹲，两手向后撑地，低头含胸，团身快速后倒，经臀、腰、肩、后脑依次向后滚动，然后两腿蹲立，两手推掌站起。

◎ 抢背

两腿屈膝稍下蹲，两脚蹬地，同时闭气。两臂向前摆伸，身体腾空，随后左臂向右下伸，低头，左肩顺势着地，团身向左前方滚翻；右脚着地的同时右手拍地缓冲，完成后站起，恢复实战姿势。

◎ 前倒

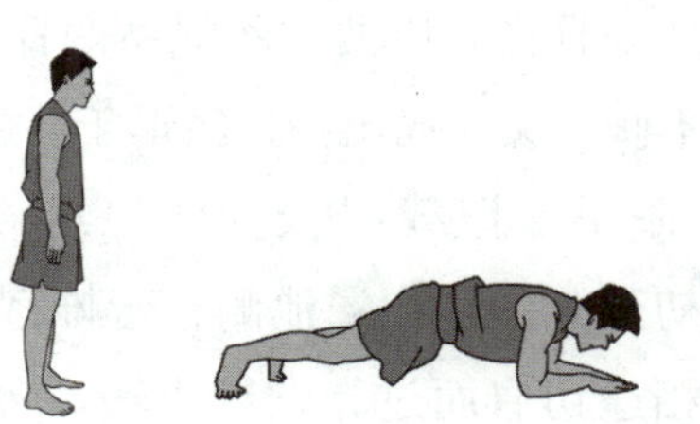

两脚自然开立，上体前倒，同时屏气。两臂摆伸，顺势两手撑地，屈臂、手掌拍地缓冲。

◎ 后倒

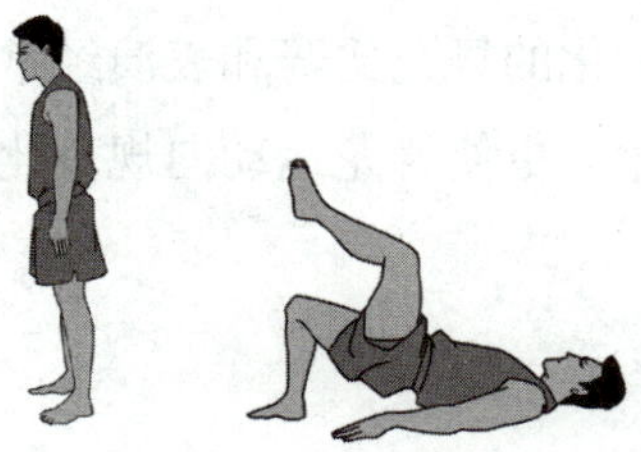

两脚自然开立，两腿屈膝下蹲，然后屏气，上体后倒，下颌内收，肩背触地的同时两手在体侧拍地缓冲。

◎ 左（右）侧倒

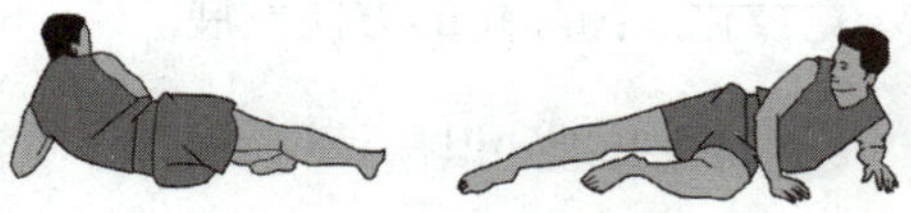

两脚分腿站立，左（右）腿屈膝下蹲，然后屏气，上体向左（右）侧倒，左（右）臂前臂内旋，在大腿外侧触地；右（左）手手指朝内，手臂微屈，在体侧拍地缓冲。

五、舞龙、舞狮

（一）舞龙运动

1 舞龙运动的起源和发展

舞龙起源于汉代，经历代而不衰。舞龙最初是祭祀祖先、祈求甘雨的一种仪式，后来逐渐成为一种文娱活动。到了唐宋时期，舞龙已是逢年过节的常见活动。

西汉前期就有了舞龙求雨的记载。董仲舒在《春秋繁露》中记载了舞龙的颜色会随仪式行为的举行日不同而有所不同，而且舞者人数也不同。另一种舞龙既有礼仪性质，又是娱乐节目，这就是东汉张衡在《西京赋》中描述的“鱼龙曼延”之戏。另据蔡质《汉官典职仪式选用》记载：“正月旦，天子幸德阳殿，临轩……作九宾彻乐，舍利从西方来，戏于庭极，乃毕入殿前，激水化为比目鱼，跳跃就水，作雾，障日。毕，化成黄龙，长八丈，出水游戏于庭，炫耀日光。以两大丝绳系两柱中头间，相去数丈，两倡女对舞，行于绳上，对面道逢，切肩不倾，又蹋局出身，藏形于斗中，钟磬并作，乐毕，作鱼龙曼延。”

《隋书》记载：“及大业二年，突厥染干来朝，炀帝欲夸之，总追四方散乐，大集东都。初于芳华苑积翠池侧，帝帷宫女观之……又以绳系两柱，相去十丈，遣二倡女对舞绳上，相逢切肩而过，歌舞不辍。”从演出的内容来看，其与汉代的“鱼龙曼延”之戏非常相似，都是先由舍利兽的戏舞开场，激水、喷雾，化为八九丈长的黄龙，黄龙起舞，演出时配以音乐等。

为了推动舞龙运动及其他民族形式体育的发展，1994 年 5 月，国家体育运动委员会（现国家体育总局）将舞龙列为体育竞技项目。1995 年，中国龙狮运动协会在北京成立；同年，国际龙狮总会在中国香港成立。中国龙狮运动协会自成立以来，先后出台了《中国舞龙竞赛规则》和《国际舞龙舞狮竞赛规则裁判法》。舞龙艺术经过长期发展，形成了形形色色、风格多样的造型和舞姿。近年来，舞龙竞赛已形成规模，国际化的舞龙比赛和表演经常在世界各地举行。这些比赛、表演活动不仅传播了中国的传统文化，更使舞龙运动向规范化、科学化、竞技化、国际化的方向发展。

2 舞龙基础知识

舞龙的主要道具是龙。龙用草、竹、木、纸、布等扎制而成。龙的节数以奇数为吉利，常见的有 9 节、11 节、13 节，多者可达 29 节。15 节以上的龙体大而重，不宜舞动，主要用来观赏。舞龙是集体性项目，由龙珠、龙头、龙身、龙尾 4 个部分共 10 位队员，借助龙珠和龙体器材，在音乐的伴奏中共同完成动作。其中任何一个人出现错误都会影响动作完成的质量。10 位队员在音乐的伴奏下，应团结一致，齐心协力，相互配 合。在舞龙过程中，应做到珠引龙走，龙跟珠行，节节相随，快慢有序，体现龙的各种 形态。

3 舞龙基本动作

舞龙运动的技术动作主要划分为五大类：8 字舞龙类动作、游龙类动作、穿腾类动作、翻滚类动作、组图造型类动作。每类动作根据完成的难易程度又可划分为A级难度动作、B级难度动作、C级难度动作。

（1）8 字舞龙类动作。

8 字舞龙类动作是指舞龙者利用龙体在身体左右两侧交替做 8 字绕环的一类舞龙动作，主要包括原地 8 字舞龙和行进间 8 字舞龙。8 字舞龙类动作可以结合锣鼓伴奏的节奏做快慢变化，也可以充分利用舞龙者的身体姿势变化，如单跪、靠背、跳步、抱腰、绕身等身体姿势做各种不同的 8 字舞龙。做 8 字舞龙类动作时，容易出现舞龙动作不圆顺，队员速度不一致，龙体运动与人体不协调、不统一，人龙脱节、龙体触地、舞动速度太慢等错误。因此，舞龙时，龙体的运动轨迹要顺畅、圆润，人体的各种造型姿势要优美，快速舞龙要突出速度、力量和龙体运动轨迹流畅。

原地 8 字舞龙

行进间 8 字舞龙

（2）游龙类动作。

游龙类动作是指舞龙者在快速奔跑游走的过程中，通过龙体的起伏行进，充分展现龙的蜿蜒回旋、左右盘翻、屈伸绵延等动态特征的一类舞龙动作。游龙类动作主要包括直线行进、曲线行进、走圆场、起伏行进、行进中越障碍等。龙体在行进中应遵循曲线的运动规律，舞龙者应随龙体协调地起伏行进。

（3）穿腾类动作。

穿腾包括穿越和腾越两种方式。龙体动作线路成交叉形式，龙珠、龙头、龙身各节依次从龙身下穿过称为穿越；龙珠、龙头、龙身各节依次从龙身上越过称为腾越。穿腾类动作主要包括穿龙尾、龙穿身、越龙尾、首尾穿肚、穿尾越龙身、腾身穿尾、龙脱衣、龙戏尾等。在做穿越和腾越动作时，龙形应保持饱满，穿腾动作流畅不停顿，速度均匀，轻松利索，龙身不拖地，不碰踩龙身。

（4）翻滚类动作。

当龙身运动到舞龙者脚下时，舞龙者利用滚翻、手翻等动作从龙身上越过，即翻滚类动作。做翻滚类动作时，舞龙者必须在不影响龙身运动的速度、幅度、美感的前提下迅速完成动作，而且所做滚翻动作应干净利索、规范准确，并保持龙身运动轨迹流畅圆顺、龙形饱满。

（5）组图造型类动作。

组图造型类动作是在掌握基本动作的基础上所做的规定图形和自选图形的造型设计动作，一般包括行进间和相对静止的龙体造型动作。此类动作要求活动图案构图清晰，静止造型形象逼真，以形传神，以形传意，与龙珠配合协调，组图造型连接、解脱要紧凑、利索。组图造型类动作一般分为初级难度造型、中级难度造型和高级难度造型。初级难度造型如“龙门造型”“塔盘造型”，中级难度造型如“首尾盘柱”“龙翻身接滚翻造型”，高级难度造型如“大横 8 字花慢行进”“坐肩后仰成平盘起伏旋转”等。

（二）舞狮运动

1 舞狮运动的起源和发展

舞狮的起源众说不一。一部分人认为舞狮源于“驱傩”。在远古时代，古人发明了“傩”。“驱傩”逐渐演变为现代的舞狮。

中华人民共和国成立以后，随着人民生活水平的提高，人们对业余文化活动的需求逐步增加。舞狮同其他众多民间艺术一样，成为群众文化活动园地的一朵奇葩。

2 舞狮的动作特点

舞狮有北狮和南狮之分，在造型上南北各异，在舞法上也不尽相同，各具特色。

（1）南狮。

南狮又称醒狮，造型较为威猛，舞狮人舞动时注重运用马步。南狮主要是靠舞者的动作表现出狮子的威猛形态和神态，一般为两人舞一头狮子。狮头以戏曲面谱为参考，色彩艳丽，制作考究；眼帘和嘴都可动。南狮的狮头还有一只角，早年甚至以铁制作，以更加精彩地展示舞狮时经常出现的武斗。舞南狮是融武术、舞蹈、音乐等为一体的文化活动。表演时，锣鼓擂响，舞狮人先打一阵南拳，此称为“开桩”；然后由两人扮演一头狮子耍舞，另外有一人头戴笑面“大头佛”，手执大葵扇引狮登场。舞狮人动作多以南拳马步为主。舞狮动作有“睁眼”“洗须”“舔身”“抖毛”等，主要套路有“采青”“高台饮水”“狮子吐球”“踩梅花桩”等。其中，“采青”是舞南狮的精髓，有起、承、转、合等过程，极具戏剧性和故事性。

（2）北狮。

北狮的造型酷似真狮，狮头较为简单，狮身披金黄、橙、红色毛。舞狮者的衣服、裤子、鞋都披毛，故而未舞看起来已经是惟妙惟肖的狮子。一般来说，两人舞一头狮子，但若是舞小北狮则是一人表演。与舞南狮侧重威猛不同，舞北狮主要是表现灵活的动作，以扑、跌、翻、滚、跳跃、擦痒等动作为主，舞狮人甚至利用台凳、踩球、摇摇板等道具做动作。

北狮一般是雌雄成对出现，狮头上有红结者为雄狮，有绿结者为雌狮；由装扮成武士的主人前领，手拿绑有彩带的狮球。有时一对北狮会配一对小北狮，小狮戏弄大狮，大狮弄儿为乐，尽显天伦。北狮表演较为接近杂耍。配乐伴奏以京钹、京锣、京鼓为主。

3 舞狮基本动作

舞狮基本动作分为基本技术动作和难度技术动作两部分：基本技术动作主要是融合武术、技巧和体操的一些动作，以及根据狮子的行、卧、醒、睡、翻滚、跳跃等外在形态表现来展现舞狮特点的技术动作；难度技术动作主要是指上下梅花桩、桩上走转和腾越、上肩等各种难度动作。

（1）基本技术动作。

舞南狮的基本技术动作主要由扑球、啃球、甩尾、采青等较为简单的技术组成，难度不大。它不过分注重外在形态的表现，而注重展现狮子的各种神态，通过夸张的表演来烘托节日的欢快气氛。在学习舞南狮的基本动作时，一般是一人举狮头，一人扮狮尾协调配合，通过狮头的各种面目表情变化和身体动作将狮子睡醒时的懒散、出洞前的多疑、漫步草原时的傲慢、发现猎物时的凶猛、戏水时的欢愉神态表现出来即可。

舞北狮的基本技术动作难度较大，它不仅要求舞狮者的模仿形似，还要神似，既要表现出狮子的威风凛凛、强劲有力、勇猛剽悍和灵活机敏，又要表现出狮子的憨厚可爱、顽皮淘气和温顺乖巧。北狮全身覆盖狮披，两人合作，在舞狮郎的引领下，通过跌扑、跳跃、翻滚及模仿狮子的搔痒、抓耳、眨眼、舔毛、伸懒腰和嬉戏打斗等动作，展现狮子的各种性格和神态。

（2）难度技术动作。

舞狮中的难度技术动作较多。初学者练习舞狮应当循序渐进，切不可急于求成，以防意外事故发生。舞狮难度技术动作分为A、B、C三级。

◎ **A级难度技术动作**

上腿：狮尾队员两手抓紧狮头队员腰带并用力向上托举，同时身体下蹲成半马步；狮头队员借助狮尾队员的上托之力向后上方跳起，两脚稳稳落在狮尾队员的大腿根处。这一动作要求狮头队员、狮尾队员配合协调、用力均匀，具有一定的平衡能力。

上肩、上头：技巧与上腿大致相同，只是要求狮尾队员向上托举时发力再大一些，同时狮头队员借力向后上方纵跳，臀部坐在狮尾队员的肩部或头上。这一动作要求狮头队员、狮尾队员配合默契，具备较强的平衡能力和稳定性。

上桩、上台：此类动作较为简单。狮尾队员抓紧狮头队员腰带，狮头队员向前上方用力跳起，狮尾队员借力向前推送，让狮头队员平稳地落在桩上或台上，这时狮尾队员也可借力随狮头队员跃上木桩或平台。这一动作要求前推用力大小要适中，狮头队员与狮尾队员要保持动作的一致性和连贯性。

◎ **B级难度技术动作**

桩上跳跃：狮子跃上桩后，要做一系列的跳跃动作组合来提高难度分的分值。这一动作要求舞狮者掌握动作技术和发力技巧，关键是狮头队员与狮尾队员要协调配合并具备空中平衡能力。

桩上坐肩、上腿：技术动作和发力技巧与A级难度技术动作相同，只是此动作是在桩上而不是在平地上做出的，因此难度有所提高。此动作要求舞狮者进一步加强平衡能力和稳定性，以及狮头队员、狮尾队员协调配合。

◎ **C级难度技术动作**

C级难度技术动作是指必须具有较高的专项身体素质和专项技能才能完成的高难度的舞狮技巧和组合动作，具有较高的锻炼价值和审美价值。它是把一些A级和B级难度技术动作有机地串联在一起，经过加工整理组合起来的高难动作。舞狮者只有在掌握了A级和B级难度技术动作的基础上，才可学习C级难度技术动作，如连续飞跃上肩、上腿和桩上转体、旋转等。

六、龙舟

（一）龙舟概述

龙舟，俗称龙舟竞渡，又叫赛龙舟、划龙船，是我国民族传统体育活动，有着相当广泛的群众基础，深受我国各族人民喜爱。龙是中华民族的象征。仿照龙的造型、以龙取名的龙舟是我国各族人民在长期的生产活动和社会活动中具有独特民族风格的创造。龙舟聚会和龙舟竞渡具有浓厚的娱乐性和激烈的竞争性，是我国各族人民非常喜爱的一种文化和体育活动。

赛龙舟是端午节的主要习俗之一。相传，古时楚国人因舍不得贤臣屈原投江死去，许多人划船追赶拯救。他们争先恐后，追至洞庭湖时不见踪迹。之后，每年的农历五月初五，人们划龙舟以纪念屈原，借划龙舟驱散江中之鱼，以免鱼吃掉屈原的身体。竞渡的习俗盛行于当时的吴国、越国、楚国。

自 1983 年第一次举办全国正式龙舟比赛以来，我国迄今已成功地举办多届“屈原杯”全国龙舟赛。2010 年，龙舟被列为广州亚运会正式比赛项目。截至目前，全国各地每年都举办各种不同规模、具有特色且颇具水平的龙舟赛事，这为弘扬中华优秀传统体育文化、增进各个国家和地区人民之间的友谊、推动国际龙舟运动的发展做出了积极的贡献。

你知道龙舟的竞赛形式有哪些吗?

（1）直道竞速赛：在尽可能短的时间内通过 1000 米以内标志清楚而无任何障碍的直线航道。

（2）环绕赛：在半径不少于 50 米，直线距离 500 米以上的人工或自然水域所进行的多圈赛事。

（3）拉力赛：在自然环境水域，但必须是封闭的航线上所进行的长距离赛事。

（二）龙舟基本技术

1 龙舟人员组成

根据龙舟人员的职能来划分，龙舟人员可分为划手、鼓手、锣手和舵手。

（1）划手。

划手的姿势可分为坐姿、站姿和单脚跪姿。从力学角度讲，坐姿较为合理，站姿、单脚跪姿多在民间比赛中出现。合理的身体姿势可以有效减小划水的阻力，有利于两臂的活动，使得动作配合更协调、更有力。

（2）鼓手。

鼓手的姿势可分为站姿、坐姿、单脚跪姿。不同地区的鼓点、鼓法各有不同，这与当地传统有很大关系。

（3）锣手。

锣手的姿势可分为站姿和坐姿。民间比赛中锣手常男扮女装。在正式比赛中，锣手要与选手统一着装，不允许做多余的动作。

（4）舵手。

舵手的姿势可分为站姿把固定舵、站姿把活动舵和坐姿把活动舵。民间比赛的舵长短不一，舵手还可以参加划水，但正式比赛的舵有统一规格，舵手不能参加划水。

2 龙舟动作方法

划手动作方法由握桨、坐姿、入水、拉桨、桨出水、回桨等技术组成。

（1）握桨。

右排划手左手放在桨柄上，除拇指外的其余四指并拢，掌心朝前紧贴桨柄，拇指从下向上抱住桨柄，扣在食指第一指节处。右手在桨杆的下端（桨叶与桨杆的交界处），四指从外向内并拢，拇指从内向外包住桨杆。左排坐姿的握桨要领与右排一样，只要左右手换位即可。

动作要领：握桨时，手不能在桨杆上滑动，要放松，以免前臂发僵。

（2）坐姿。

右排划手保持坐姿，右腿弯曲，大腿外侧紧靠船边，右脚脚掌抵住自己座位下的隔板，左腿半屈，左脚脚掌前撑前排隔板（左右腿也可互换）。左排划手的坐姿与右排划手的坐姿方向相反。

动作要领：合理利用两腿前蹬后撑的力量，稳定身体重心。身体前俯，躯干扭转，充分做伸肩动作。拉水时，脚要前蹬；移桨时，脚要后撑。

（3）入水。

两手握桨举起，上侧手过头顶，肩部转动，身体前倾。当桨叶接触水面时，两臂伸直插桨，上侧臂向下压桨，下侧臂用力拉桨。

动作要领：桨入水的角度为80° ～90° 。桨入水时，上侧臂下压，下侧臂后拉。

（4）拉桨。

桨入水后，划手马上要拉桨。拉桨时，下侧臂后拉，上侧臂向下压，右腿（或左腿）前蹬隔板，躯干要有后移动作。拉桨距离为1～1.2米。拉桨时，桨要垂直于水面。

动作要领：拉桨时间尽可能短。

（5）桨出水。

出水时，上侧臂放松，上抬提桨。下侧臂手腕内扣，上抬提桨。

动作要领：两臂放松上抬提桨，桨不能提得太高，刚过水面即可。

（6）回桨。

回桨即两臂上抬前推。前推过程中，不能使桨叶碰到水面，以免产生阻力；也不能将桨叶提得过高，以免影响向前伸臂、入水及划行的速度。

动作要领：回桨过程中，两臂一定要放松，为拉桨过程做好准备。

七、射艺

（一）射艺概述

“射艺”是特定名词。“射”为古代“六艺”之一，故称“射艺”。“射”字在甲骨文中是一个会意文字，表示弓和箭的使用方法。“艺”是承载着君子道德追求的身心修炼活动的过程和境界。历史上“射”字长期单独使用，直到清代的射学著作才使用“射艺”一词。民国时期，武术史学者唐豪著《清代射艺丛书》，使“射艺”成为特指中华传统弓箭文化体系的专有名词。

射艺是指中华民族特有的弓箭文化。射艺传承了礼射、军旅武射、武举马步射法等传统弓箭文化，重德崇礼，具有浓郁的民族特色和极高的教育价值。射艺作为中国传统的射箭运动，是由西周官学推崇的“六艺”之一——“射”发展而来的，其在西周已经作为陶冶性情之用。射者遵循特定的程序和动作，用华弓（中国传统弓）将羽箭射向目标。射箭过程中所必备的姿态、礼仪、心力等都能充分锻炼射者的身心。

射艺是中华民族体育、艺术和文化的结合体，包含对射者品德、心境进行历练的哲学内涵。它不但要求射者具有高超的射箭技术，而且要求射者在德的指引下，实现身、心和弓箭三者的高度和谐统一，以表达对高尚品德的追求，对力量美与准确美的向往和享受，最终升华为对真理的追求和崇拜。射艺以礼端其形、以乐正其志，一步一式都体现着礼乐之道，“进退周还必中礼”，从而实现身体锻炼与精神修炼的统一和升华。

（二）射艺礼仪

射艺形式与内容并重，“志于道，据于德，依于仁，游于艺”，以德为本，以礼约束，强调“射以观德”，既讲求命中、致远的实用性，又崇德尚礼，培养文质彬彬的君子。先秦射艺有严格的礼仪和演习程序，射者的一举一动都要“合节中拍”，从而达到“射以观德”的教育目的。礼仪是射艺不可或缺的内容。

射艺礼仪采用中国传统礼节，空手时行拱手礼，带弓箭时行弓箭礼。行礼均从肃立姿势（立正）开始，受礼者须回礼。

1 拱手礼

从立正姿势开始；两掌齐胸相叠，掌心对胸，左掌在外，右掌在内（女子则相反），五指并拢，眼看对方；两手自胸前向外水平推出，伸腰展身，两眼看前下方，口中唱喏（如上课称“老师好”，课间休息称“谢谢老师”，下课称“老师再见”）；立正，礼成。

2 弓箭礼

从立正姿势开始；右手垂于体侧，左手握弓弝，弓弦挨左腋；上弰在前，下弰在后，前低后高；左手将弓向内合于身前，右掌平展，指根按护弦绳，躬身唱喏；立正，礼成。

（三）现代射艺步骤

1 就位

射者步入射位，面向箭靶，向教师行礼，称“老师好”。右脚后退半步，蹲下，左手从弓架上或地上取弓；起立，执弓行礼；向右转，行礼。

❷ 形端

左手握弓在体侧，右手垂于体侧；两脚分开，略比肩宽，脚尖外摆，成“不丁不八”步；挺膝，提臀，收腹，含胸，平额。志正闭目，调息，凝神。

❸ 审固

头向左转，下颌略收，使百会穴上顶，天庭水平，目视箭靶。身体略前倾，“身前竦为猛虎方腾，额前临为封兕欲斗”。从此刻直到“验法”，目光均不离靶。对于初学者可略放宽要求。

❹ 持弓

左手持弓，将弓向前伸出，弓弦向上；左臂内旋，将弦翻转向下；左臂外旋至左侧伸平，上弰指靶。

❺ 取箭

右手从箭壶（腰间或背后）取箭后，右臂伸平，箭镞向后，两臂平直。

❻ 架箭

左手执弓至胸前，右手执箭至胸前，左手以食指和中指夹住箭竿，箭竿成水平。

❼ 抹羽

右手虚握，顺箭竿右抹至箭筈；拇指、食指捏住箭筈，辨别方向后使其竖直，再用拇指分辨确认副羽方向，使主羽朝外。

❽ 入筈

右手捏箭筈将箭水平向左推，将箭筈“认”入弓弦；然后将箭筈在弦上向右轻拉，使弦略张，压住箭筈，左手夹紧箭竿，使箭固定。

❾ 勾弦

右手扳指紧挨箭尾，垂直于弦，并勾住弦，使箭筈处于虎口中；右手食指压拇指第一指节，向内略靠箭尾，两指成“凤眼”状，其余三指虚握；右手手背、手腕和前臂自然伸展。

❿ 准备

左右手动作不变，将弓箭置于身体左下侧，弓在上、箭在下，箭镞指向左脚脚尖的左前方。

注意：传统射艺中无此步骤，在现代射艺课堂教学和集体训练中可增加这一步骤，以整肃秩序。

⑪ 预备

两手举起弓箭，镞不离靶（初学者在进行集体练习时，将箭镞统一举至左上方，以降低箭意外脱弦的风险），左臂伸直，右肘抬平，同时吸气蓄力。

⑫ 引弓

左手食指松开弓弝，指尖轻触箭竿；呼气，两肩、两臂一起发力，同时左肘内旋，左肩松沉；左推弓，右挽箭，至箭镞触及左手食指指尖，右手持箭羽至右嘴角，弓弦至右耳后。

注意：“怒气开弓”，即呼气时发力，用力要均匀；胸要打开，背要收紧。

⑬ 入彀

将弓箭拉到满处，箭镞底部触及左手食指指尖，即“知镞”。要求达到“五平三靠”，“五平”即两肘、两肩和天庭五处均处于水平状态，“三靠”是弓弦靠身、翎花靠嘴和右耳听弦。

⑭ 撒放

屏住呼吸，全身稳固，右手抬食指（撒）、伸拇指（放），将箭射向箭靶。古法曰“后手撒放，前手不知”，即要求撒放动作轻微自然。

⑮ 验法

撒放之后，左手向前如“凤点头”，右手向后如“龙摆尾”，两手极力遣箭。两臂自然平伸，上弰指靶，肩沉气按，溜臂合腕。

⑯ 释弓

射完全部箭后，收弓立正，敬礼；向左转，立正，将弓置于左脚外侧，立正，行礼。

⑰ 验靶

走到靶前，行礼；左手按靶，箭在虎口内；右手靠近左手，紧握箭竿，用力将箭拔出，检查有无破损，剔除破损箭后，将箭收于箭壶。

⑱ 下饮

离开射位，解除弓箭；行礼后入列，休息。

体育思政课堂

弘扬民族传统体育文化，树立文化自信

民族传统体育是中华民族传统文化的瑰宝。民族传统体育可以使学生了解、传承、弘扬民族文化，有利于学生树立文化自信。以武术为例，学生通过练习武术，不仅能强身健体，还能接受武德精神的洗礼。武德是习武之人应遵从的道德准则，是习武之人高尚道德品质的体现。新时代的武德要求习武之人把习武同发扬祖国灿烂文化、热爱祖国联系起来，有强烈的民族自豪感，自觉维护中华民族的尊严；有宽广的心胸，要以礼待人，不以武伤人，不恃强凌弱；自觉维护国家和人民的利益；乐于助人，尊老爱幼，尊师重道，谦虚谨慎；刻苦练功，磨炼坚强的意志，培养良好的身体素质，做到文武双全，为社会做出贡献。

思考与探究

1. 任选两个武术项目进行练习，体会武术可以培养哪些优良品质。
2. 通过学习中华传统体育运动，弘扬我国优秀民族传统文化。

课外体育活动

同学们,上完了大家期盼已久的武术课,相信你一定学会了很多武术运动技能。从现在起，每天早起半个小时，迎着朝阳，练习一套武术套路吧!

总结与创新

项目二 足球运动

【体育精神】

为国拼搏的容志行

容志行是20世纪七八十年代中国足球的代表人物。

在国家层面，作为改革开放后最早的一批男子足球国家队队员，容志行在20世纪七八十年代的国际足球舞台上代表中国男足为国争光添彩。1980年，在墨西哥世界杯预选赛亚大区第四组的比赛中，容志行表现极为出色，被评为“最佳进攻队员”。在亚大区决赛阶段面对强敌科威特队时，容志行主动申请带伤出战，并攻破了科威特队球门，为中国男足以3∶0战胜强敌立下了汗马功劳。他的英勇表现极大地振奋了中国人民的士气。容志行所表现出来的精神品质被誉为“志行风格”。“志行风格”和同时代的“女排精神”一起成为在改革开放初期激励全国各行各业奋发向上的宝贵精神财富。

“志行风格”的核心内容是为祖国荣誉奋不顾身的拼搏精神。“志行风格”的其他内容如尊重裁判，顾全大局；尊重对手，强调体育风格；尊重队友，重视合作等。

在个人层面，容志行在1979—1981年连续三年当选为“全国十佳运动员”。容志行头脑清醒，反应迅速，技术全面娴熟，脚法精良，控球能力强，传球及时且精准，射门有力，善于带球过人，既有单点突破的能力，又有带动全队整体攻防的能力，是中国男足的核心球员。

容志行有可贵的体育精神。在一次国际比赛中，对方两名后卫撞到一起双双倒地，容志行放弃了射空门的机会，主动上前扶起对手。这一举动得到了全场球迷的尊重，全场球迷向容志行报以热烈的掌声。容志行的体育精神体现了中国的大国风度和中华民族的博大胸怀。

项目导读

足球运动是世界上开展十分广泛、影响力巨大的体育项目之一，在我国青少年群体中较为普及。经常进行足球运动，可以锻炼人的反应能力和判断能力，培养勇敢、顽强、坚韧不拔的优良品质和团队精神。

学习目标

1. 了解足球运动的起源和发展、特点和锻炼价值。
2. 掌握足球基本技术和基本战术。
3. 熟悉足球竞赛规则。

学习内容

一、足球运动概述

（一）足球运动的起源和发展

足球运动的起源最早可追溯到中国古代的球类游戏——蹴鞠。2004 年，国际足球联合会（以下简称“国际足联”）主席布拉特在第 3 届中国国际足球博览会开幕式上宣布：中国是足球的故乡。

现代足球运动起源于英国。19 世纪，足球在英国被引入公共学校，并被公众广泛地接受，从而逐步发展起来。1863 年 10 月 26 日，英格兰足球总会在伦敦成立，这一天被公认为现代足球的诞生日，标志着现代足球运动进入了一个新的发展阶段。在 1896 年雅典奥运会上，足球被列为表演项目。从 1900 年巴黎奥运会起，足球成为奥运会正式比赛项目。随着现代足球运动的发展和普及，各国相继成立了自己的足球协会。1904 年，国际足联正式宣告成立。经过 100 多年的发展，国际足联如今已经成为影响力极强的国际单项体育组织之一。

目前，由国际足联组织的赛事主要有世界杯足球赛、世界青年足球锦标赛、世界女子足球锦标赛等。

在我国，足球运动有着广泛的群众基础。中国足球协会于 1955 年在北京成立。1994 年，第 1 届职业化的中国足球甲级 A 组联赛、甲级 B 组联赛分别举行，这标志着中国足球正式进入职业化发展阶段。中国国家女子足球队是亚洲劲旅，曾获得女足亚洲杯七连冠，并获得 1996 年亚特兰大奥运会亚军和 1999 年美国女足世界杯亚军。2022 年 2 月，中国女足在女足亚洲杯决赛中战胜韩国队，第 9 次夺得女足亚洲杯冠军。

（二）足球运动的特点和锻炼价值

1 足球运动的特点

足球运动参与人数多，比赛场地大，比赛时间长；技术动作多，战术复杂；对抗激烈，运动量大，观赏性强；有着丰富的文化内涵。

2 足球运动的锻炼价值

（1）经常参加足球运动，有利于促进身体健康，提高力量素质、耐力素质、速度素质、灵敏性等身体素质。

（2）经常参加足球运动，有利于培养勇敢顽强、机智果断、坚韧不拔、勇于克服困难的优良品质，以及团结协作的集体主义精神。

二、足球技术进阶

专项技能 – 足球

脚内侧踢球

（一）踢球

◎ 脚内侧踢球

支撑脚踏在球的侧方约 15 厘米处，支撑腿膝关节微屈

◎ 脚背正面踢球

脚背正面踢球

你知道练习球性的方法有哪些吗?

◎ 拉挑球

支撑脚踏在球的后侧方约30厘米处，支撑腿膝关节微屈，身体重心移到支撑脚上。拉挑球脚的前脚掌踏在球的上部并向后轻拉，在球开始向后滚动的同时，脚尖、脚掌迅速着地。当球滚上脚背时，脚尖稍翘起，将球向上挑起。

◎ 脚背正面颠球

支撑腿的膝关节微屈，身体重心移到支撑脚上。当球落至膝关节以下时，颠球腿的膝关节、踝关节适当放松，并柔和地向前上方甩动小腿，脚尖稍翘起，用脚背轻击球的底部，将球向上颠起。

◎ 脚内侧颠球

支撑腿的膝关节微屈，身体重心移至支撑脚上。当球下落到膝关节高度时，颠球腿屈膝抬起，脚内侧向上摆至水平状态，用脚内侧轻击球的底部，将球向上颠起。

◎ 大腿颠球

支撑腿的膝关节微屈，身体重心移至支撑脚上。当球落至接近髋关节高度时，颠球腿的大腿屈膝上摆；当大腿摆到水平位置时，用大腿击球的底部，将球向上颠起。

（二）停球

◎ 脚内侧停球

脚内侧停球

◎ 脚底停球

脚底停球

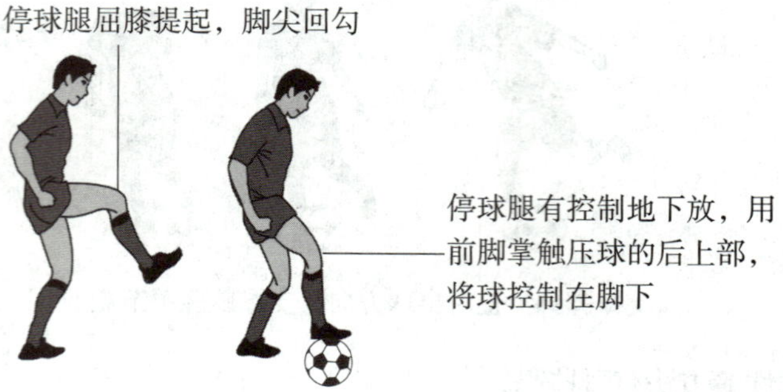

◎ 大腿停球

大腿停球

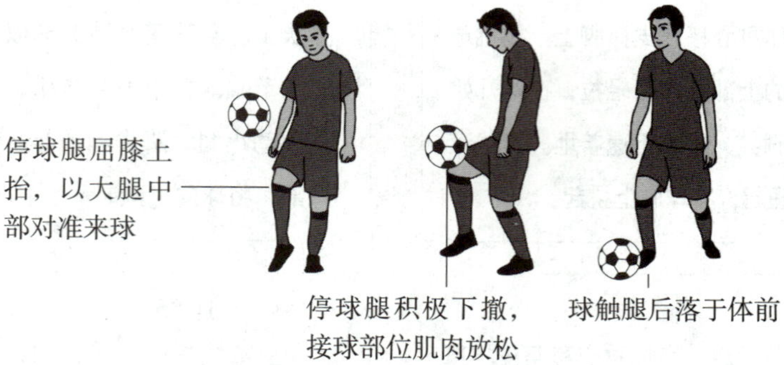

（三）运球

脚背内侧运球

运球脚提起，脚尖稍向外摆，以脚背内侧推球前进。

脚背外侧运球

运球脚提起，脚尖稍内转，以脚背外侧推球前进。

脚背正面运球

身体自然放松，上体稍前倾，以脚背正面推球前进，两臂自然摆动，步幅不要过大。

脚内侧运球　　脚背正面运球　　脚背外侧运球

（四）正面抢球

在逼近控球队员时，防守队员应控制好身体重心，两膝弯曲，上体略前倾，并注意观察对方的脚下动作；在对方触球瞬间，防守队员抢球脚前跨，将球截住。若双方的脚同时触球，则防守队员应顺势向上做提拉动作，使球从对方脚背上滚过，然后及时上抢控制住球。

（五）原地头顶球

原地头顶球

（六）掷界外球

助跑掷界外球　原地掷界外球

◎ **原地掷界外球**

面对出球方向，两脚前后或左右开立，两腿膝关节弯曲，上体后仰成背弓形，两手持球的两侧后部，屈肘，将球置于头后。掷球时，后脚用力蹬地或两脚用力蹬地，两腿迅速伸直，收腹屈体，同时两臂急速前摆。当球摆到头上时，用力甩腕将球掷入场内。掷球时，后脚可沿地面向前滑动，两脚均不得离地。

◎ **助跑掷界外球**

两手持球于胸前，在助跑迈出最后一步时，上体后仰成背弓形，同时将球上举至头后，掷球时的动作与原地掷界外球动作相同。将球掷出后，后脚可在地上向前滑行，但不得离地。

三、足球战术应用

足球运动是极具对抗性的运动项目。足球战术是指比赛双方充分发挥个人和集体的特长，进攻对方的弱点，为取得比赛胜利所采用的手段和方法。

你知道足球比赛中各个位置的职责吗？

◎ 边后卫的职责：边后卫主要防守对方的边锋，限制对方其他进攻队员在边路的活动，破坏对方由边路发动的进攻，同时还可利用插上进攻或传球来威胁对方球门。

◎ 中后卫的职责：中后卫有突前中后卫和拖后中后卫之分。前者主要任务是盯守对方突前的最有威胁的中锋，因而又被称为盯人中后卫；后者则主要担负整个防线的指挥任务，其站位经常处于其他防守队员后面，一般被称为自由中后卫。

◎ 前卫的职责：前卫通常称为中场队员。中场是非常重要的区域，一般情况下，控制了中场就控制了比赛的主动权，因此各队在比赛时往往都在中场投入较大力量。

（一）“二过一”战术配合

“二过一”战术配合是 2 名进攻队员通过传球配合突破 1 名防守队员的战术配合。根据传球和跑位配合的路线，“二过一”战术配合有直传斜插“二过一”、斜传直插“二过一”、踢墙式“二过一”、回传反切“二过一”等。

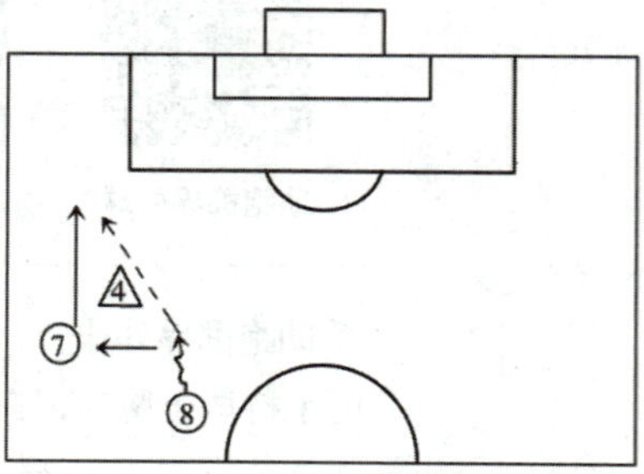

直传斜插“二过一”

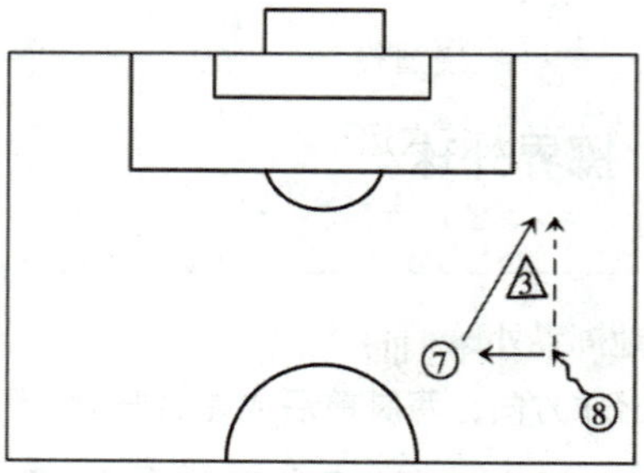

斜传直插“二过一”

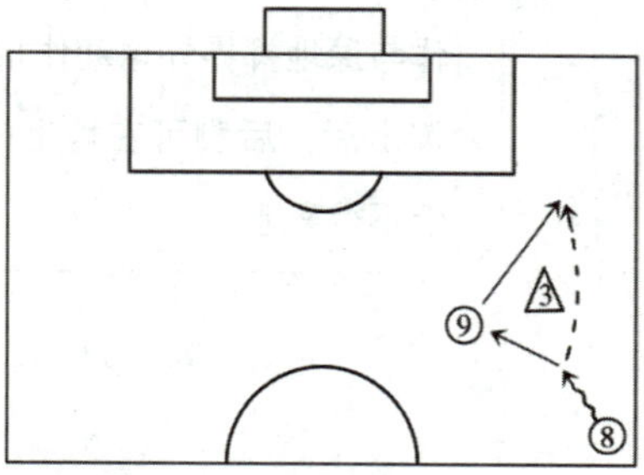

踢墙式“二过一”

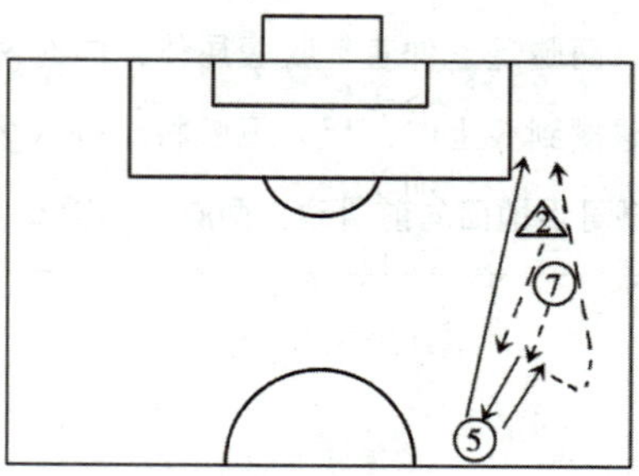

回传反切“二过一”

（二）“三过二”战术配合

“三过二”战术配合是在比赛中的局部区域，3 名进攻队员通过连续配合突破 2 名防守队员的战术配合。由于这种配合有 2 名同队队员可以同时接应传球，这种配合的传球路线更多，且进攻面更大。

（三）防守战术

◎ **保护**

保护是指给逼抢持球队员的同伴心理上和行动上的支持，使其无后顾之忧，可以全力以赴紧逼对手。若逼抢队员被突破，保护队员可以及时补防，堵住对手的进攻路线或是夺回控球权；若逼抢队员夺得控球权，保护队员可及时接应发动进攻。

◎ **补位**

补位是足球比赛中局部场区集体配合进行防守的方法：在防守的过程中，一名防守队员被对手突破时，另一名队员立即上前进行封堵补位。

◎ **围抢**

围抢是指比赛中在某局部位置上，防守一方利用人数上的相对优势（通常是两三名队员）同时围堵对方的持球队员，以达到在短时间内抢断或破坏对方进攻的目的。

◎ **造越位**

造越位利用规则设计的防守战术，是以巧制胜的省力打法，因而成为重要的防守手段。其配合难度较大，配合得不好会适得其反，让对方有机可乘。此战术往往为水平较高的球队所采用，且在一场比赛中也基本不会被多次运用。

四、足球竞赛规则

（一）比赛场地

比赛场地必须为全天然草皮。若竞赛规程允许，可使用全人造草皮。人造草皮场地的表面必须为绿色。比赛场地形状必须为长方形，且由不具危险性的连续标线标示。不具危险性的人造草皮材料可作为天然草皮场地的标记使用。这些标线作为边界线是其所标示区域的一部分。

赛事编排－足球

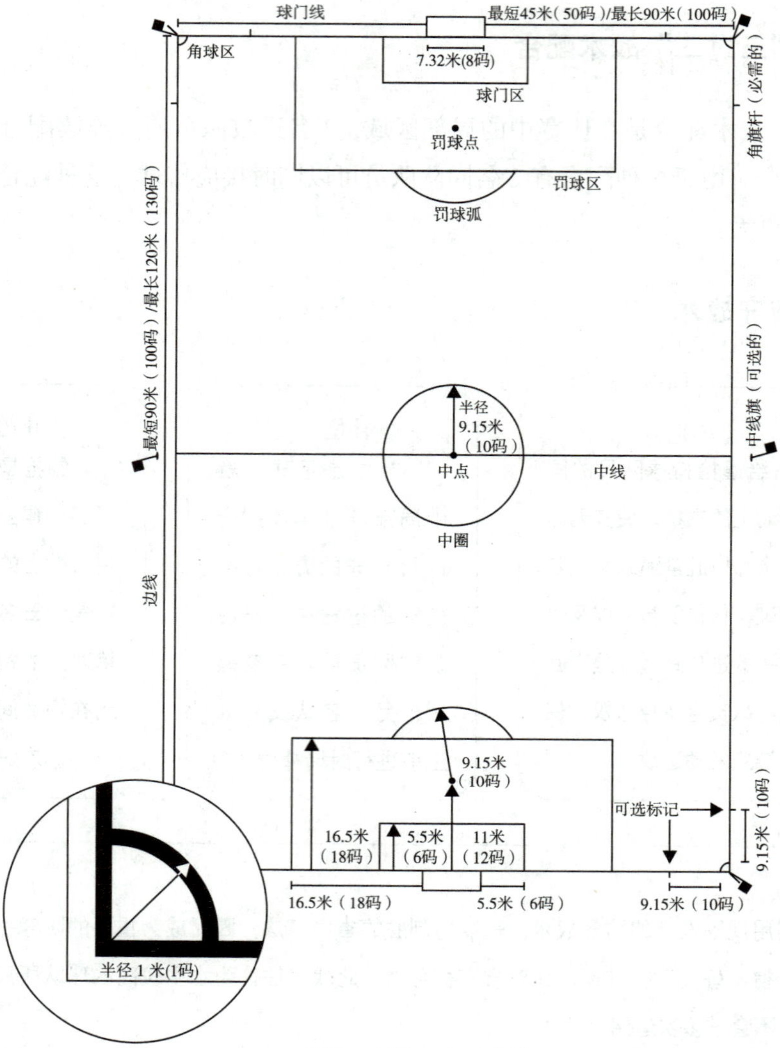

（注：1 码≈ 0.91 米）

（二）其他竞赛规则

1 队员

一场比赛由两队参加，每队最多可有 11 名上场队员，其中 1 名必须为守门员。如果任何一队场上队员人数少于 7 人，则比赛不得开始或继续。任何场上队员都可与守门员互换位置：互换位置前告知裁判员；在比赛停止时互换位置。

2 比赛时间和确定比赛结果

（1）比赛时间。

一场比赛分为两个 45 分钟相同时长的半场。队员享有中场休息的权利，休息时间不得超过 15 分钟。加时赛中场阶段可短暂补水（时长不超过一分钟）。

（2）进球得分。

当球的整体从球门柱之间及横梁下方越过球门线，且进球队未犯规或违规时，即为进球得分。

（3）获胜队。

进球数较多的队伍为获胜队。如果双方球队没有进球或进球数相等，则该场比赛为平局。

3 越位

队员处于越位位置，如果其：头、躯干或脚的任何部分处在对方半场（不包含中线），且头、躯干或脚的任何部分较球和对方倒数第二名队员更接近于对方球门线。处于越位位置并不意味着构成越位犯规。

队员不处于越位位置，如果其：与对方倒数第二名队员齐平或与对方最后两名队员齐平。

一名队员在同队队员传球或触球的一瞬间处于越位位置，该队员随后以如下方式参与了实际比赛，才被判罚越位犯规。① 在同队队员传球或触球后得球或触及球，从而干扰了比赛。② 干扰对方队员，包括通过明显阻碍对方队员视线，以妨碍对方队员处理球，或影响其处理球的能力，或与对方队员争抢球，或有明显的试图触及近处的来球的举动，且该举动影响了对方队员，或做出影响对方队员处理球能力的明显举动。③ 在如下情况发生后触球或干扰对方队员，从而获得利益：球从球门柱、横梁、比赛官员或对方队员处反弹或折射过来；球从任一对方队员有意救球后而来。

如果队员直接从下列情况得球，不存在越位犯规：① 球门球；② 掷界外球；③ 角球。如果出现越位犯规，裁判员在越位犯规发生的地点判罚间接任意球。

4 犯规

（1）直接任意球。

如果裁判员认为，一名场上队员草率地、鲁莽地或使用过分力量对对方队员实施如下犯规，则判罚直接任意球：冲撞；跳向；踢或企图踢；推搡；打或企图打（包括用头顶撞）；用脚或其他部位抢截；绊或企图绊。

如果是有身体接触的犯规，则判罚直接任意球。

如果场上队员实施如下犯规时，判罚直接任意球：手球犯规（守门员在本方罚球区内除外）；拉扯对方队员；在身体接触的情况下阻碍对方队员移动；对在比赛名单上的人员或比赛官员实施咬人或吐口水；向球、对方队员或比赛官员扔掷物品，或用手中的物品触及球。

（2）间接任意球。

如果一名场上队员犯有如下行为时，则判罚间接任意球：以危险方式进行比赛；在没有身体接触的情况下阻碍对方行进；以语言表示不满，使用攻击性、侮辱性或辱骂性的语言和/或行为，或其他口头的违规行为；在守门员发球过程中，阻止守门员从手中发球、踢或准备踢球；故意发起施诡计用头、胸、膝等部位将球传递给守门员以逃避规则相关条款处罚的行为

（包括在踢任意球或球门球时），无论守门员是否用手触球（如果该行为由守门员发起，则处罚守门员）；犯有规则中没有提及的，又需裁判员停止比赛予以警告或罚令出场的任何其他犯规。

如果守门员在本方罚球区内犯有如下行为时，则判罚间接任意球。① 在发出球前，用手/臂部控制球超过 6 秒。② 在发出球后、其他场上队员触球前，用手/臂部触球。③ 在下列情况之后用手/臂部触球，除非守门员已经清晰地将球踢出或试图踢出：同队队员故意将球踢给守门员；接同队队员直接掷来的界外球。

体育思政课堂

女足精神——永不言弃

中国有这样一群姑娘，她们顽强拼搏，不畏强敌，为了争取胜利而努力进取。她们就是被称为“铿锵玫瑰”的中国女足。2021 年 4 月 13 日是让全中国的足球运动爱好者激动的一天，东京奥运会女子足球比赛预选赛附加赛落下帷幕，中国女足与韩国女足总比分最终定格在 4 ∶ 3。在上半场 2 球落后的不利情况下，中国女足在下半场和加时赛连扳 2 球，反败为胜，昂首进入东京奥运会。“铿锵玫瑰”用她们顽强的意志力在场上拼搏奋斗，最终翻盘，震撼了所有人。习近平曾在 2008 年 7 月 15 日视察北京奥运会足球比赛秦皇岛赛区筹备工作，并勉励中国女足：弘扬“铿锵玫瑰”高度团结、刻苦训练的优良传统，在赛场上争取新的荣光，为祖国争光，为民族争光，为人生添彩。

思考与探究

1. 谈一谈自己练习足球技术动作的体会。
2. 足球防守的技术难点是什么？
3. 描述所观看足球赛事的精彩瞬间。

课外体育活动

结合本项目所学内容，从今天开始练习足球吧！先从传接球开始。有一定的锻炼基础后，可逐渐增加练习的难度和强度。

总结与创新

项目三
篮球运动

【体育精神】

中国篮球的骄傲——姚明

姚明，前中国职业篮球运动员，曾司职中锋，已退役，现任亚洲篮球联合会主席、中国篮球协会主席，是改革先锋奖章获得者。

1998 年 4 月，姚明入选中国国家男子篮球队（以下简称“中国男篮”）。从此，姚明开启了他在中国男篮的运动生涯。他于 2001 年获得中国男子职业篮球联赛（以下简称“中职篮”）常规赛最有价值球员称号，于 2002 年获得中职篮总决赛最有价值球员称号。2002—2009 年，姚明在美国职业篮球联赛取得了不少亮眼的成绩。2016 年，姚明正式入选奈史密斯篮球名人纪念堂。

除了业务能力突出，姚明的敬业精神和爱国情操也令人钦佩。在 2005 年亚洲男子篮球锦标赛中国队与黎巴嫩队的小组赛上，双方竞争十分激烈。第二节比赛开始没多久，姚明的下颌便被对方一名球员用肘部撞出了一道大口子。姚明仅仅用一块创可贴简单粘了一下，便要求重新上场。赛后，组委会医生为姚明缝了 4 针，但是中国男篮队医杜文亮认为处理得不够好，就重新给姚明缝了一次。当时姚明告诉杜文亮，自己的下颌算上这次已经被缝过 66 针了。

最终迫使姚明退役的伤在他的脚上。在退役之前，姚明和杜文亮有过一次聊天。姚明问杜文亮是否知道人的脚底骨有多少块。杜文亮回答是 25 或 26 块。然后姚明告诉他，自己的左脚内连钢板带钢钉一共有 28 枚，也就是平均每块脚底骨上至少有一根钢钉。这个数字让杜文亮大感吃惊。多年以来，姚明就是踏着大量的钢板和钢钉在赛场上浴血奋战的，这样的职业精神和为国争光的信念实在让人钦佩。

项目导读

篮球运动是深受人们喜爱的运动项目之一，在世界各地广泛开展。篮球运动具有对抗激烈的特点，在比赛中双方技术、战术变化多端，个人与集体所起的作用都很明显。因此，学习篮球技战术，要以扎实学习基本技术为基础，逐渐过渡到技战术的组合使用。

学习目标

1. 了解篮球运动的起源和发展、特点和锻炼价值。
2. 掌握篮球基本技术和基本战术。
3. 熟悉篮球竞赛规则。

学习内容

一、篮球运动概述

（一）篮球运动的起源和发展

1891 年，美国马萨诸塞州的体育教师詹姆斯·奈史密斯受到用桃子向桃筐投掷的游戏的启发，将两个桃筐分别钉在体育馆内两端看台的栏杆上，使其距离地面 3.04 米，用足球向桃筐内投掷，投中得 1 分，以得分的多少决定胜负。由于以两个桃筐和一个球为必备器材，这项新的体育运动被称为篮球。后来，桃筐被金属篮圈代替，比赛用球也改为特制的篮球。

19 世纪 90 年代，篮球运动相继传入加拿大、法国、巴西等国家。1932 年，国际业余篮球联合会（现为国际篮球联合会）成立。该机构以美国大学使用的篮球规则为基础，制定了世界统一的竞赛规则。男子篮球在 1936 年被列为柏林奥运会的正式比赛项目，女子篮球在 1976 年被列为蒙特利尔奥运会的正式比赛项目。在一系列的比赛中，篮球运动在世界范围内得到了普及和发展。

1895 年，篮球运动传入中国。100 多年来，它已在中国得到广泛发展和普及。中国男篮在 2004 年雅典奥运会篮球赛和 2008 年北京奥运会篮球赛上均获得第八名；中国女篮在 1992 年巴塞罗那奥运会篮球赛上获得亚军，在 2008 年北京奥运会篮球赛上获得第四名，在 2020 年东京奥运会篮球赛上获得第五名。中国国家女子三人篮球队在 2020 年东京奥运会女子三人篮球赛上获得季军。在 2022 年三人女篮世界杯上，中国代表队获得季军。

（二）篮球运动的特点和锻炼价值

1 篮球运动的特点

篮球运动是一项综合性体育项目，具有较强的对抗性、集体性、多变性、健身性、教育性与国际性。

2 篮球运动的锻炼价值

经常参加篮球运动，可以提高跑、跳、投等基本活动能力，发展速度素质、力量素质、耐力素质、灵敏性等身体素质，提高心血管系统、呼吸系统、消化系统的机能，促进肌肉和骨骼的生长发育，使身体得到全面的发展。经常参加篮球运动，还有利于培养团结协作、相互配合的集体主义精神和勇敢顽强的优良品质。

》二、篮球技术进阶

专项技能－篮球

（一）传球

双手胸前传球

◎双手胸前传球

单手肩上传球

◎ 单手肩上传球

（二）接球

双手接球

（三）投篮

◎ 原地单手肩上投篮

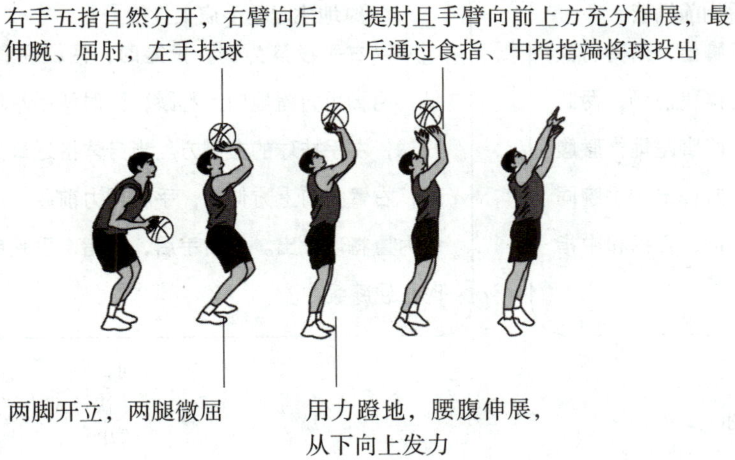

原地单手肩上投篮

◎ 行进间单手高手投篮

◎ 行进间单手低手投篮

行进间单手低手投篮

◎ 原地双手胸前投篮

两手持球于胸前，两臂肘关节自然下垂，上体稍前倾，两腿微屈。投篮时，两脚蹬地，腰腹伸展，两臂向前方伸出，手腕同时外翻，最后拇指、食指和中指用力将球投出。

◎ 原地跳起单手肩上投篮

以右手投篮为例。投篮时，两腿屈膝，身体重心降低，两脚用力蹬地向上起跳，同时两手举球至肩上，右手托球，左手扶球的左侧方。当身体接近最高点时，左手离球，右臂向前上方伸展，手腕用力前屈，通过食指、中指的力量将球投出。球出手后，手指、手腕自然前屈。落地时，屈膝缓冲。

（四）运球

高运球

◎ 高运球

◎ 低运球

低运球

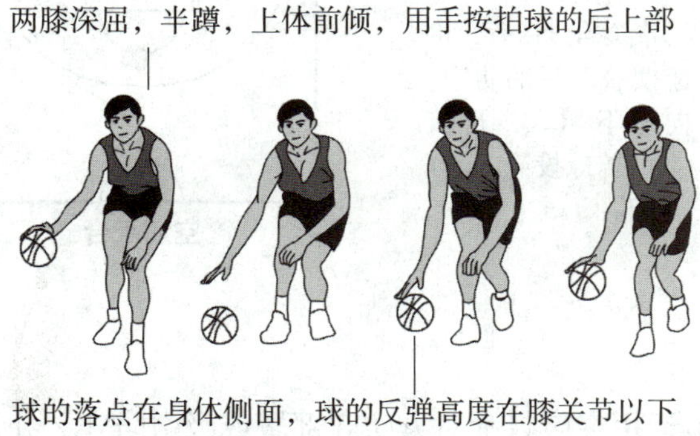

◎ 体前变向运球

运球队员在从防守队员左侧变向时，用右手按拍球的右侧后上部，使球反弹至左手外侧，右脚迅速向左前方跨步，向左侧转体探肩，及时换手继续向前运球。

◎ 背后变向运球

运球队员在从防守队员右侧变向时，要把球控制在身体的右侧后方，左脚向前跨，右手按拍球的右侧后部，使球经身后拍到左前方，右脚迅速向前跨，换用左手运球继续前进。此外，也可用胯下换手运球。

◎ 运球急停急起

在快速运球中运用两步急停，同时按拍球的前上方，用手臂、身体和腿保护球，目视前方。急起时，后脚用力蹬地，上体迅速前倾，用手按拍球的后上方，快速起动，加速超越对手。

◎ 后转身运球

右手运球后转身时，把球运到身体后侧，按拍球的右侧前上方。左脚向前跨一步，以左脚的前脚掌为轴，右脚用力蹬地后撤做后转身动作，同时右手向后拉球，然后换左手运球。

三、篮球战术应用

（一）进攻战术

◎ 传切配合

传切配合是指进攻队员之间利用传球和切入技术所组成的战术配合，它包括一传一切配合和空切配合。配合的要点是切入队员要把握好切入时机，持球队员要及时准确地将球传出。

⑤ 传球给 ④ 后，迅速摆脱对手的防守，向篮下切入，再接 ④ 的传球投篮。

一传一切配合

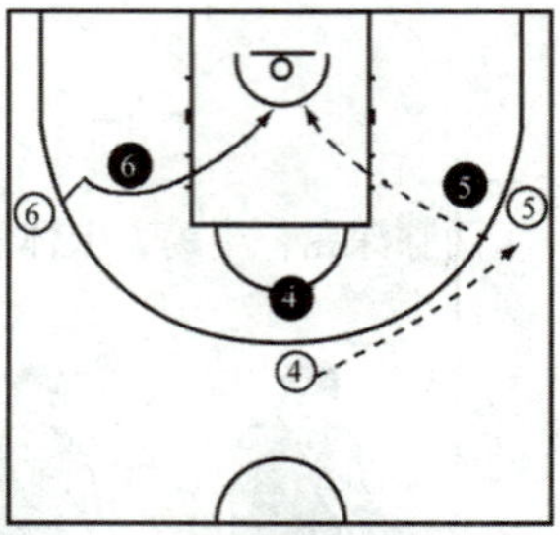

④ 传球给 ⑤ 后，⑥ 立即摆脱对手的防守向篮下切入，再接 ⑤ 传来的球进行投篮。

空切配合

◎ 突分配合

突分配合是持球队员运用突破打乱对方防守部署或吸引防守，并及时将球传给获得空位的同伴，使同伴获得进攻机会的配合方法。

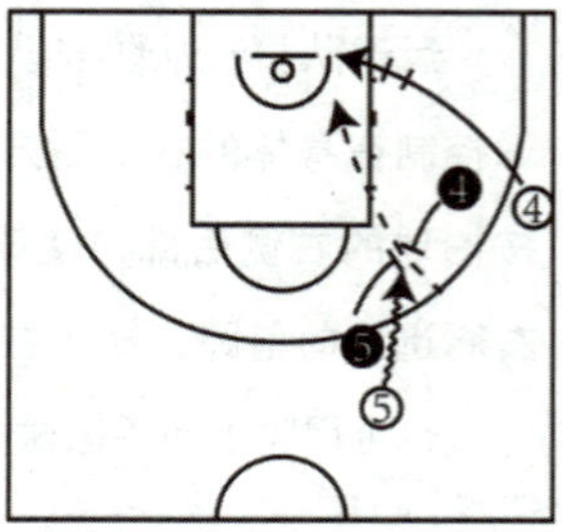

⑤ 从 ❺ 左侧突破，吸引对方两名防守队员同时封堵 ⑤ 的突破路线。此时 ④ 及时跑到有利的进攻位置，接 ⑤ 的传球投篮或接球后做其他配合。

◎ 策应配合

策应配合是指进攻队员背对或侧对球篮接球后，以持球队员为枢纽，与同伴相互配合而形成的一种里应外合的配合方法。

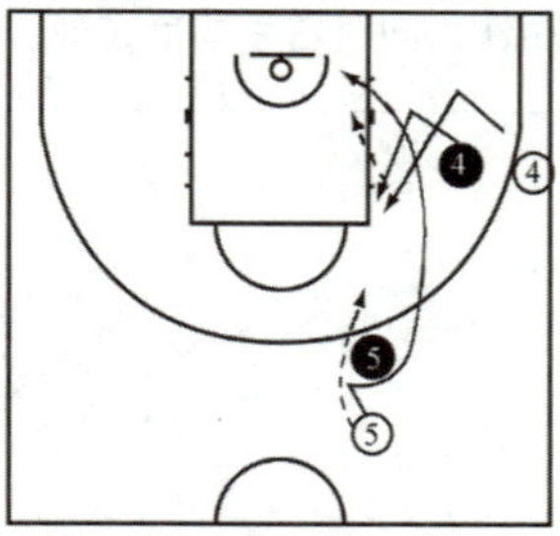

④ 摆脱防守后插到罚球线做策应。⑤ 将球传给 ④，摆脱防守后空切篮下，再接 ④ 的策应传球投篮。

◎ 掩护配合

掩护配合是掩护队员有目的地去选择适当的位置，运用合理的技术动作，用自己的身体挡住同伴的防守队员的移动路线，从而使同伴摆脱防守的一种配合方法。

给持球队员做掩护

⑤ 传球给 ④ 后跑到 ④ 的防守者的侧面做掩护。④ 接球后做投篮或突破动作吸引防守，当 ⑤ 到达掩护位置后，在 ⑤ 的掩护下持球从左侧突破进行投篮。⑤ 完成掩护后迅速移动到有利位置接球或抢篮板球。

给无球队员做掩护

⑤ 传球给 ④ 后跑去给同伴 ⑥ 做掩护。当 ⑤ 到达掩护位置后，⑥ 利用 ⑤ 的掩护切入篮下接 ④ 传来的球进行投篮。④ 接到 ⑤ 的传球后要做投篮或突破的假动作吸引防守；当 ⑥ 切入篮下时，④ 要及时将球传给 ⑥。

（二）防守战术

◎ 半场人盯人防守

半场人盯人防守是在由攻转守时，全队有组织地退回后半场，在后半场进行人盯人防守的防守战术。它的特点是防守任务明确，机动灵活，能有效地控制对方的进攻重点，但它容易被对方局部击破。

◎ 区域联防

区域联防是一种半场的全队防守战术，是指由攻转守时，防守队员退回半场，每人分工负责防守一个区域，并与同伴协同防守的集体防守战术。它的基本要求是在防守分工负责区域的基础上，5 名队员必须协同一致，积极随球移动，以防球为主，人、球兼顾。

四、篮球竞赛规则

赛事编排－篮球

（一）违例

1 球出界

当球接触了：在界外的队员或任何其他人员时，界线上方、界线上或界线外的地面或任何物体时，篮板支撑架、篮板背面或比赛场地上方的任何物体时，是球出界。在球出界，以及球接触了除队员以外的其他物体而出界之前，最后接触球或被球接触的队员是使球出界的队员。如果球出界是由于接触了界线上或界线外的队员或被他/她所接触，是该队员使球出界。

2 3 秒钟

某队在前场控制活球并且比赛计时钟正在运行时，该队的队员不得在对方队的限制区内停留超过持续的 3 秒。

3 8秒钟

每当：一名在后场的队员获得控制活球时，或在掷球入界中，球接触后场的任一队员或者被后场的任一队员合法接触，掷球入界队员所在队仍拥有在后场的球权，该队必须在8秒内使球进入该队的前场。

4 进攻计时钟

每当：一名队员在场上获得控制活球时，或在掷球入界中，球接触任一场上队员或被任一场上队员合法接触时，并且掷球入界队员的球队仍然控制球时，该队必须在24秒内尝试投篮。

5 球回后场

在前场控制活球的球队不得使球非法地回到他/她的后场。

6 运球

队员第一次运球结束后不得再次运球，除非在两次运球之间由于下述原因他/她已在场上失去了控制活球：投篮；球被对方队员接触；传球或漏接，然后球接触了另一队员或被另一队员接触。

7 干涉得分

在一次投篮中，当一名队员接触完全在篮圈水平面之上的球时，并且：球是下落飞向球篮中，或在球已碰击篮板后，干涉得分发生。在一次罚球中，当一名队员接触飞向球篮的、接触篮圈前的球时，干涉得分发生。

（二）犯规

1 侵人犯规及其罚则

（1）侵人犯规。

侵人犯规是：无论在活球还是死球的情况下，攻守双方队员发生的非法身体接触的犯规。

队员不应通过伸展手、臂、肘、肩、髋、腿、膝、脚或将身体弯曲成“不正常的姿势”（超出他/她的圆柱体）去拉、阻挡、推、撞、绊对方队员，或阻止对方队员行进；也不得放纵任何粗野或猛烈的动作出现。

（2）侵人犯规罚则。

应登记犯规队员1次侵人犯规。

如果对没有做投篮动作的队员发生犯规，由非犯规的队在最靠近违反的地点掷球入界重新开始比赛；如果犯规的队处于全队犯规处罚状态，则判给被犯规队员2次罚球。

如果对投篮队员发生犯规，应按下列所述判给投篮队员若干罚球：如果从中篮区域的出手投篮成功，应计得分并追加 1 次罚球；如果从 2 分中篮区域的出手投篮不成功，2 次罚球；如果从 3 分中篮区域的出手投篮不成功，3 次罚球。

2 技术犯规及其罚则

（1）技术犯规。

技术犯规是没有身体接触的犯规，行为种类包括但不限于：无视裁判员的警告；与裁判员、到场的技术代表、记录台人员、对方队或允许坐在球队席的人员讨论和/或交流中没有礼貌；使用很可能冒犯或煽动观众的粗话或手势；戏弄或嘲讽对方队员；在对方队员眼睛附近挥手或手保持不动妨碍其视觉；过分挥肘；在球穿过球篮之后故意地接触球，阻碍迅速地掷球入界或罚球，或者在比赛开始或下半时开始时迟到进入比赛场地以延误比赛；伪造被犯规。

（2）技术犯规罚则。

如果：宣判队员技术犯规，应作为队员的犯规登记在该队员名下，并计入全队犯规中。如果宣判球队席人员技术犯规，应登记在主教练名下，并不计入全队犯规次数中。

应判给对方队员 1 次罚球。罚球后，由宣判技术犯规时控制球队或拥有球权队在比赛停止时距离球最近的地点执行掷球入界。

3 违反体育运动精神的犯规及其罚则

（1）违反体育运动精神的犯规。

违反体育运动精神的犯规是一起队员身体接触的犯规，并且根据裁判员判定，包含：与对方队员发生身体接触，且该接触不是在规则的精神和意图的范畴内致力于对球做出的攻防尝试；在尽力抢球或在与对方队员尽力争抢中，造成与对方队员过分的严重身体接触；一起攻防转换中，防守队员为了中断进攻队的进攻，与进攻队员造成不必要的身体接触。

（2）违反体育运动精神的犯规罚则。

应给犯规队员登记 1 次违反体育运动精神的犯规。应判给被犯规的队员执行罚球，以及随后：在该队前场的掷球入界线处掷球入界；在中圈跳球开始第 1 节。应按下述原则判给若干罚球：如果对没有做投篮动作的队员发生犯规，2 次罚球；如果对正在做投篮动作的队员发生犯规，如果中篮应计得分并追加 1 次罚球；如果对正在做投篮动作的队员发生犯规，并且球未中篮，2 次或 3 次罚球。

4 取消比赛资格的犯规及其罚则

（1）取消比赛资格的犯规。

队员、替补队员、主教练、助理教练、出局的队员和随队人员的任何恶劣的违反体育运动精神的行为是取消比赛资格的犯规。

（2）取消比赛资格的犯规罚则。

应给犯规者登记 1 次取消比赛资格的犯规。

体育思政课堂

中国女子三人篮球的历史突破

在 2019 年国际篮联三人篮球世界杯女子组决赛中，中国国家女子三人篮球队以 19 ∶ 13 力克欧洲劲旅匈牙利队，夺得冠军，这是中国三人篮球历史上的第一个成年组世界冠军。在 2020 年东京奥运会女子三人篮球铜牌争夺战中，中国国家女子三人篮球队以 16 ∶ 14 击败法国队，收获了一枚宝贵的铜牌。这是三人篮球项目第一次进入奥运会，因此中国国家女子三人篮球队创造了历史。中国国家女子三人篮球队的姑娘们经过刻苦训练和顽强拼搏，使中国女子三人篮球运动有了一个令人惊艳的高起点。

思考与探究

1. 谈一谈自己练习篮球技术动作的体会。
2. 思考在比赛中怎样在规则允许范围内合理利用身体进行对抗。
3. 描述所观看篮球赛事的精彩瞬间。

课外体育活动

结合本项目所学内容，从今天开始练习篮球吧！先从寻找球感、传接球和运球练习开始。有一定的锻炼基础后，可逐渐增加练习的难度和强度。

总结与创新

项目四 排球运动

【体育精神】

郎平

2016 年 8 月 21 日上午，郎平率领的中国国家女子排球队（以下简称“中国女排”）在奥运会女子排球决赛中夺冠，令全体中国人欢欣鼓舞。

20 世纪 80 年代，中国体育最辉煌的成绩莫过于中国女排所取得的历史性突破——夺得了女子排球世界三大比赛的冠军，成就“五连冠”伟业。郎平是世界女子排球界的三大主攻手之一。

郎平具有不服输的个性，具有国际化的视野，冷静、睿智，经验丰富，反应快，有处理突发情况的能力，有振奋球队士气的人格魅力。

2013 年，郎平出任中国女排总教练。执教时，她像母亲一样叮咛教育队员，队员被她的人格魅力与执教艺术感染，亲切地称她为“郎妈妈”。2015 年，中国女排时隔 12 年第四次夺得女排世界杯冠军。她让“女排精神”不再仅仅是拼搏精神，还具有了科学、专业及国际化等新的时代含义。虽然郎平现已卸任中国女排总教练，但是她的精神依然影响着中国女排。女排姑娘在未来的比赛中仍然会发扬团队精神，自信，拼搏，砥砺前行！

项目导读

排球运动和篮球运动一样是深受人们喜爱的体育运动项目。而排球运动又不同于篮球运动，排球运动没有直接的身体对抗，制胜的关键是娴熟和灵活的技巧及队友间的密切配合。因此，参加排球运动可以培养良好的团队精神。

学习目标

1. 了解排球运动的起源和发展、特点和锻炼价值。
2. 掌握排球基本技术和基本战术。
3. 熟悉排球竞赛规则。

学习内容

一、排球运动概述

（一）排球运动的起源和发展

排球运动起源于美国，是由美国马萨诸塞州霍利奥克城的威廉·摩根发明的。最开始的排球运动形式是将球网悬挂在篮球场中间，由两队隔网来回击打篮球内胆，使其在空中飞来飞去。由于篮球内胆太轻，不好控制，新的适合这种游戏的球——排球应运而生。后来，排球逐渐取代了篮球内胆，成为排球运动的专用球。

最初的排球比赛对双方参加人数和击球次数都不作限制，比赛前双方可临时商定各项规则。1947 年，国际排球联合会（以下简称“国际排联”）成立后，排球运动逐渐成为一项世界性的体育运动。

中华人民共和国成立后，排球运动在我国得到快速发展。1953 年，中国排球协会成立。1954 年，国际排联接纳中国排球协会为正式会员。此后，中国排球队参加了一系列国际重大比赛，并创造了平拉开、前飞、背飞等新技术。近年来，中国女排在 2003 年女排世界杯赛、2004 年雅典奥运会女排比赛、2015 年女排世界杯赛、2016 年里约热内卢奥运会女排比赛、2019 年女排世界杯赛上五次夺冠，极大地振奋了中国人的精神。中国女排所体现出来的顽强奋斗、勇敢拼搏的精神激励着一代代中国人不断奋斗。

（二）排球运动的特点和锻炼价值

1 排球运动的特点

（1）广泛的群众性。

排球场地设备简单，竞赛规则容易掌握。排球运动负荷可大可小，适合不同年龄、不同性别、不同体质、不同训练程度的人参与。

（2）技术的全面性。

除了自由人外，其余每名队员都要进行位置轮转，既要到前排扣球与拦网，又要轮换到后排防守与接应。这就要求每名队员（自由人除外）都必须全面地掌握各项技术，能在各个位置上进行比赛。

（3）高度的技巧性。

比赛中球不能落地，队员不得持球、连击。击球时间的短暂性和击球空间的多变性决定了排球运动具有高度的技巧性。

（4）激烈的对抗性。

在排球比赛中，双方的攻防转换始终在激烈的对抗中进行。在高水平比赛中，对抗的焦点往往在于网上的扣拦。夺得 1 分通常需要几个回合甚至十几个回合的交锋。比赛水平越高，对抗争夺越激烈。

（5）集体配合的严密性。

排球比赛是集体比赛项目，除了发球外，其他所有技战术的发挥都是在集体配合中进行的。没有严密的集体配合，再好的个人技术也难以发挥，更无法发挥战术的作用。球队水平越高，集体配合越严密。

（6）形式的多样性。

排球运动对场地设备的要求简单。它形式多样，可在室内进行，也可在室外进行；包括沙滩排球、草地排球、雪地排球、水中排球、泥地排球等多种形式。

2 排球运动的锻炼价值

参加排球运动不仅有利于锻炼者提高力量素质、速度素质、耐力素质、灵敏性、柔韧性等身体素质，还有利于其培养胜不骄、败不馁的比赛精神，勇敢顽强的良好作风和团结协作的集体主义精神。

二、排球技术进阶

你知道打排球的准备姿势是怎样的吗？

两脚左右开立，比肩稍宽（或一脚稍前），两脚脚尖适当内扣，脚跟稍抬起，两腿膝关节弯曲，上体自然前倾，身体重心稍靠前；两臂放松，屈肘置于腹前，眼看球，两脚始终保持准备起动的状态。按照身体重心的高、中、低位置不同，准备姿势可分为稍蹲准备姿势、半蹲准备姿势和低蹲准备姿势。

（一）传球

专项技能－排球　　传球

◎ 正面传球

◎ 背向传球

（二）垫球

垫球

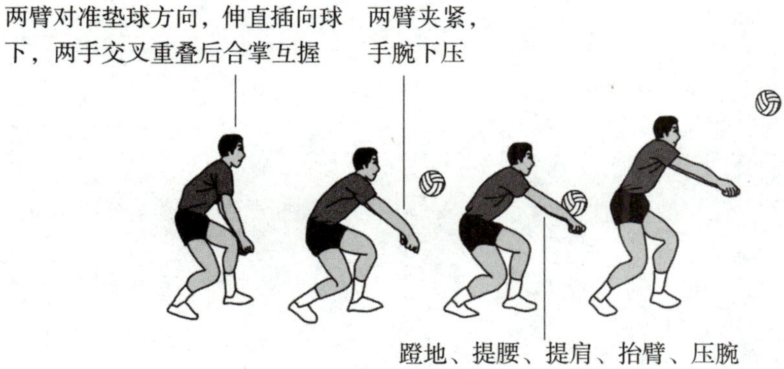

（三）发球

◎ 正面下手发球

正面下手发球

◎ 正面上手发球

正面上手发球

（四）扣球

扣球

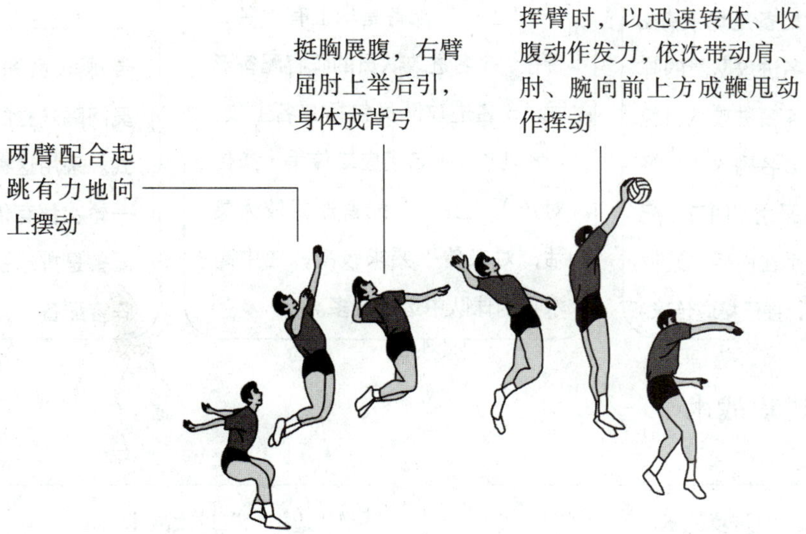

（五）拦网

拦网

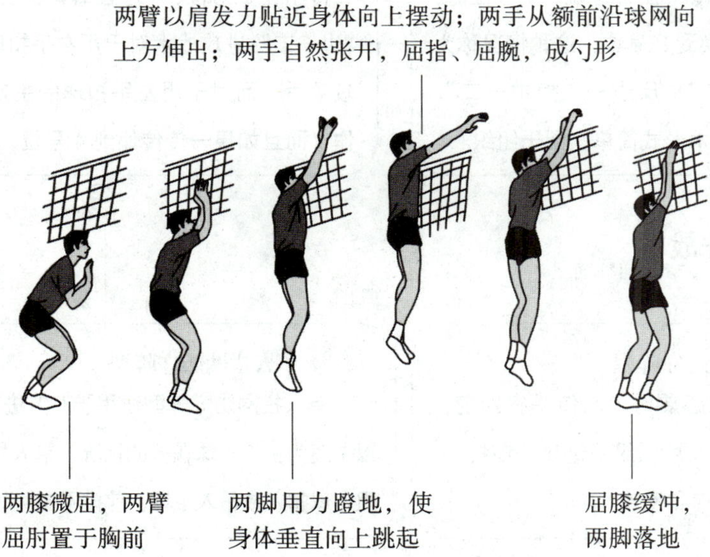

三、排球战术应用

（一）阵容配备

排球阵容配备是排球战术运用的基础。在比赛中，阵容配备应能最大程度地发挥本方队员的优势，使队员合理搭配，还要考虑对手的情况。

◎“四二”配备

“四二”配备是场上有 2 名二传手、4 名进攻队员的阵容配备形式。4 名进攻队员包括 2 名主攻、2 名副攻。中等水平球队通常采用“四二”配备。2 名二传手在前后排站位始终保持一致，便于接应传球。

◎“五一”配备

“五一”配备是场上有 1 名二传手、5 名进攻队员的阵容配备形式。5 名进攻队员包括 2 名主攻、2 名副攻、1 名接应二传手（二传对角）。“五一”配备形式较为灵活，对二传手要求较高，在中高水平的球队中运用较多。

◎“三三”配备

“三三”配备即 3 名传球队员和 3 名进攻队员间隔站立的阵容配备形式。采用这种配备可使每一轮次都有传有扣。这种配备是排球初学者常用的阵容配备。

（二）进攻战术

◎“中一二”进攻战术

“中一二”进攻战术是 3 号位队员担任二传手，将球传给 2 号位、4 号位队员进攻的战术形式。二传手在 2 号位、4 号位时，可以在球发出后换到 3 号位，这种情况称为“边一二换中一二”“反边一二换中一二”。“中一二”进攻战术形式简单，便于组织。

◎“边一二”进攻战术

“边一二”进攻战术是 2 号位队员担任二传手，将球传给 3 号位、4 号位队员开展进攻的战术形式。二传手在 3 号位、4 号位时，在发球后换到 2 号位。“边一二”进攻战术对于用右手扣球的主攻手而言比较顺手，而对于用左手扣球的主攻手而言则较难操作，而且如果一传传偏到 4 号位，队友则很难接应。

（三）防守战术

◎ 不拦网的防守阵型

在没有拦网必要时，二传手在网前，既可以接网前球又可以组织进攻。前排队员后撤，准备防守和反攻。

◎ 单人拦网防守阵型

单人拦网防守阵型适用于对方进攻力量较弱、扣球以中线为主、吊球较多的情况。单人拦网应以中线为主，阻止球扣入或吊入中场，前排不拦网队员后撤防守前区。

◎ 接拦回球的保护阵型

拦回球的保护，一般应在后排留一个人准备接反弹较远的球，其他队员尽量参加前排保护。在只有一点进攻时，应采用 4 人保护。在有战术变化时，进攻队员跑动或跳起后，如未扣球则应争取保护，但二传手和后排队员应尽量组成两三人的保护阵型。

四、排球竞赛规则

（一）发球

发球是由后排右侧队员在发球区内将球击出并进入比赛的行动。

1 首先发球

（1）第1局和第5局由抽签选定发球权的球队首先发球。

（2）其他各局由前一局未首先发球的球队首先发球。

2 发球的次序

（1）队员发球的次序按位置表上的顺序进行。

（2）在每一局的第一次发球后，队员按下列规定进行发球：① 当发球队胜1球时，原发球队员（或其替补队员）继续发球；② 当接发球队胜1球时，该队获得发球权并在下一次发球前进行轮转，由前排右侧轮转至后排右侧的队员发球。

3 发球掩护

（1）发球方队员不得通过个人或集体掩护行为阻挡对方观察发球队员的击球行为和球的飞行路线。

（2）在发球击球直至球飞过球网垂直平面的过程中，发球方队员个人或集体挥臂、跳跃或侧向移动，或者密集站立遮挡发球击球行为和球的飞行路线，则构成发球掩护。

（二）犯规

1 发球时的犯规

（1）发球犯规。

下列犯规应被判为发球犯规，即使对方位置错误。发球方队员：① 发球次序错误；② 没有遵守“发球的执行”的规定。

（2）发球击球后的犯规。

球被发出后，出现以下情况仍为发球犯规（除非位置错误）：① 球触及发球方队员或球的整体没有从过网区通过球网垂直平面；② 界外球；③ 球越过构成发球掩护的队员。

2 击球时的犯规

（1）4次击球：一支球队连续击球4次。

（2）借助击球：队员在比赛场地内借助同伴或任何物体的支持进行击球。

（3）持球：球被接住或抛出，而不是被弹击出。

（4）连击：1 名队员连续击球 2 次，或球连续触及 1 名队员身体的不同部位。

3 进攻性击球的犯规

下列犯规应判为进攻性击球的犯规：① 队员在对方空间内击球；② 队员击球出界；③ 后排队员在前场区完成进攻性击球，并且击球时球的整体高于球网上沿；④ 在前场区内对高于球网上沿的对方发球完成进攻性击球；⑤ 自由防守队员对高于球网上沿的球完成进攻性击球；⑥ 当自由防守队员在前场区用上手传出球后，本方队员在高于球网处完成进攻性击球。

4 拦网犯规

下列犯规应判为拦网犯规：① 拦网队员于对方进攻性击球前在对方场地空间内触球；② 后排队员或自由防守队员完成拦网或参与了拦网的完成；③ 拦对方的发球；④ 拦网出界；⑤ 从标志杆外侧伸入对方空间拦网；⑥ 自由防守队员试图进行个人拦网或参加集体拦网。

（三）比赛的状态

1 界内球

球的任何部分在任何时间触及比赛场区的地面（包括界线）为界内球。

2 界外球

下列情况为界外球：① 球接触地面的所有部分完全在界线以外；② 球触及场外物体、天花板或非场上比赛队员；③ 球触及标志杆、网绳、网柱或球网标志带外侧的部分；④ 球的部分或整体从过网区垂直平面以外过网（球的整体或部分从非过网球进入对方无障碍区的情况除外）；⑤ 球的整体从网下空间穿过。

体育思政课堂

女排精神

中国女排自 20 世纪 50 年代成立以来，其每一步前行都凝聚着坚韧不拔、艰苦奋斗的精神。中国女排曾在 1981 年和 1985 年世界杯女子排球赛、1982 年和 1986 年世界女子排球锦标赛、1984 年洛杉矶奥运会女排比赛中夺得冠军，成为世界排球史上第一支获得“五连冠”的队伍，进入 21 世纪后又五度成为世界冠军。女排精神是中国女排队顽强奋斗、勇敢拼搏精神的总概括，其具体表现为扎扎实实、勤学苦练、无所畏惧、顽强拼搏、同甘共苦、团结战斗、刻苦钻研、勇攀高峰。这种顽强拼搏的女排精神给予全国人民巨大的鼓舞。国务院及国家体育总局、共青团中央、中华全国青年联合会、中华全国学生联合会和中华全国妇女联合会号召全国人民向中国女排学习。女排精神广为传颂，家喻户晓。全国各行各业的人们在女排精神的激励下，为中华民族的腾飞顽强拼搏。女排精神是时代的主旋律，是中华民族精神的象征，影响了几代中国人积极投身改革开放和社会主义现代化建设的伟大事业。女排精神不仅成为中国体育的一面旗帜，还成为整个中华民族锐意进取、昂首前进的精神动力。广大大学生应以女排精神为指引，不断奋发向上，追求卓越，为实现中华民族伟大复兴的中国梦而努力奋斗。

思考与探究

1. 谈一谈自己练习排球技术动作的体会。
2. 思考团队精神对排球比赛的影响。
3. 描述所观看排球赛事的精彩瞬间。

课外体育活动

结合本章所学内容，从今天开始练习排球吧！先从发球、传球和垫球开始。有一定的锻炼基础后，可逐渐增加练习的难度和强度。

总结与创新

项目五

乒乓球运动

【体育精神】

“乒乓女皇”——邓亚萍

邓亚萍，中国著名乒乓球运动员，1973 年出生于河南省郑州市。在 14 年的运动生涯中，邓亚萍共拿到 18 个世界冠军，在乒坛排名连续 8 年保持世界第一，是乒乓球运动史上排名“世界第一”时间最长的女运动员。

邓亚萍从 5 岁时就开始接受父亲的乒乓球启蒙训练。1982 年，9 岁的邓亚萍在全国业余体校分区赛中获得了乒乓球女子单打冠军。邓亚萍的身高只有 1.55 米，这对她成为一名优秀的乒乓球运动员极其不利。弥补身高缺陷的唯一办法就是使步法更快，进攻更加凶狠，防守更加顽强。在通向世界冠军的路上，邓亚萍一直在用心苦练。1986 年年底，在全国乒乓球锦标赛上，邓亚萍代表河南省乒乓球队夺得女子单打冠军，并和队友一起获得了女子团体冠军。这一年，邓亚萍才 13 岁。1988 年，15 岁的邓亚萍正式进入中国国家乒乓球队。进入国家队后，邓亚萍依旧每天刻苦地训练。刻苦的训练终于换来了丰厚的回报。在第 40 届世界乒乓球锦标赛上，16 岁的邓亚萍与乔红合作，一举夺得了她职业生涯中的第一个世界冠军——女子双打世界冠军。从 20 世纪 80 年代末到 90 年代末，邓亚萍几乎包揽了世界各大乒乓球赛事的女子单打、双打冠军。媒体称乒乓球运动的这个时期是“邓亚萍时代”。

邓亚萍在乒乓球运动上取得的重大成就与其持之以恒地刻苦训练密不可分。

项目导读

乒乓球运动是一项集健身性、竞技性、娱乐性于一体的运动项目，所需设备简单、投资少，不受年龄、性别和身体条件的限制，具有广泛的适用性。良好的群众基础是乒乓球运动在我国持续发展的重要条件。中国国家乒乓球队在技战术方面的持续创新是世界乒乓球运动发展的重要因素之一。

学习目标

1. 了解乒乓球运动的起源和发展、特点和锻炼价值。
2. 掌握乒乓球基本技术和基本战术。
3. 熟悉乒乓球竞赛规则。

学习内容

一、乒乓球运动概述

（一）乒乓球运动的起源和发展

乒乓球运动起源于英国，由网球运动派生而来。19 世纪后期，英国一些青年在室内以桌为台，以书为网，将网球在桌上推来挡去，形成了“桌上网球”游戏。1890 年前后，英国人詹姆斯·吉布从美国带回了空心塑料球，用它代替了“桌上网球”游戏所使用的软木塞和橡胶球。1926 年，国际乒乓球联合会成立。1988 年，乒乓球首次进入奥运会，成为正式比赛项目。

乒乓球被誉为中国的“国球”。中国国家乒乓球队成立于 1952 年，经历了由弱到强、持久昌盛的发展历程。中国国家乒乓球队是中国体育军团的王牌之师，他们在 2008 年北京奥运会上包揽 4 枚金牌之后，又在 2012 年伦敦奥运会和 2016 年里约热内卢奥运会上两次包揽全部乒乓球项目金牌。在 2020 年东京奥运会上，中国国家乒乓球队不仅取得了 4 金 3 银的佳绩，还创造了男子单打四连冠、女子单打九连冠及男子团体、女子团体四连冠的新纪录。2022 年，在第 56 届世界乒乓球团体锦标赛上，中国国家乒乓球队获得男、女团体冠军。我国乒乓球运动有完备的人才培养体系，有强大的人才储备，也有强大的教练队伍，涌现了容国团、邓亚萍、刘国梁、王楠、王励勤、张怡宁、王皓、马龙、许昕、樊振东、陈梦等一大批优秀运动员。

（二）乒乓球运动的特点和锻炼价值

1 乒乓球运动的特点

（1）灵巧性。

乒乓球运动是一项以锻炼上肢为主、以锻炼下肢为辅的具有技巧性、灵敏性的运动。无论是进行正式乒乓球比赛，还是一般性乒乓球健身锻炼，锻炼者都需要在小范围内进行脚步移动、挥拍、击球，合理运用各种击球技术在球台上对击。

（2）简便性。

乒乓球运动对场地要求不高，设备简易，空间无须太大，有一张乒乓球台即可进行；场地可在室内，也可在露天。普通爱好者可以在生活小区和公园内进行乒乓球对打。

（3）广泛性。

乒乓球运动在我国有着广泛的群众基础，锻炼者可以是各个年龄段的人群，不同年龄、不同性别的爱好者都可以同台对抗。

2 乒乓球运动的锻炼价值

经常参与乒乓球运动，能提高视觉的敏锐性和神经系统的灵活性，有利于提高学习和工作效率；有利于改善心脑血管的机能，使人反应加快，身手敏捷，动作协调，四肢灵活、柔韧，形体健美；能提高控制情绪的能力及培养勇敢顽强的优良品质与作风。另外，经常打乒乓球还有利于排解和宣泄生活、工作中的不良情绪，可以起到积极的心理调节作用，有利于进一步提高社会适应能力。

二、乒乓球技术进阶

专项技能－乒乓球

准备姿势

（一）准备姿势

两脚左右开立，约与肩同宽，身体重心稍靠右，面向球台。两膝自然弯曲，提踵，身体重心置于两脚之间。含胸收腹，上体略前倾，下颌微收，两眼注视来球方向。持拍臂和非持拍臂均应自然弯曲并置于身体两侧，以保持平衡。

你知道打乒乓球时应怎样站位吗？

左推右攻打法的基本站位在中间偏左；两面攻打法的基本站位在近台中间；弧圈球打法的基本站位在中台偏左；横拍攻削结合打法的基本站位在中台附近；削球打法的基本站位在中远台附近。

（二）握拍法

直握拍法　　横握拍法

横拍握法

中指、无名指和小指握住拍柄，虎口贴拍肩，食指伸直，斜放于球拍背面，拇指在球拍正面；击球时，拇指和食指熟练地移动，帮助手腕下压和移动。

直拍握法

拇指、食指自然弯曲，以拇指的第一指节和食指的第二指节形成的“环”扣住拍柄的前侧。中指、无名指、小指自然弯曲斜行相靠，中指第一关节偏左侧部托于球拍背面上 1/3 处；或中指、无名指微屈，同时压住拍面。

（三）发球

◎ 正手平击发球

正手平击发球

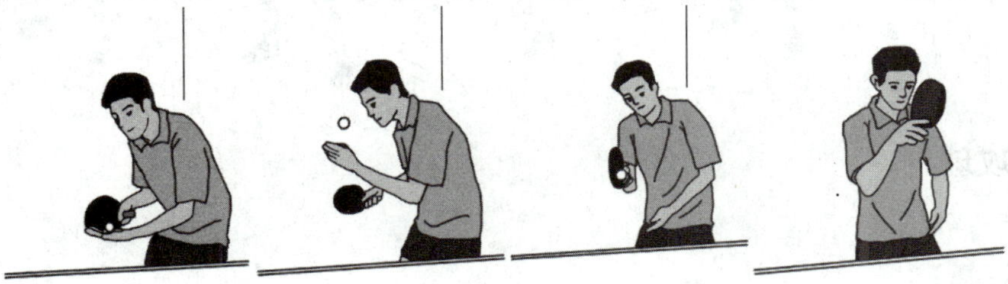

◎ 反手平击发球

反手平击发球

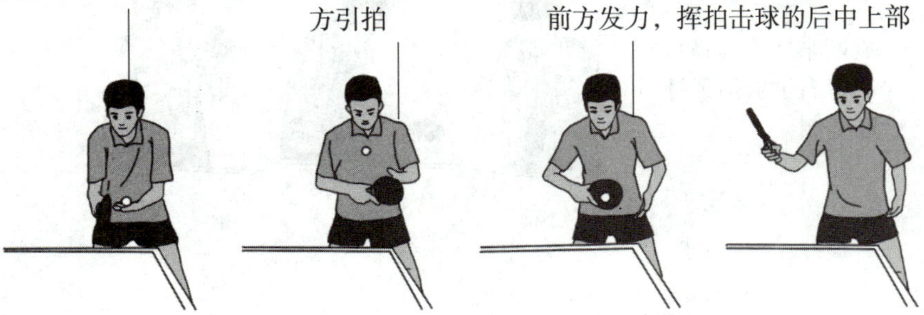

（四）接发球

接发球技术具有由被动转为主动、技术难度大、要求运动员判断反应快和心理素质稳定的特点。第一板接发球是由被动防守转入主动进攻的第一步，接发球的质量直接影响个人技战术的发挥，同时也直接影响个人的心理状态。好的接发球可直接得分或为抢攻创造有利条件。接发球一般由点、拨、带、拉、攻、推、搓、削、摆短、撇、侧旋等多种技术组成。

（五）推挡球

推挡球

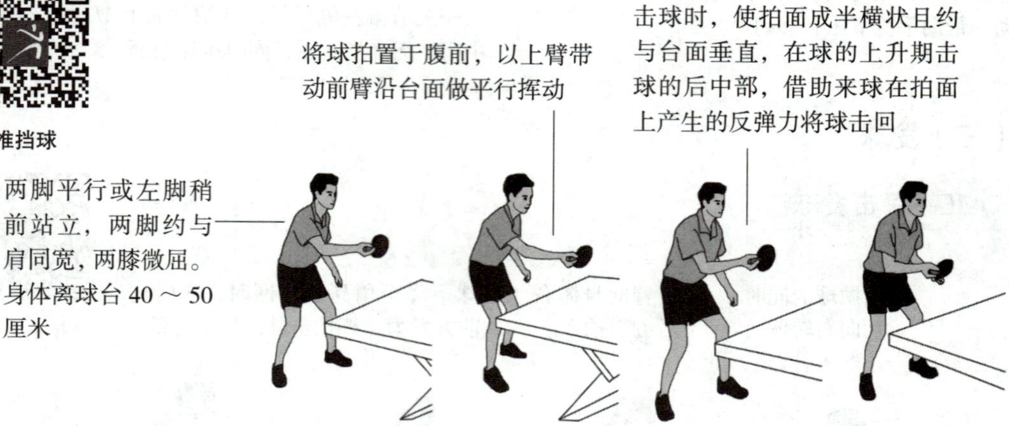

（六）攻球

◎ 正手攻球

正手攻球

◎ 反手攻球

反手攻球

正手搓球

（七）搓球

◎ 正手（反手）搓球

正手（反手）搓球时，向右（左）上方引拍，使拍面稍后仰。正手（反手）搓球时，身体稍向右（左）转。击球时，前臂内（外）旋转动，手腕配合用力，由上方向前下方挥拍，在来球的下降前期或高点期摩擦球的后中下部或后中下部，同时身体重心向前移动。击球后，手臂立即放松，随势前送，然后身体迅速还原。

◎ 搓转与不转球

搓转与不转球时，尽可能用相近的手法搓出加转球或不转球，为抢攻创造机会。慢搓或快搓均可搓加转球或不转球。搓加转球时，手腕加速用力向前下方切球，用球拍的下半部摩擦球；搓不转球时，手腕向前用力，用球拍的上半部或中部摩擦球。

（八）弧圈球

◎ 正手弧圈球

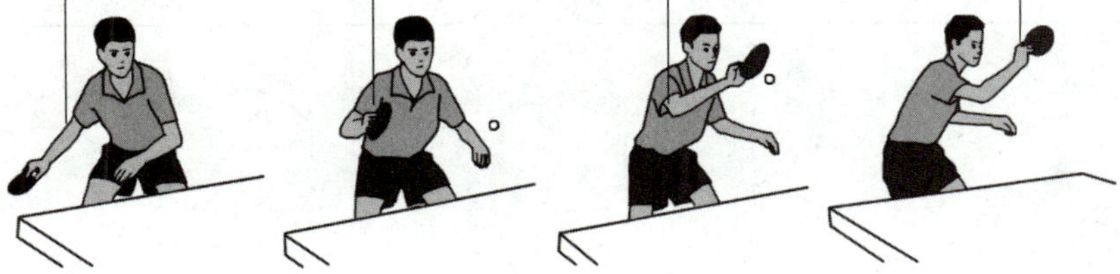

◎ 反手弧圈球

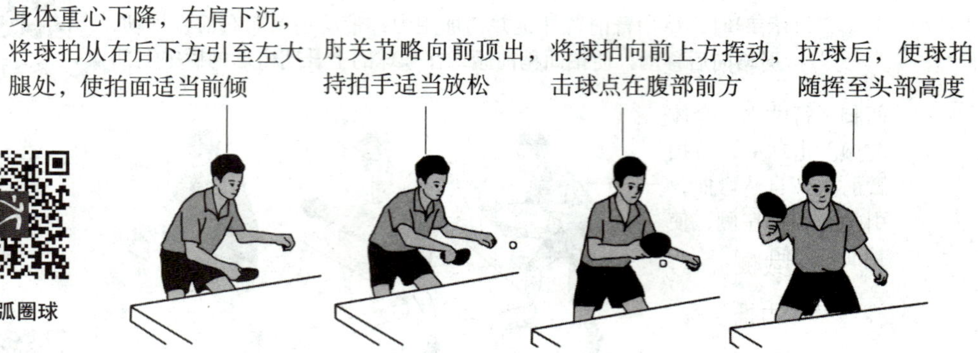

反手弧圈球

（九）削球

正手削球

正手削球时，左脚稍前站立；反手削球时，右脚稍前站立。击球点选在左腹或右腹前为宜。正手削球时，身体向右后方转，持拍臂向右后上方引拍，动作幅度稍大，使球拍与击球点之间有适当的挥拍加速距离；反手削球时，身体向左后方转，持拍臂向左后上方引拍，动作幅度略小于正手削球的引拍幅度。正手削球是由右后上方向左前下方挥拍，反手削球是由左后上方向右前下方挥拍。拍触球时，以上臂带动前臂发力为主，拍面稍立。

三、乒乓球战术应用

◎ 发球抢攻战术

发球抢攻战术是直板快攻打法的撒手锏，是力争主动、先发制人的主要战术。常用的发球抢攻战术：① 正手发转与不转球；② 侧身正手（高抛或低抛）发左侧上（下）旋球；③ 反手发右侧上（下）旋球；④ 反手发急球或急下旋球；⑤ 下蹲式发球。

◎ 接发球战术

接发球战术与发球抢攻战术同样重要。从某种意义上来讲，接发球水平可以反映运动员的实战能力及其对各项基本技术掌握程度。常用的接发球战术：① 稳健保守接发球；② 接发球抢攻；③ 盯住对方的弱点，寻找突破口；④ 控制接发球的落点；⑤ 正手侧身接发球。

◎ 搓攻战术

搓攻战术是进攻型打法的辅助战术之一，主要利用搓球旋转的变化和落点的变化为抢攻创造机会。搓攻战术也是削球型打法争取主动的主要战术之一。常用的搓球战术：① 慢搓与快搓结合；② 转与不转结合；③ 搓球变线；④ 搓球控制落点；⑤ 搓中突击；⑥ 搓中变推；⑦ 抢攻。

◎ 对攻战术

对攻战术是运动员使用进攻型打法时，在相持阶段常用的一项重要战术。常用的对攻战术：① 紧逼对方反手，伺机抢攻或侧身抢攻、抢拉；② 压左突右；③ 调右压左；④ 攻两大角；⑤ 攻追身球；⑥ 改变击球节奏（如加力推与减力挡结合，发力攻、拉与轻打轻拉结合），造成对方被动。

◎ 拉攻战术

拉攻战术是以攻为主的选手应对削球型选手的主要战术。为了发挥拉攻战术的作用，运动员首先要具备连续拉的能力，使击出的球伴有路线、落点、旋转、轻重等方面的变化；其次要具备拉中突击和连续扣杀的能力。常用的拉攻战术：① 拉反手后，侧身突击斜线或中路追身球；② 拉中路杀两角或拉两角杀中路；③ 拉一角后杀另一角；④ 拉吊结合，伺机突击；⑤ 拉搓结合；⑥ 稳拉为主，伺机突击。

◎ 削中反攻战术

削中反攻战术主要靠稳健的削球限制对方的进攻能力，从而为个人的反攻创造有利条件。削中反攻战术不仅增强了削球技术的攻击力，还促进了攻防之间的积极转化。常用的削中反攻战术：① 削转与不转球，伺机反攻；② 削长短球，伺机反攻；③ 逼两大角，伺机反攻；④ 交叉削两大角，突击对方弱点；⑤ 削、挡、攻结合，伺机抢攻。

四、乒乓球竞赛规则

（一）定义

赛事编排－乒乓球

（1）“回合”：球处于比赛状态的一段时间。

（2）“球处于比赛状态”：从发球时球被有意抛出前静止在不执拍手掌上的最后一瞬间开始，直到该回合被判重发球或得分。

（3）“执拍手”：正握着球拍的手。

（4）“不执拍手”：未握着球拍的手。

（5）“击球”：用握在手中的球拍或执拍手手腕以下部分触及处于比赛状态的球。

（6）“阻挡”：当球处于比赛状态时，对方击球后，在比赛台面上方或向比赛台面方向运动的球，尚未触及本方台区，即触及本方运动员或其穿戴（带）的任何物品。

（二）发球

（1）发球开始时，球自然地置于不持拍手的手掌上，手掌张开，保持静止。

（2）随后发球员须将球几乎垂直地向上抛起，不得使球旋转，并使球在离开不执拍手的手掌之后上升不少于 16 厘米，球在上升和下降至击球前不应触及任何物品。

（3）当球从抛起的最高点下降时，发球员方可击球，使球首先触及本方台区，然后直接触及接发球员台区。

（4）从发球开始，到球被击出，球要始终在比赛台面的水平面以上和发球员的端线以外；而且从接发球方看，球不能被发球员或其双打同伴的身体或他（她）们所穿戴（带）的任何物品挡住。

（5）球一旦被抛起，发球员的不执拍手及其手臂应立即从球和球网之间的空间移开。球和球网之间的空间由球和球网及其向上的无限延伸来界定。

（6）运动员发球时，有责任让裁判员或副裁判员确信他（她）的发球符合规则的要求，且裁判员或副裁判员均可判定发球不合法。

（三）重发球

回合出现下列情况应判重发球。

（1）如果发球员发出的球触及球网装置后成为合法发球或被接发球员或其同伴阻挡。

（2）如果接发球员或其双打同伴未准备好时，球已发出，而且接发球员或其双打同伴没有试图击球。

（3）由于发生了运动员无法控制的干扰，而使运动员出现未能合法发球、还击等不能遵守规则的情况。

（4）裁判员或副裁判员暂停比赛。

（四）得 1 分

除判重发球外，一个回合出现下列情况该运动员得 1 分。

（1）对方运动员未能合法发球。

（2）对方运动员未能合法还击。

（3）运动员在发球或还击后，对方运动员在击球前，球触及了除球网装置以外的任何东西。

（4）对方击球后，球没有触及本方台区而越过本方台区或端线。

（5）对方击球后，球穿过球网，或从球网和网柱之间、球网和比赛台面之间通过。

（6）对方阻挡。

（7）对方故意连续 2 次击球。

（8）对方用不符合规定的拍面击球。

（9）对方运动员或其穿戴（带）的任何东西使比赛台面移动。

（10）对方运动员或其穿戴（带）的任何东西触及球网装置。

（11）对方运动员不执拍手触及比赛台面。

（12）双打时，对方运动员击球次序错误。

（13）执行轮换发球法时，如果接发球方连续进行了 13 次合法还击，则将判接发球方得 1 分。

（五）一场比赛和一局比赛

一场比赛由奇数局组成。在一局比赛中，先得 11 分的一方为胜方；当双方均得到 10 分平后，先领先对方 2 分的一方为胜方。

（六）发球、接发球次序和方位

（1）选择首先发球、接发球和方位的权力应由抽签来决定。中签者可以选择先发球或先接发球，或选择在某一方位开始比赛。

（2）当一方运动员选择了先发球或先接发球，或者选择了在某一方位开始比赛，另一方运动员应做出另一个选择。

（3）在每 2 分之后，接发球方即成为发球方，依此类推，直至该局比赛结束，或者直至双方比分都达到 10 分或实行轮换发球法，这时，发球和接发球次序仍然不变，但每人只轮发 1 分球。

（4）双打的第一局比赛，先由有发球权的一方确定第一发球员，再由接发球方确定第一接发球员；以后的每局比赛，由先发球的一方确定第一发球员，第一接发球员则是前一局发球给他（她）的运动员。

（5）在双打中，每次换发球时，前面的接发球员应成为发球员，前面的发球员的同伴应成为接发球员。

（6）一局中首先发球的一方，在该场下一局应首先接发球。在双打决胜局中，当一方先得 5 分时，接发球方应交换接发球次序。

（7）一局中，在某一方位比赛的一方，在该场下一局应换到另一方位。在决胜局中，一方先得 5 分时，双方应交换方位。

体育思政课堂

乒乓球运动的重要思政教育作用

体育在推动国际交流、塑造国家形象、促进世界和平等方面有着独特的作用。在新时代，我们要在构建人类命运共同体的进程中更好地凸显体育的力量。乒乓球运动能够让不同肤色、不同语言和不同文化的人相聚在一起，平等地沟通和交流，共同感悟体育的魅力与精神。在新时代传播乒乓文化是大学生需努力践行的光荣使命。

思考与探究

1.谈一谈自己练习乒乓球技术动作的体会。
2.观察周围的同学都用怎样的方法攻球。
3.描述所观看乒乓球赛事的精彩瞬间。

课外体育活动

结合本章所学内容，从今天开始练习乒乓球吧！先从发球和接发球开始。有一定的锻炼基础后，可逐渐增加练习的难度和强度。在比分胶着的时候，要敢打敢拼，有必胜的信念。

总结与创新

项目六 羽毛球运动

【体育精神】

“一帆风不顺”的奥运羽毛球冠军——张宁

张宁，中国羽毛球运动员，1975 年出生于辽宁锦州。张宁的羽毛球道路并非一帆风顺。她的妈妈有腰椎间盘突出症，小小年纪的张宁为了承担起照顾弟弟的责任，依依不舍地告别了羽毛球队。不过，张宁内心无法割舍运动情结，在照顾弟弟的同时也不忘自己锻炼身体，良好的身体素质根基也就此打下。后来，弟弟能够逐渐自己照顾自己。没有了负担的张宁还没等重新拿起羽毛球拍就被排球队教练选中去了排球队。听说张宁进入了排球队后，羽毛球队教练又把张宁抢回了羽毛球队。张宁练了 2 个多月羽毛球后，就赶上辽宁省的羽毛球少儿比赛在锦州举行，她参赛并拿了第 4 名。“是金子总会发光”，不到 2 个月，辽宁省羽毛球队开始招生，张宁又被省队的教练相中，进入省队。当时的张宁才 12 岁。

进入辽宁省羽毛球队之后，张宁拥有了更好的训练环境和更高水平的教练，成绩突飞猛进，很快就被国家羽毛球队选中，开始了自己的国家队生涯。张宁曾获得 2004 年雅典奥运会、2008 年北京奥运会羽毛球女子单打冠军，成为首个卫冕奥运会羽毛球女子单打冠军的运动员。张宁曾在 2008 年北京奥运会闭幕式上担任中国代表团旗手。2021 年 6 月，张宁入选羽毛球世界联合会名人堂。

张宁面对艰难的处境，没有一蹶不振，自暴自弃，而是坚持锻炼，使自己拥有了重返赛场的底气。勇敢顽强、坚韧不拔的意志品质支撑着张宁站上了奥运冠军的领奖台。她的精神值得每一名大学生学习。

项目导读

羽毛球运动的场地和器材比较简单，在我国有着良好的群众运动基础和广泛的普及度。羽毛球运动的锻炼者通过不停地奔跑和变换动作，努力地把球击到对方场区。每当击出一个好球或赢得一个球时，击球者都能感受到一种成功的喜悦。球的飞行有快慢、轻重、高低、远近、狠巧、飘转等变化，这使羽毛球运动充满了乐趣。

学习目标

1. 了解羽毛球运动的起源和发展、特点和锻炼价值。
2. 掌握羽毛球基本技术和基本战术。
3. 熟悉羽毛球竞赛规则。

学习内容

一、羽毛球运动概述

（一）羽毛球运动的起源和发展

现代羽毛球运动出现于 19 世纪。大约在 1870 年，英国出现了用羽毛、软木做的球和穿弦的球拍。1873 年，英国人鲍弗特在格拉斯哥郡伯明顿（Badminton）镇的庄园里进行了一次羽毛球游戏，当时的场地成葫芦形，中间狭窄处挂网。从此，羽毛球运动便逐渐开展起来。badminton 也因此成为羽毛球的英文名称。直至 1901 年，羽毛球场地才改为长方形。

1893 年，英国的 14 家羽毛球俱乐部共同成立了世界上第一个羽毛球协会，进一步修订了规则并规定了统一的场地标准，确定了羽毛球的形状和质量。1934 年，加拿大、丹麦、英格兰、爱尔兰、法国、荷兰、新西兰、苏格兰、威尔士发起成立了国际羽毛球联合会（以下简称“国际羽联”），总部设在英国切尔滕纳姆。1978 年，由亚非国家组成的世界羽毛球联合会（以下简称“世界羽联”）于中国香港成立。国际羽联与世界羽联于 1981 年 5 月宣布合并，统称国际羽毛球联合会。该组织于 2006 年改称世界羽毛球联合会。

20 世纪初，羽毛球运动传入我国。中华人民共和国成立后，羽毛球项目很快成为我国体育运动的重点项目之一。在 2020 年东京奥运会上，中国国家羽毛球队获得了 2 枚金牌、4 枚银牌。2021 年，在世界女子羽毛球团体锦标赛上，中国国家女子羽毛球队获得冠军。这是我国运动员第 15 次捧起尤伯杯。

（二）羽毛球运动的特点和锻炼价值

❶ 羽毛球运动的特点

（1）全身性。

羽毛球运动是一项能够使人全身得到锻炼的体育运动。无论是进行羽毛球比赛，还是进行一般性羽毛球健身活动，锻炼者都要在场地上不停地进行脚步移动、跳跃、转体、挥拍，合理地运用各种击球技术和步法在场上往返击球。如此一来，锻炼者的全身都可以得到锻炼。

（2）调节性。

羽毛球运动适合不同年龄、不同性别的锻炼者参与，运动量可大可小，具体根据锻炼者的年龄、体质水平、运动水平和场地环境特点而定。

（3）简便性。

羽毛球运动对场地的要求较低，场地稍微平整就可以开展羽毛球运动。羽毛球运动不仅可以在正规的室内运动场上进行，还可以在公园、生活小区等处广泛地开展。

❷ 羽毛球运动的锻炼价值

锻炼者参加羽毛球运动，有助于强身健体，提高身体免疫力，缓解疲劳；有助于培养竞争意识和进取精神；有助于提高文化修养，陶冶情操，增添生活情趣。

二、羽毛球技术进阶

专项技能－羽毛球　　正手握拍

（一）握拍法

◎ 正手握拍

持拍手虎口对着拍框的内侧，手掌小鱼际肌靠在拍柄端，小指、无名指、中指自然并拢，食指和中指稍分开，拇指的内侧和食指贴在拍柄的两个宽面上将拍柄握住。

◎ 反手握拍

反手握拍

在正手握拍的基础上，拇指伸直，用第一指节内侧顶贴在拍柄内侧的宽面上，食指收回至与拇指同高（或比拇指略高），用拇指和食指将球拍稍向外转，中指、无名指、小指握住拍柄，掌心与拍柄间要留有一定空隙。

（二）发球

◎ 正手发高远球

正手发高远球

右臂后引，由上而下向右前方挥拍，同时左手放球　击球时，右手手腕急速向前上方闪动击球　击球后，球拍随势向左上方减速收回至胸前

◎ 反手发网前小球

反手发网前小球

球拍由后向前推送击球，使球飞行弧线最高处略高于网顶

站位靠近前发球线，上体前倾，后脚脚跟提起，右手反手握拍，斜放在腹前；左手持球在拍面前方

（三）击球

正手击高远球　反手击高远球

◎ 正反手击高远球

准备、引拍、击球和随挥等动作与正手发高远球基本相同

击球时要改变拍面角度，并向球的运行方向减速挥拍，手腕快速包切下压

正手击高远球

身体左转，背对球网，反手握拍

上臂平举，屈肘，前臂放于胸前

上臂带动前臂，利用手腕的闪动，快速向右斜上方挥拍击球

反手击高远球

正手吊球　反手吊球

◎ 正反手吊球

击球前的动作同正手击高远球

击球时，拍面稍向内倾斜，手腕做快速切削下压动作，击球托的后部或侧后部

正手吊球

准备、引拍、击球和随挥等动作与反手击高远球基本相同

击球时，使拍面稍后仰，手腕内收闪动

反手吊球

◎ 正反手挑球

正手握拍举在胸前，右脚向前跨出一大步，身体重心落在右脚上

右臂向后摆，球拍后引

持拍臂以肘关节为轴，屈臂内旋，并握紧球拍，用食指及手腕的力量将球向前上方击出

正手挑球

反手握拍，右脚向左前方跨出一大步，身体重心放在右脚上

持拍臂屈肘向左侧引拍

持拍臂以肘关节为轴，握拍经体前由下往上挥动，用拇指第一指节压住拍柄的宽面，用力将球击出

反手挑球

正手挑球　　反手挑球　　正手放网前球　　反手放网前球

◎ 正反手放网前球

右脚向右前方跨步，同时右前臂外旋，右手手腕稍后伸，将拍引向右前上方

右手手腕向上轻提，以正拍面碰击球托的底部，将球回击过网，使球近网垂直下落

正手放网前球

反手放网前球

（四）步法

羽毛球常用步法有垫步、跨步、并步、交叉步、跳步。根据在场地上移动方位的实际情况，羽毛球常用步法又分为上网步法、后退步法两种。

交叉步前进　　交叉步后退　　跨步　　前交叉跨步

三、羽毛球战术应用

（一）单打常用基本战术

◎ **压后场战术**

压后场战术是指通过运用高远球或平高球反复压对方后场两角，造成对方被动，然后伺机采用杀球和吊球攻击对方空当的战术。此战术适合用来应对羽毛球初学者，以及后退步法慢或急于上网的对手。

◎ **发球抢攻战术**

发球抢攻战术主要以发网前球和平快球为主，限制对方的进攻，迫使对方挑球，然后用杀球和吊球进攻对方的空当和弱点。发球抢攻战术主要用于对付防守能力较差的对手。在比赛进入关键时刻时，运用此战术往往能使临场经验不足的对手束手无策。

◎ **控制网前战术**

控制网前战术是指通过各种手段主动抢先放网前球或故意让对方先放网前球，然后上网重复放网前球，并与搓球、推球、勾球、扑球结合运用，造成对方网前直接失误或被动挑球，抓住有利时机大力扣杀和快速吊球的战术。此战术主要用来对付后场技术较好而网前技术较差的对手。

◎ **打对角线球战术**

打对角线球战术是指无论是进攻还是防守，无论是在前场还是在后场，运动员击球都以打对角线球为主的战术。它主要用于对付灵活性较差、转身慢的对手。

（二）双打常用基本战术

◎ **攻人战术**

攻人战术是双打中的常用战术。在应对 2 名技术水平高低不一的对手时，一般采用攻人战术；在应对 2 名技术水平相当的对手时也可以使用攻人战术。攻方集中攻击守方一名队员，在另一名队员赶来协助时，守方会暴露空当，攻方在其不备时可突袭。

◎ **攻中路战术**

守方队员左右站位时，攻方队员把球打在两人中间，可以造成守方两人抢接球或同时让球，限制守方在接杀球时挑大角度的高球调动攻方，有利于攻方的封网。守方队员前后站位时，攻方队员把球下压或轻推至边线半场处。攻中路战术多在接发网前球和防守中反攻抢网时运用。当攻方攻中路时，守方前场队员拦截不到，后场队员只能击球放网或挑高球，此时守方后场两角便会露出很大空当，攻方便有机可乘。

◎ **攻后场战术**

攻后场战术常用来对付后场扣杀能力差的对手，在把对方水平相对较低的队员调到后场后也可使用。攻后场战术是攻方用平高球、平推球、接杀挑底线等技术把对方一人紧逼在底线两角移动，在对方还击出半场球或网前高球时大力扣杀的战术。如在逼底线两角时，守方前场队员要后退支援，则攻方可攻击网前空当或向后退者打追身球。

◎ **后攻前封战术**

攻方后场队员积极大力扣杀，在守方接杀放网、挑高球或企图反击抽挡时，前场队员以扑、搓、推、勾等技术控制网前，或拦截吊封前半场，使整个进攻过程连贯且攻击性强。

四、羽毛球竞赛规则

（一）单打

（1）发球区和接发球区。一局中，发球员的分数为 0 或双数时，双方运动员均应在各自的右发球区发球或接发球；一局中，发球员的分数为单数时，双方运动员均应在各自的左发球区发球或接发球。

（2）击球顺序和位置。一回合中，球应由发球员和接球员交替从各自场区的任何位置击出，直至成“死球”为止。

（3）得分和发球。发球员胜一回合则得 1 分，随后发球员再从另一发球区发球；接发球员胜一回合则得 1 分，随后接发球员成为新发球员。

（二）双打

（1）发球区和接发球区。一局中，发球方的分数为 0 或双数时，发球方均应从右发球区发球；一局中，发球方的分数为单数时，发球方均应从左发球区发球；接发球方按其上次发球时的位置站位；接发球员应是站在发球员斜对角发球区的运动员；发球方每得 1 分，原发球员则变换发球区再发球。

（2）击球顺序和位置。每一回合发球被回击后，由发球方的任何一人和接球方的任何一人，交替在各自场区的任何位置击球，如此往返直至“死球”。

（3）得分和发球。发球方胜一回合则得 1 分，随后发球员继续发球；接发球方胜一回合则得 1 分，随后接发球方成为新发球方。

（4）发球顺序。每局比赛的发球权必须如下传递：先由首先发球员从右发球区发球；其次由首先接发球员的同伴从左发球区发球；然后是首先发球员的同伴；接着是首先接发球员；再接着是首先发球员，依此传递。

（5）运动员在比赛中不应有发球、接发球顺序错误或在一局比赛中连续两次接发球（发球区错误的情况除外）。

（6）一局胜方的任一运动员可在下一局先发球；一局负方的任一运动员可在下一局先接发球。

（三）合法发球

（1）一旦发球员和接发球员做好准备，任何一方不得延误开始发球。

（2）发球员球拍头的向后摆动一旦停止，任何对发球开始的迟延都是延误。

（3）发球员和接发球员，应站在斜对角的发球区界线以内，脚不得触及发球区和接发球区的界线。

（4）从发球开始，至发球结束，发球员和接发球员的两脚都必须有一部分与场地的地面接触，不得移动。

（5）发球员的球拍，应首先击中球托。

（6）发球员的球拍击中球的瞬间，整个球应低于距场地地面高度 1.15 米。

（7）自发球开始，发球员挥拍必须连贯向前，直至将球发出。

（8）发出的球应向上飞行过网，如果未被拦截，球应落在规定的接发球区内。

（9）发球员发球时，应击中球。

（四）违例

以下情况均属“违例”。

（1）不合法发球。

（2）球发出后：停在网顶；过网后挂在网上；被接发球员的同伴击中。

（3）比赛进行中，球：落在场地界线外（即未落在界线上或界线内）；未从网上越过；触及天花板或四周墙壁；触及运动员的身体或衣服；触及场地外其他物体或人；被击时停滞在球拍上，紧接着被拖带抛出；被同一运动员两次挥拍连续两次击中，但一次击球动作中球被拍框和拍弦面击中不属“违例”；被同方两名运动员连续击中；触及运动员球拍，而未飞向对方场区。

（4）比赛进行中，运动员：球拍、身体或衣服，触及球网或球网的支撑物；球拍或身体，从网上侵入对方场区；球拍或身体，从网下侵入对方场区，导致妨碍对方或分散对方的注意力；妨碍对方，即阻挡对方随球过网的合法击球；故意分散对方注意力的任何举动，如喊叫、做手势等。

体育思政课堂

羽毛球运动重要的思政教育作用

大学生走上社会，将成为社会主义建设的主力军。大学生拥有健康的体魄、良好的品德和正确的价值观，无论是对于个人的发展还是对于国家的发展来说都具有十分重要的意义。

不同的运动项目有着不同的思政功能。作为一个竞技性的比赛项目，羽毛球运动既设有单项赛，又设有团体赛。在大学生中广泛开展羽毛球运动，不但有利于使大学生树立终身体育意识，养成终身体育锻炼的习惯，而且有利于培养大学生奋勇拼搏、永不放弃的精神及团结协作、遵守规则、合理竞争的意识。

思考与探究

1. 谈一谈自己练习羽毛球技术动作的体会。
2. 当练习羽毛球一段时间后，一般会遭遇“瓶颈期”。采用何种方式可以突破“瓶颈期”？
3. 描述所观看羽毛球赛事的精彩瞬间。

课外体育活动

结合本章所学内容，从今天开始练习羽毛球吧！先从发球和接发球开始。有一定的锻炼基础后，可逐渐增加练习的难度和强度。羽毛球是耗费体力的运动，坚持就是胜利！

总结与创新

项目七
网球运动

【体育精神】

不服输的李娜

1982 年，李娜生于湖北省武汉市的一个体育世家，她的祖父是中学体育教师，父亲曾是羽毛球运动员。受父亲的影响，李娜很小的时候就喜欢上了体育。父亲把 6 岁的李娜送到体育学校，让她练习羽毛球。后来李娜被武汉市业余体校的网球教练夏溪瑶选中，改练网球。因为年纪小，刚开始李娜总是打不赢比她大的同学。每次输球之后，她就坐在球场边伤心地哭。对孩子特别严厉的夏溪瑶就朝李娜吼道："哭有什么用？有志气就打败他们！"听到夏溪瑶的话，李娜擦去眼泪，咬着牙训练，很快就把队友都打败了。

当李娜的网球技术水平逐渐提高的时候，父亲却生病住进了医院。为了让李娜认真地练球，病中的父亲强打精神，特意写信给夏溪瑶，嘱咐她严格要求女儿。

跟着夏溪瑶训练了几年后，14 岁的李娜被选入湖北省网球队。在著名网球教练余丽桥的严格要求和悉心调教下，李娜打下了扎实的基本功，并逐步形成自己的技术风格。同年，父亲因病离开人世。李娜悲痛万分。悲痛之余，李娜觉得网球已经成为自己不能抛弃的事业。她必须通过努力实现父亲的夙愿。在余丽桥的指导下，李娜在球场上训练得更加刻苦。

父亲去世的第二年，李娜便在全国网球联赛总决赛中获得冠军。这是她首次拿到全国冠军。此后，李娜几乎每年都有胜利的消息告慰父亲。在 2001 年第 21 届世界大学生运动会上，李娜代表中国夺得女子网球项目的 3 枚金牌。同年的第 9 届全运会网球比赛，李娜代表湖北省网球队将女子团体、女子双打和女子单打 3 项桂冠收入囊中。

2011 年 6 月 4 日，在法国网球公开赛女子单打决赛中，李娜以 2 ：0 战胜意大利选手斯齐亚沃尼，夺得冠军。这是中国乃至亚洲网球选手第一次夺得大满贯赛事单打冠军。2014 年的澳大利亚网球公开赛，李娜第三次晋级女单决赛，并最终获得冠军，成为第一位在澳大利亚网球公开赛夺得女子单打冠军的亚洲球员。经过 20 多年的奋斗，不服输的李娜终于成为创造亚洲网球历史的著名运动员。

项目导读

网球运动极富观赏性，深受人们喜爱。参与网球运动既是一种增进健康的方式，又是一种享受和艺术追求。随着网球运动的发展，我国涌现出一批以李娜为代表的著名网球运动员。这些著名网球运动员带动越来越多的人开始参与网球运动。全国性的业余网球比赛、全国高校网球比赛等赛事也如雨后春笋，不断地涌现出来。

学习目标

1. 了解网球运动的起源和发展、特点和锻炼价值。
2. 掌握网球基本技术和基本战术。
3. 熟悉网球竞赛规则。

学习内容

一、网球运动概述

（一）网球运动的起源和发展

古代网球运动起源于法国，在当时是一种用手掌击球的游戏。现代网球运动起源于英国。1873 年，英国人温菲尔德在掌握了古代网球游戏的方法之后，对它进行了改进，并使这种游戏走进了大众视野。

1877 年，第 1 届草地网球锦标赛在英国温布尔登举行。以亨利·琼为首的裁判委员会草拟的竞赛规则是现代网球竞赛规则的基础，其中的盘制、局制和换位法一直沿用至今。

在 1896 年雅典奥运会上，网球运动就被列为正式比赛项目。后来，由于业余选手与职业选手的界定问题，网球项目退出了奥运会。直到 1988 年汉城奥运会，网球才被重新列为奥运会正式比赛项目。1913 年，国际网球联合会成立，总部设在英国伦敦。

网球运动在 19 世纪后期传入中国。1953 年，中国网球协会成立。1986 年，中国女子网球代表队在第十届亚运会的女子网球团体赛中夺冠。2004 年雅典奥运会，李婷、孙甜甜取得了中国体育史上第一个网球双打奥运冠军。2006 年，郑洁、晏紫在澳大利亚网球公开赛女子双打比赛中夺得冠军。在 2011 年法国网球公开赛和 2014 年澳大利亚网球公开赛上，李娜获得女子单打冠军，创造了中国网球运动的历史。2018 年雅加达亚运会，徐一璠、杨钊煊夺得网球女子双打冠军，这是中国代表队时隔 12 年再夺亚运会网球女子双打冠军。2023 年，吴易昺获得个人及中国大陆男子的第一个国际网球联合会世界巡回赛冠军，创造了新的历史。

（二）网球运动的特点和锻炼价值

1 网球运动的特点

网球运动是一项世界流行的竞技运动，也是一项逐渐兴起的健身运动。网球运动享有“文明运动”的美誉。随着人民生活水平的提高和健康意识的增强，越来越多的人开始参与网球运动。

2 网球运动的锻炼价值

经常参加网球运动，能有效地提高人的心血管系统机能，提高免疫力，增强身体各部位的肌肉力量；有利于缓解紧张情绪，使人们在运动中放松心情，释放压力。

二、网球技术进阶

专项技能－网球

东方式正手握拍法

（一）握拍法

网球基本的握拍法有四种：东方式握拍法、大陆式握拍法、西方式握拍法和双手握拍法。

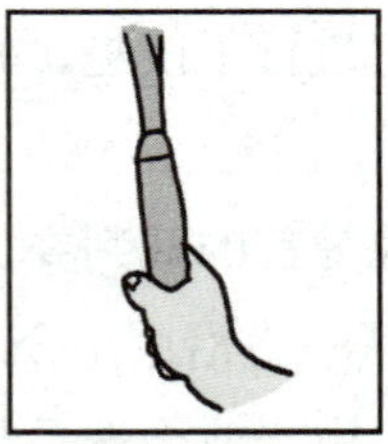

东方式正手握拍法

如同握手一样，先把手平贴在拍面上，保持手掌与拍面平行，手顺着拍面下滑到拍柄，握紧拍柄。

东方式反手握拍法

在正手握拍基础上向左转动 1/4 周，虎口对准拍柄左上斜面，拇指末节贴住左下斜面，食指第三指节压在右上斜面。

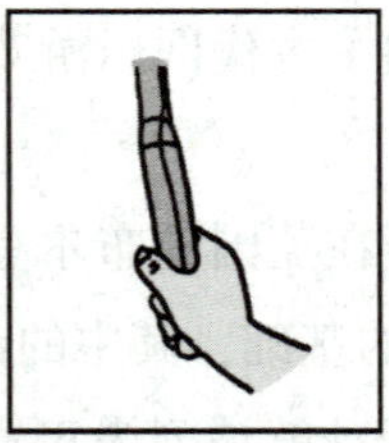

大陆式握拍法

虎口对准上平面与左上斜面的交界线，手掌根部贴住右上平面，拇指伸直围住拍柄，食指第三指节紧贴在右上斜面。

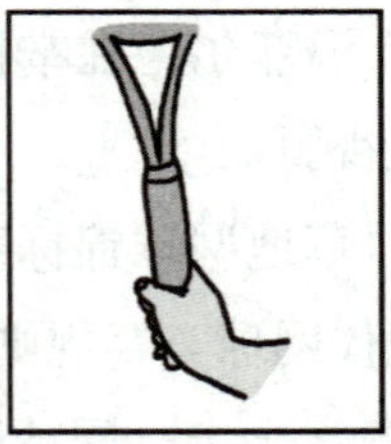

西方式握拍法

虎口对准拍柄的右垂直面，正反手用同一拍面击球。

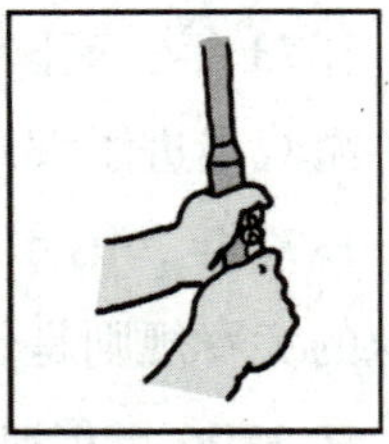

双手反手握拍法

右手采用东方式反手握拍法，握在拍柄的底部，掌根与拍柄对齐；左手握在右手上方，采用东方式正手握拍法。

知识窗

各种握拍法的优点如下。

（1）东方式握拍法的优点是可以用正反拍技术很好地处理各种高度的球。

（2）大陆式握拍法适用于处理底线球，对于上网截击和处理网前球也很有利，正反手击球无须换握，但打高球不太方便。

（3）西方式握拍法正反手都使用同一个拍面击球，正手能打出强劲的上旋球，反手一般打斜线球，特别适合处理腰部以上高度的球，但对于截击球和低球，特别是反手近网球的处理极不方便。

（二）正手击球

正手击球包括四个技术环节：准备姿势、后摆引拍、挥拍击球和随挥跟进。

正手击球

动作要领：在击球过程中，眼睛始终盯住球；及时后摆引拍；击球时，握紧球拍，绷紧手腕；球拍随球送出，充分随挥。

准备姿势　　后摆引拍　　挥拍击球　　随挥跟进

现在多数职业网球运动员正手击球时采用半西方式握拍法，其动作过程如下。

准备姿势　　后摆引拍　　挥拍击球　　随挥跟进

知 识 窗

正手击球类型及相应的握拍法：

正手平击球——采用东方式握拍法；

正手击上旋球——以半西方式握拍为主；

正手削球（下旋球）——一般采用大陆式握拍法。

（三）反手击球

反手击球

反手击球可以用单手或双手，同正手击球一样，由准备姿势、后摆引拍、挥拍击球和随挥跟进四个环节组成。

（1）双手反手击球动作。

准备姿势　　后摆引拍　　挥拍击球　　随挥跟进

（2）单手反手击球时，转体、转肩要迅速，及时后摆引拍；在击球过程中，眼睛紧盯来球；握紧球拍，绷紧手腕；向上挥拍，球拍随球送出（反手击下旋球是向下、向前挥拍）；随挥动作在旁侧的高处结束。

准备姿势　　后摆引拍　　挥拍击球　　随挥跟进

知 识 窗

反手击球类型及相应的握拍法：

反手击上旋球——采用单手反手东方式握拍法或双手握拍法；

反手平击球——采用单手反手东方式握拍法或双手握拍法；

反手削球（下旋球）—— 一般采用单手反手大陆式握拍法。

（四）截击球

截击球是在来球落地前直接在空中回击的一种击球技术，是中场和网前得分的关键手段。

正手截击球

（1）正拍截击的握拍姿势及动作过程如下图所示。

握拍姿势　准备姿势　后摆引拍　挥拍击球　随挥跟进

（2）反拍截击的准备姿势与正拍截击相同，其动作过程如下图所示。

反手截击球

后摆引拍　挥拍击球　随挥跟进

动作要领：眼睛始终紧盯来球；握紧球拍，绷紧手腕；在身体前击球；用较短的撞击或推击动作击球。

（五）发球

发球是网球运动中重要的击球动作之一，是每一分的开始，也是比赛中第一个控制得分的机会。发球的关键在于稳定性、精确性、多样性。

动作要领：使用大陆式或东方式反手握拍法；握球手用指尖轻轻拿住球，抛球到位；将球拍正确地引于背后并抬起肘关节；保持抬头看球；击球时，持拍手在身体前做扣腕动作，身体重心前移；球拍随挥至身体的另一侧，完成随挥动作。

发球

准备姿势 抛球与后摆引拍 挥拍击球 随挥跟进

三、网球战术应用

（一）单打基本战术

单打比赛开始时，双方通常用自己最擅长的技战术迎战，在熟悉对方的战术后，及时改变本方的战术，以达到使对方失去节奏、消耗体力，最终赢得比赛的目的。

1 发球战术

发球不受对方制约。因此，发球方一定要充分利用发球技术，掌握主动权。一成不变的发球会使对方很容易适应，并找到应对的方法。因此，队员在发球时应将内角、外角、中路三种路线相结合，注意上旋、侧旋、平击多变化。

2 接发球战术

面对对方快速的发球，不要急于加力回球，这样容易失误。如果对方反手较弱，本方则攻对方的反手；如果对方发球动作幅度较大，本方就打追身球，令其没有时间调整步法，最终使自己化被动为主动。

3 发球上网战术

如果队员能准确、快速地发出外角球，就准备上网。注意不要一次冲到网前，这样容易没有回旋的余地。本方上网时，在发球线附近稍作停顿，根据对方回击球的情况，再采取下一步的行动。采取发球上网战术的要点是选择适当的时机，将球发到对方场地的外角。对方要想把球回到场内，必须将球从靠近发球区一侧的球网上方回过来，否则球极可能出界。这时，本方只需防住发球区域的来球即可；如果对方的回球质量不高，本方可以截一个深球或放一个小球到对方的空场区域，轻松得分。

（二）双打基本战术

网球双打比赛与单打比赛有很大的差别，更多地依赖同队的两名队员的默契配合及其网前截击技术的发挥。常用的网球双打战术如下。

❶ 双上网进攻型战术

男女职业网球运动员均可采用双上网进攻型战术。发球方发球后上网，接发球方也采用积极的进攻型接发球上网，比赛的四人均来到网前，通过小斜线截击或其他方式得分。① 发球员：发出刁钻的一发球后上网，在发球线处截击，将球打到接发球方脚下，待接发球方回球时跟进到网前，在网前打出直接得分球。② 接发球员：选择进攻型接发球，将球回到发球方脚下，同时迅速上网，在发球线处截击，把球打到对方二人结合部，再来到网前，找机会打出得分球。③ 发球员同伴：根据发球落点，适时调整网前位置，盯住接球方，判断回球方向，及时上前抢网，同时注意防守双打边线和单打边线之间的直线穿越球。④ 接发球员同伴：在发球线附近防守发球方同伴的截击球，同时要提防发球方第一次截击球，根据来球，来到网前打出截击球或高压球得分。

❷ 双上网防守型战术

男子职业运动员多采用双上网防守型战术。因为在双上网进攻型战术中，两人太靠近球网，无法照顾到挑高球，所以双上网防守型战术的重点是接发球方接发上网后，只来到发球线附近，以防守发球方的挑高球，且大部分球由此人处理。接发球方同伴伺机打出截击球或高压球得分。

四、网球竞赛规则

赛事编排－网球

（一）发球动作

在即将做出发球动作前，发球员必须静止站在底线后（即远离球网的那一侧），双脚位于中心标志的假定延长线和边线的假定延长线之间。然后，发球员应当用手将球向任何方向抛出并在球落地前用球拍将球击出。在球拍击到球或未能击到球的那一刻，整个发球动作即被认为已经完成。对于只能使用一只手臂的运动员，可以用球拍完成抛球。

（二）发球失误

下列情况为发球失误：发球员违反了“发球动作”“发球程序”“脚误”规则；发球员试图击球时未能击中；发出的球在触地前碰到了永久固定物、单打支柱或网柱；发出的球触到了发球员或发球员的搭档，或所穿戴的或携带的任何物品。

（三）交换场地

运动员应在每一盘的第一局、第三局和随后的每一个单数局结束后交换场地。运动员还应在每一盘结束后交换场地，但当一盘结束后双方所得局数之和为偶数时，运动员须在下一盘第一局结束后交换场地。在平局决胜局中，运动员应在每 6 分后交换场地。

（四）赛制及局分、盘分

1 赛制

比赛可以采用三盘两胜制，先赢得两盘的运动员/队赢得比赛；或采用五盘三胜制，先赢得三盘的运动员/队赢得比赛。

2 局分

（1）常规局。

在常规局的比赛中，应首先报发球运动员的得分，计分如下：无得分，0；第一分，15；第二分，30；第三分，40；第四分，本局比赛结束。若两名运动员/队都得到三分，则比分为“平分”。“平分”后如果一名运动员/队得分，则比分为“占先”，如果“占先”的这名运动员/队又得分，他便赢得了这一局；如果“占先”后是另一名运动员/队得分，则比分仍为“平分”。运动员/队需要在平分后连续得到两分，才能赢得这一局。

（2）平局决胜局。

在平局决胜局中，使用阿拉伯数字 0、1、2、3 等计分。首先赢得 7 分并净胜对手两分的运动员/队赢得这一局及这一盘。决胜局有必要进行到一方运动员/队净胜对手两分为止。

3 盘分

（1）“长盘制”。

先赢得 6 局并净胜对手两局的运动员/队赢得一盘。一盘有必要进行到一方运动员/队净胜两局为止。

（2）“平局决胜局制”。

先赢得 6 局并净胜对手两局的运动员/队赢得一盘。如果局分达到 6∶6，则须进行“平局决胜局”。

体育思政课堂

努力拼搏的郑洁

郑洁，1983 年出生于四川省成都市，中国网球运动员。郑洁于 1990 年开始练习网球，2001 年选调进入国家集训队，2003 年开始转为职业选手。2004 年，郑洁成为中国第一位杀入网球大满贯赛事 16 强的运动员；2006 年，郑洁与晏紫搭档获得了澳大利亚网球公开赛和温布尔登网球锦标赛的女子双打冠军。在 2008 年北京奥运会上，郑洁与晏紫搭档获得网球女子双打铜牌。截至 2014 年年底，郑洁共获得 4 个国际女子网球协会巡回赛单打冠军和 15 个网球女子双打冠军。郑洁还积极参与慈善事业，创办了“郑洁杯”青少年网球赛，对中国网球运动的发展起到了一定的促进作用。

在训练和比赛中，郑洁从来不会放弃和退缩，她瘦小的身躯里藏着无穷的韧劲。她的身高只有 1.64 米，身体条件并不算好，但她凭借自己的刻苦努力和顽强拼搏，迎来了自己的事业丰收。

思考与探究

1. 谈一谈自己练习网球技术动作的体会。
2 思考网球单打与双打在技术动作中的不同。
3. 描述所观看网球赛事的精彩瞬间。

课外体育活动

结合本章所学内容，从今天开始练习网球吧！先从学习握拍法和发球开始。有一定的锻炼基础后，可逐渐增加练习的难度和强度。

总结与创新

项目八

游泳运动

【体育精神】

中国“蛙后”——罗雪娟

罗雪娟曾是中国国家女子游泳队的领军人物。从小时候起，罗雪娟就十分热爱游泳。罗雪娟 11 岁进入浙江省游泳队。刻苦训练的罗雪娟蛙泳成绩非常出色。罗雪娟有着强烈的自信心、求胜欲和不服输的劲头。有一次她因骨折休养了两个月，伤愈后参加的第一次比赛没有取得好成绩。她暗自发誓，一定要夺回冠军！功夫不负有心人。努力拼搏的罗雪娟很快就站上了最高领奖台。此后的比赛，她几乎没有输过。2000 年，罗雪娟成功入选国家队，并且参加了 2000 年悉尼奥运会。虽然她只在女子 200 米蛙泳比赛中排名第八，但是在悉尼奥运会后，罗雪娟的实力和信心有了大幅度的提升。2003 年，罗雪娟在世界游泳锦标赛（以下简称“游泳世锦赛”）女子 100 米蛙泳比赛中，以 1 分 06 秒 80 的成绩为中国代表队夺得了此次游泳世锦赛的第一枚金牌，也成为游泳世锦赛历史上第一位在该项目上成功卫冕的选手。

对于罗雪娟来说，2004 年是重要的一年。如果说 2000 年悉尼奥运会的罗雪娟是青涩的，那么 2004 年雅典奥运会的罗雪娟则走向了成熟。在 2004 年雅典奥运会游泳比赛中，罗雪娟以 1 分 06 秒 64 的成绩夺得了女子 100 米蛙泳冠军，并刷新了该项目的奥运会纪录。

2007 年，罗雪娟选择了退役。她的成长经历为日后中国泳坛的崛起提供了宝贵的经验。

项目导读

游泳运动是全身协调性的运动，不仅具有较好的观赏性和趣味性，而且具有很高的健身价值。游泳运动可分为竞技游泳、实用游泳和大众游泳。竞技游泳是指按游泳竞赛规则进行比赛的游泳运动项目。实用游泳是指直接为生活、生产或军事服务的游泳活动。大众游泳是指以游泳为基本手段，以增进身体健康、丰富业余生活为直接目的的游泳活动。本项目主要介绍竞技游泳。

学习目标

1. 了解游泳运动的起源和发展、特点和锻炼价值。
2. 了解四种泳姿的技术动作。
3. 掌握至少一种泳姿的技术动作。

学习内容

一、游泳运动概述

（一）游泳运动的起源和发展

游泳运动是在人类认识自然、改造自然的过程中发展起来的运动。

现代游泳运动起源于英国。1828 年，英国在利物浦乔治码头修建了世界上第一个室内游泳池。这种泳池于 19 世纪 30 年代在英国各大城市相继出现。

1837 年，英国伦敦成立了第一个游泳组织，同时举办了英国最早的游泳比赛。1869 年 1 月，大城市游泳俱乐部联合会（英国业余游泳协会的前身）在伦敦成立。该组织将游泳作为一个专门的运动项目正式确定下来。

在 1896 年雅典奥运会上，男子游泳被列为正式比赛项目。当时的游泳比赛不分泳姿，是真正的“自由式”，包括 100 米、500 米和 1200 米三个项目。在 1900 年巴黎奥运会上，仰泳被列为正式比赛项目。在 1904 年圣路易斯奥运会上，蛙泳被列为正式比赛项目。1908 年，国际游泳联合会正式成立。该组织审定了当时的世界纪录，并制定了国际游泳规则。在 1912 年斯德哥尔摩奥运会上，女子游泳被列为正式比赛项目。1953 年，国际游泳联合会规定蛙泳和蝶泳分开进行比赛，蝶泳成为一个独立的比赛项目。从此，竞技游泳形成了蝶泳、仰泳、蛙泳和爬泳四种姿势。现在，游泳已成为奥运会令人瞩目的大项之一。

进入 21 世纪以来，我国游泳运动呈现出良好的发展势头。我国游泳运动员达到国际水平的人数明显增加。2008 年北京奥运会，中国国家游泳队在游泳项目上获得 1 枚金牌、3 枚银牌、2 枚铜牌。2012 年伦敦奥运会，中国国家游泳队在游泳项目上获得 5 枚金牌、2 枚银牌、3 枚铜牌。2016 年里约热内卢奥运会，中国国家游泳队在游泳项目上获得 1 枚金牌、2

枚银牌、3 枚铜牌。2020 年东京奥运会，中国国家游泳队在游泳项目上获得 3 枚金牌、2 枚银牌、1 枚铜牌。在 2022 年游泳世锦赛上，中国国家游泳队在游泳项目上获得 1 枚金牌、4 枚铜牌。

（二）游泳运动的特点和锻炼价值

❶ 游泳运动的特点

（1）游泳运动是全身协调性运动。

（2）游泳运动既可作为竞技体育运动，又可作为休闲运动。

（3）游泳运动对场地要求较高。

（4）游泳运动是习得性运动。

❷ 游泳运动的锻炼价值

游泳运动不仅具有较好的观赏性和趣味性，还具有很高的锻炼价值。游泳是一种在水中进行全身活动的运动。长期坚持游泳，有助于改善心血管系统、呼吸系统、神经系统和消化系统的功能，促进人体正常生长发育和新陈代谢，提高全身的协调性，增强肌肉力量、肌肉耐久力和机体耐寒能力。另外，游泳运动还能磨炼人的意志，培养人们勇敢、顽强的品质。

》二、蛙泳

蛙泳是因模仿青蛙游泳的动作而得名的一种泳姿，技术结构比较复杂，掌握过程具有先慢后快的特点。蛙泳要求练习者正面抬头呼吸且漂浮时间较长，对力量要求不高，是比较普及的泳姿之一。

蛙泳

（一）身体姿势

在游进中，身体在水中成俯卧姿势，身体位置不断变化。

（二）腿部动作

练习者采用蛙泳游进时的推进力主要由腿部动作的发力提供。蛙泳腿部动作由收腿、翻脚、蹬夹水和漂浮滑行四个部分组成。

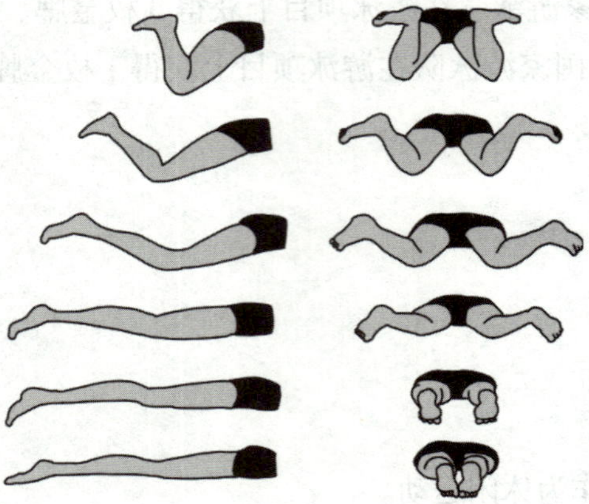

收腿：屈膝且两膝自然分开，脚跟向臀部靠拢，大小腿折叠。
翻脚：两脚脚尖朝外侧翻开，脚掌朝上，膝关节内扣，两脚间的距离大于两膝间的距离。
蹬夹水：两脚向外、向后快速有力地蹬腿，形成鞭打动作，蹬腿至两腿伸直，两脚脚尖靠拢。
漂浮滑行：蹬夹水结束后，两腿保持伸直并拢，两脚脚踝自然放松，身体借助惯性向前漂浮滑行。

（三）手臂动作

蛙泳的手臂动作由开始姿势、抓水、划水、收手和伸臂五个部分组成。

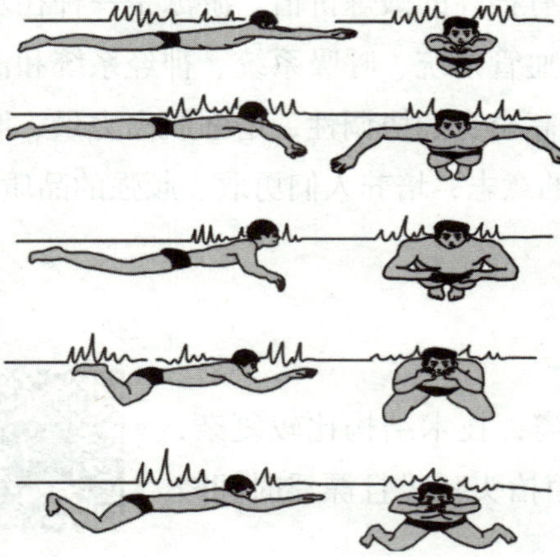

开始姿势：两臂自然伸直，与水面平行，手指并拢，掌心朝下，身体保持流线型。
抓水：上臂内旋，两掌朝斜下方向两侧分开，对准划水方向。
划水：两手继续外分，两臂向外、向下、向后保持高肘划水；划水至肘关节屈成 90°，两手位于两肩前下方。
收手：前臂内旋，两手同时由后向内、向前并拢。
伸臂：两臂向前伸肘、伸肩；两臂伸直时，两手掌心朝下。

（四）完整技术配合

蛙泳的完整技术由 1 次划臂、1 次呼吸和 1 次蹬腿按 1:1:1 的比例配合。呼气从身体没入水中开始，至划臂阶段头、口露出水面，将气吐完结束，并迅速吸气，完成呼吸动作。

三、爬泳

爬泳

练习者采用爬泳游进时，身体成俯卧姿势，两腿交替上下打水，两臂交替划水，动作像爬行。爬泳是四种竞技泳姿中速度最快的一种，被运动员普遍采用。

（一）身体姿势

爬泳时，身体成水平俯卧于水中，并保持较好的流线型。在游进过程中，身体围绕纵轴左右摆动。

（二）腿部动作

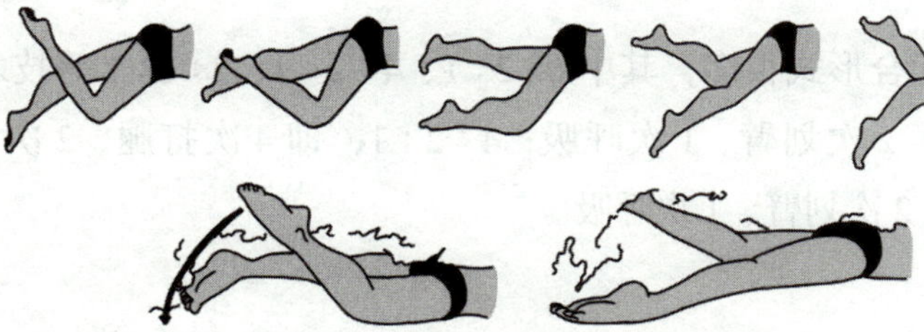

腿的打水动作为向下打水和向上打水交替进行。腿打水的过程中，两脚脚尖稍内扣，踝关节自然放松，由髋关节发力，传至大腿，带动小腿和脚做鞭状打水动作。

（三）手臂动作

手臂动作的发力是练习者采用爬泳游进时推动身体前行的主要动力。爬泳的手臂动作由入水、抱水、划水、推水和空中移臂五个部分组成。

❶ 入水

手臂入水时，屈肘并使肘高于手，手指并拢，自然伸直，向肩前下方斜插入水。

❷ 抱水

手臂入水后插至前下方合适的抱水位置时，前臂外旋，同时屈腕、屈肘对准水，并保持肘高于手的姿势。

❸ 划水

手臂由内向外、向后螺旋曲线划水，划至肩下方。

❹ 推水

当手臂划至肩下方时，快速向上、向后划至大腿外侧，完成推水动作。

❺ 空中移臂

推水结束后，手、肩提拉出水，肘高于手并借助肩关节自然转动，手臂迅速前伸，手先于肘入水，完成空中移臂动作。

（四）呼吸

爬泳呼吸分为单侧呼吸和双侧呼吸，以单侧右转头呼吸为例：身体没入水中时，鼻、口开始缓慢呼气，右手开始内划，头随身体向右侧转动并保持呼气。右臂出水时，嘴露出水面，用力呼气后再张口吸气。吸气结束后，头随右臂前移入水复原。

（五）完整技术配合

爬泳的完整技术配合形式很多，其中 6∶2∶1、4∶2∶1、2∶2∶1 等技术配合较为常见。6∶2∶1，即 6 次打腿、2 次划臂、1 次呼吸；4∶2∶1，即 4 次打腿、2 次划臂、1 次呼吸；2∶2∶1，即 2 次打腿、2 次划臂、1 次呼吸。

四、仰泳

仰泳是一种人体仰卧在水中游进的泳姿。

（一）身体姿势

仰泳

练习者在仰泳时，身体仰卧在水面，自然伸展成流线型，头部和肩部稍高，腰部和腿部保持水平，身体纵轴与水平面构成的夹角较小，腰部和两腿均处在水面下。游进过程中，两腿上下交替踢水，身体围绕纵轴随两臂划水转动，一般转动 45° 左右。

（二）腿部动作

仰泳的腿部动作由下压动作和上踢动作组成，即直腿下压、屈腿上踢。

1 下压动作

下压时，膝关节和踝关节自然放松，由大腿带动小腿伸直下压到一定深度。由于惯性的作用，小腿仍然继续向下，使膝关节弯曲，脚也继续向下。直到惯性消失，大腿、小腿和脚依次结束下压的动作。

2 上踢动作

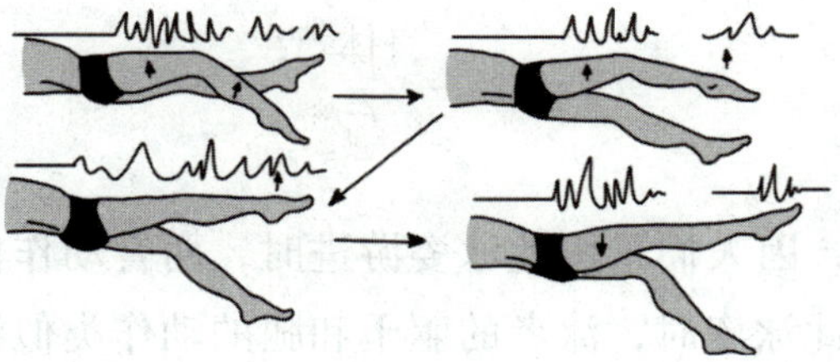

当下压动作结束时，大腿与小腿成135°～140°，大腿带动小腿向上踢水。大腿稍过水平位就结束向上的动作，小腿和脚依次向上完成上踢动作。上踢过程中，膝关节和脚不要露出水面，脚尖应内旋，以加大与水接触的面积。

（三）手臂动作

手臂动作的发力是练习者采用仰泳游进时推动身体前进的主要动力。仰泳的手臂动作分为入水、抱水、划推水、出水和空中移臂五个部分。

1 入水

手臂入水时自然放松，屈腕，掌心朝外，小指向下先入水，入水点应在肩的延长线上。

2 抱水

手臂入水后，要利用移臂时所产生的速度积极向下划到一定的深度，通过展肩、屈肘，形成充分的抱水动作。

3 划推水

划推水时，屈肘，前臂内旋，使手臂内侧对准划水方向，沿体侧向后下方用力划推，推至贴近大腿外侧时，手掌朝下快速做鞭状推水动作。

4 出水

划推水结束后，借助推水动作的惯性迅速提臂，由肩带动上臂、前臂和手出水。

5 空中移臂

提臂出水后，手臂应迅速从大腿外侧垂直于水面前移。当手臂移至肩上方时，手掌内旋，掌心向外，为入水做好准备。

（四）呼吸

仰泳的呼吸一般是2次划水、1次呼吸，即一侧手臂移动时呼气，另一侧手臂移动时吸气。

（五）完整技术配合

仰泳的完整技术配合通常采用6次打水、2次划臂、1次呼吸的技术配合，即6∶2∶1技术配合。臂腿配合方式：右臂移臂入水时，左腿上踢；右臂划推水时，右腿上踢；右手做鞭状推水时，左腿第二次上踢。左臂划水时，重复以上相应动作。

五、蝶泳

蝶泳

蝶泳是从蛙泳演变而来的，因人们采用此泳姿游进时，两臂动作像蝴蝶扇动翅膀，故而得名。采用此泳姿时，泳者的躯干和腿的动作类似海豚游泳的击水动作，故蝶泳也被称为海豚泳。

（一）身体姿势

蝶泳时，身体俯卧于水中，依靠两臂划水、躯干和腿的波浪形打水动作发力推动身体前进。身体成波浪起伏状，没有固定的身体位置。

（二）腿部动作

在蝶泳泳姿中，腿的打水动作由躯干发力，带动大腿、小腿和脚做鞭状打水动作。打水动作由向下打水和向上打水两部分组成。

1 向下打水

向下打水时，两脚脚尖内扣，自然并拢，屈膝成 110° ～130° ，提臀收腹，两腿向下进行鞭状打水。向下打水结束时，膝关节伸直。

2 向上打水

向下打水结束时，展髋，大腿上移的动作类似鞭打动作，形成向上打水。

（三）手臂动作

手臂动作的发力是练习者采用蝶泳游进时推动身体前进的主要动力。蝶泳时，两臂在头前入水，同时沿身体两侧做曲线划水动作。其动作由入水、抱水、划水、推水、出水和空中移臂六个部分组成。

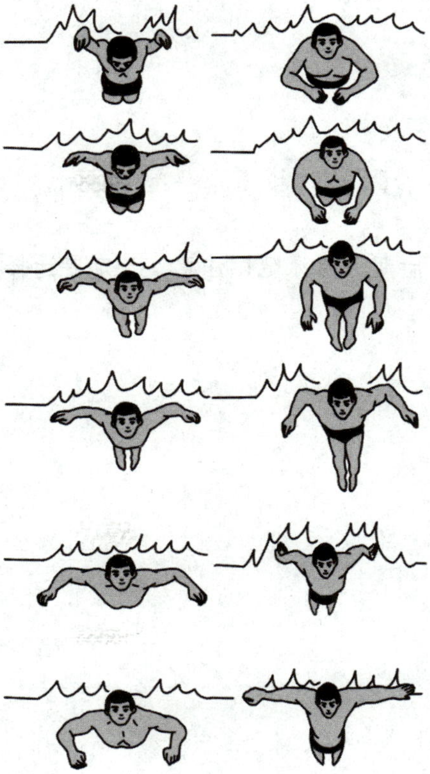

入水：以拇指领先，两手斜插入水，前臂和上臂依次入水，入水点在肩的延长线上。入水时，屈肘，肘高于前臂，掌心朝向外下方，与水面约成45°。
抱水：两臂入水后，手和前臂外旋，手臂由向外转为向后、向下，保持高肘姿势。
划水：两臂继续外旋，手向内、向上、向后曲线划水。当两臂划至肩下方时，前臂与上臂成90°～100°。
推水：两臂向外、向上、向后加速推水至大腿两侧。
出水：当两臂推水至大腿两侧时，利用推水的惯性，提肩、提肘，带动手臂出水。
空中移臂：两臂出水后，在肩的带动下，迅速从两侧前移至头前。移臂过程中两臂放松，拇指朝下，手前伸到接近水面时，肘微屈。

（四）呼吸

从身体没入水中时开始呼气，至头、口露出水面，迅速将气呼完，并迅速吸气，完成呼吸动作。

（五）完整技术配合

蝶泳的完整技术配合普遍采用2次打水、1次划臂、1次呼吸，即2∶1∶1技术配合。两臂入水时，打水1次，低头呼气；两臂出水时，打腿1次，抬头吸气。在短距离蝶泳比赛项目中，有的运动员采用不规则的呼吸方式，即多次打腿、多次划臂、1次呼吸。

体育思政课堂

游泳运动的重要思政教育作用

游泳能够锻炼和培养学生的意志品质。初学游泳时，学生必须克服恐水的心理障碍；长期进行游泳锻炼，还必须做到不怕苦、不怕累、不怕冷。学习游泳，没有勇敢顽强的拼搏精神和坚强的意志力，是无法坚持到底的。因此，长期进行游泳锻炼，可以锻炼学生的意志品质，培养学生勇敢顽强、吃苦耐劳的精神。

思考与探究

1. 谈一谈学习游泳的体会。
2. 观看游泳赛事，描述自己所看到的精彩瞬间。

课外体育活动

学会了游泳，在炎炎夏日，约上三五个伙伴，一起去游泳吧！注意，一定要选择正规的游泳场所，做好准备活动，避免溺水事故的发生。

总结与创新

项目九 体操类运动

【体育精神】

黄晋萱：健美操世界冠军的苦和乐

黄晋萱，辽宁人，1993 年进入沈阳市体育运动学校体操队，1995 年进入辽宁省体操队，成为体操二级运动员。2000 年，黄晋萱因伤转练艺术体操，成为艺术体操一级运动员。2003 年 10 月，黄晋萱考入天津工业大学并加入校健美操队，此后，她代表天津工业大学多次参加高级别的健美操比赛。她包揽了 2005 年、2006 年、2007 年、2008 年、2009 年、2010 年全国健美操锦标赛、全国健美操冠军赛女子单人操项目冠军，获得 2009 年第 3 届亚洲室内运动会健美女子单人操、混合双人操冠军，2010 年第 2 届亚洲健美操锦标赛女子单人操、混合双人操双料冠军，2010 年第 11 届世界健美操锦标赛团体季军。2011 年，在深圳第 26 届世界大学生运动会健美操比赛中，黄晋萱获得团体和个人金牌 4 枚。2012 年，在第 12 届世界健美操锦标赛中，黄晋萱获得团体和个人金牌 3 枚，是该项目第一位中国女子世界冠军。艺术的大道上荆棘丛生，常人会望而却步，只有意志坚强的人才会坚持到最后。

在踏上健美操训练这条道路之前，黄晋萱也曾遇到不少的困难。幼时练习体操时肘关节的意外受伤使她跟不上队友的训练节奏和进度，因此转练艺术体操；恢复训练后，她一直被同龄队友的成绩和光环掩盖，这些对从小接受系统训练并无比热爱体育的黄晋萱来说都是不小的打击。在身体与心理的双重打击下，她多次心生退意。直到 2004 年她第一次接触健美操，多年刻苦训练的基本功终于发挥了作用。良好的身体条件和极强的艺术感染力使黄晋萱找到了前进的方向，稳步踏上了健美操的光辉大道。

项目导读

体操类运动具有锻炼价值独特、项目多样、适用人群广泛等特点，在塑造健美形体、提高身体素质、消除不良心理、改善人际关系等方面具有独特的作用。

学习目标

1. 认识基本体操；掌握基本体操的技术动作。
2. 认识健身健美操；掌握健身健美操的基本动作。
3. 认识啦啦操；掌握啦啦操的基本手位。
4. 认识街舞；掌握街舞的基本步法。

学习内容

一、基本体操

（一）基本动作

◎ 前滚翻

站立伸展—下蹲，两手于体前撑地—提臀，两脚蹬地—屈体前滚—屈膝团身，两手迅速抱腿—两脚蹬地站起，成站立姿势。

◎ 后滚翻

由蹲位开始—两手推地—团身后倒—后滚，肩、头依次着地—臀部继续上翻—经蹲位撑地成站立姿势。

◎ 肩肘倒立

坐位体前屈—向后滚动—收腹、举腿、翻臀—向上伸髋、伸腿—成肘、颈、肩支撑的倒立姿势。

◎ 侧手翻

由站位开始—左腿向侧抬起，两臂上举—左腿向侧落地—顺势向左转体90°，身体下俯—右腿后摆—两手撑地—左脚蹬地—两手依次推地、离地—两脚依次落地。

（二）跳跃动作

◎ 挺身跳

轻松助跑，单脚起跳、双脚落地后上板。起跳后，在空中微挺胸、立腰、抬头，尽量保持挺身姿势，缓冲落地。

◎ 分腿击足跳

积极助跑上板，当身体腾起接近最高点时，迅速收腹、屈体，两腿外分，同时上体前倾，两手主动击脚背，接着两腿下压，两臂上摆，并腿、挺身，缓冲落地。

（三）双杠

◎ 支撑摆动

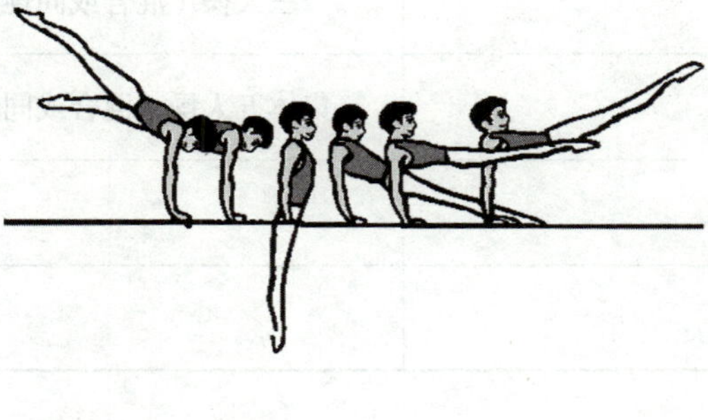

杠上直臂支撑—以肩为轴前后摆动身体。

◎ 支撑前摆下

两臂支撑，身体向后摆动—身体向前摆过杠下垂直部位—向前上方摆腿—身体重心顺势右移—身体前摆接近最高点—两脚制动，下压展髋—两手用力推杠—左手换握右杠—挺身落下，成杠外侧立。

二、健身健美操

健美操是以有氧运动为基础，以健、力、美为特征，融体操、音乐、舞蹈于一体的大众健身方式，也是竞技运动的一个项目。现代健美操运动起源于20世纪60年代。练习者徒手、手持轻器械或在专门器械上进行健美操练习，可达到健身、健美和健心的目的。健美操可分为健身健美操和竞技健美操（表3–9–1），本节主要介绍健身健美操。

表 3–9–1 健美操的分类

健身健美操			竞技健美操
徒手健美操	轻器械健美操	特殊场地健美操	
传统有氧健美操	踏板操	水中健美操	男子单人操
形体健美操	哑铃操	固定器械健美操	女子单人操
爵士健美操	半球操		混合双人操
搏击健美操	橡皮筋操		三人操（混合或同性别）
拉丁健美操	健身球操		集体五人操（混合或同性别）
瑜伽健美操			
迪斯科健美操			

知识窗

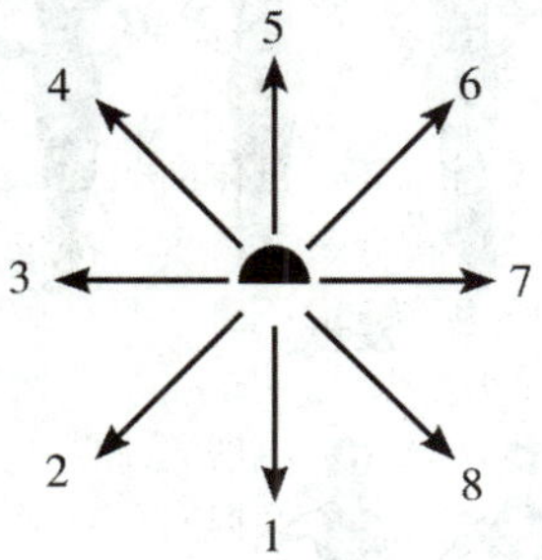

健美操场地方位术语如下。
1点：正前方；2点：右前方；
3点：正右方；4点：右后方；
5点：正后方；6点：左后方；
7点：正左方；8点：左前方。

（一）基本动作

1 基本步法

◎无冲击力步法

无冲击力步法

运用无冲击力步法做动作时，两脚始终保持接触地面。

◎低冲击力步法

低冲击力步法

V 字步

漫步

并步

迈步屈腿

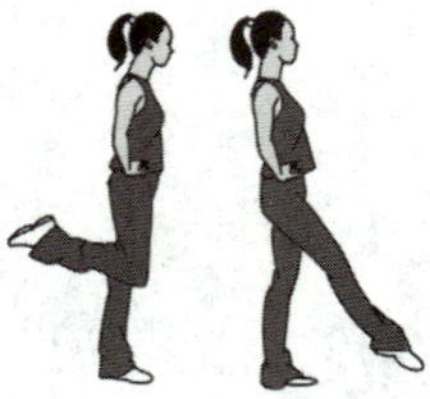
弹踢腿

侧交叉步

运用低冲击力步法做动作时，一只脚始终保持接触地面。

◎高冲击力步法

高冲击力步法

并步跳

迈步吸腿跳

开合跳

弓步跳

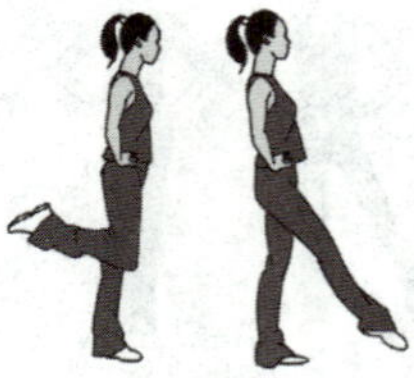
弹踢腿跳

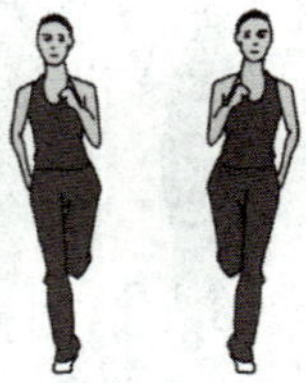
后屈腿跳

运用高冲击力步法做动作时，两脚有一瞬间同时离开地面。

基本手型

2 基本手型

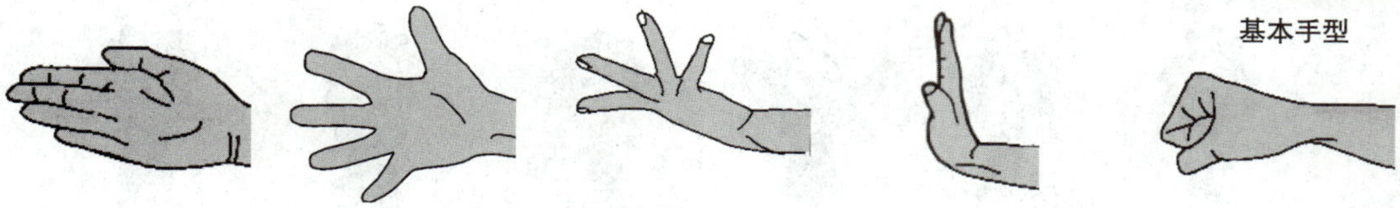

并掌　开掌　花掌　立掌　拳

（二）健美操创编

健美操创编分为以下三个步骤。

步骤一：上下肢动作的变化和重复构成健美操的动作要素。

步骤二：选配一段相应风格的音乐配合健美操动作，构成健美操的音乐要素。

步骤三：赋予健美操动作内在表现力并把它展示出来。

◎创编原则

◎ 针对性

因人而异，针对不同目的、对象、年龄、性别、身体状态、兴趣爱好和接受能力，以及参与活动的需求，有目的地创编。

◎ 全面性

动员整个身体参与运动，使身体各部位的肌肉、关节、韧带及内脏器官充分活动，全面发展身体素质。

◎ 科学性

严格遵循运动生理规律。负荷由小到大，动作由简到繁，强度由弱到强再到弱，最后恢复到平静状态。

◎ 音乐与动作的一致性

音乐是健美操的灵魂。健美操音乐与动作的节奏、风格一致，能够使人更好地感受健美操的美感。

三、啦啦操

啦啦操起源于美国，是指在音乐的伴奏下，通过参与者集体完成复杂、高难度的基本手位与类舞蹈动作，项目特有的难度动作和过渡配合等动作内容，充分展示团队高超的运动技能技巧，体现青春活力、积极向上的团队精神，并努力追求团队荣誉感的一项体育运动。

啦啦操手位

啦啦操有 36 个的基本手位。啦啦操的基本手位均有统一的动作规格。练习者进行手位练习时应注意：手臂有控制地快速移动；手臂移动路径为最短距离，短杠杆发力；下肢扎实，髋关节微向前倾，腰腹收紧。

1. 下 A　2. 上 A　3. 上 V　4. 下 V　5. 加油　6. T

7. 短 T　8. W　9. 上 L　10. 下 L　11. 斜线　12.K

13. 侧 K　14. 大弓箭　15. 小弓箭　16. 短箭　17. 侧上冲拳

18. 侧下冲拳　19. 斜下冲拳　20. 斜上冲拳　21. 高冲拳　22. R　23. 上 M

24. 下 M　25. 屈臂 X　26. 高 X　27. 前 X　28. 低 X

29. X 30. 上 H 31. 小 h 32. 屈臂 H

提桶式 持烛式

33. 前 H 34. 后 M 35. O 36. 下 H

四、街舞

街舞是体育与街头表演相结合的舞蹈。它以舞蹈动作为基本内容，配合街舞风格的音乐，包括单人配合和集体配合，既有娱乐健身性，又有表演性。

20 世纪 60 年代末，街舞出现于美国东海岸的纽约市和西海岸的加利福尼亚州。20 世纪 80 年代中期，街舞传入中国。2020 年 12 月，国际奥委会将霹雳舞（街舞的一种）列为 2024 年巴黎奥运会正式比赛项目。在 2022 年世界霹雳舞锦标赛上，中国选手刘清漪摘得女子组银牌，为中国队赢得历史首枚世界霹雳舞锦标赛奖牌。

街舞的基本步法如下。

◎ 膝步

【动作方法】一腿屈膝抬起（吸腿），然后向同侧滑步拖拽。

【技术要点】吸腿时，支撑腿微屈膝，侧滑时，身体重心随滑步移动。

◎ 恰恰恰

【动作方法】两脚交替做右、左、右或左、右、左的步法。
【技术要点】身体重心在左右腿上转换。

◎ 快滑步

【动作方法】并腿站立，一只脚向同侧滑出一步，不收脚，直接跳换脚。
【技术要点】侧滑时，身体重心随滑步移动。

◎ 双时步

【动作方法】向前小踢腿接后垫步。
【技术要点】小踢腿时，身体重心在两腿之间。

体育思政课堂

体操类运动张扬热烈、朝气蓬勃的精神力量

体操类运动蕴含着丰富的育人元素，集团队协作、自信热情、奋发向上于一身，代表着张扬热烈、朝气蓬勃的精神力量。练习体操类运动可以培养学生的向心力和团队精神，增强学生的担当精神，引导学生不断增长个人本领。

思考与探究

1. 结合实际，谈一谈你对基本体操动作的练习体会。
2. 健身健美操的创编步骤和原则是什么？试着创编一套健身健美操吧。
3. 啦啦操的基本手位有多少个？试着做一做吧。

课外体育活动

同学们，通过学习，你们对于运动方式有了更多选择，每周穿插进行 30 分钟的健身健美操练习吧！

总结与创新

项目十

冰雪类运动

【体育精神】

冰上伉俪——申雪、赵宏博

申雪、赵宏博是我国著名的花样滑冰双人滑运动员。他们从 1992 年 8 月开始组合练习双人滑。申雪、赵宏博的技术特点是动作难度大，他们的“四周抛跳”是冰上运动超高难度动作。

申雪、赵宏博曾在世界花样滑冰锦标赛上长期保持着前三名的高水准，在 1999 年、2000 年的双人滑项目比赛中获得亚军，在 2001 年的双人滑项目比赛中获得季军。在 2002 年世界花样滑冰锦标赛上，申雪、赵宏博获得中国在花样滑冰双人滑项目上的首个世界冠军。2003 年，申雪、赵宏博成功卫冕世界花样滑冰锦标赛双人滑项目冠军。2004 年，申雪、赵宏博获得世界花样滑冰锦标赛双人滑项目亚军、世界花样滑冰大奖赛双人滑项目冠军、2004 年至 2005 年赛季国际滑冰联盟花样滑冰大奖赛双人滑项目冠军。

2005 年，距离都灵冬奥会只有半年多的时间，赵宏博却意外遭遇了跟腱断裂的打击。为了能够赶上奥运会，赵宏博与伤病赛跑，边恢复边训练，最终以惊人的毅力站上了奥运赛场，并与申雪一起获得了宝贵的奥运会铜牌。对于这段经历，申雪感慨在最困难的时刻，两人互相支持和鼓励，一同面对困难，才创造了奇迹。2007 年 3 月，申雪、赵宏博在世界花样滑冰锦标赛上获得双人滑项目冠军。随后两人宣布结婚，短暂退出训练和比赛。2009 年 5 月，申雪、赵宏博正式复出备战温哥华冬奥会。他们二人于北京时间 2010 年 2 月 16 日以总分 216.57 分的成绩获得温哥华冬奥会花样滑冰双人滑冠军，这是中国花样滑冰历史上的首枚奥运金牌。

2010 年 2 月，申雪、赵宏博正式宣布退役。

2011 年 1 月，申雪、赵宏博获得 2010CCTV 体坛风云人物年度最佳组合奖。这也是二人第三次获得该项大奖。2011 年 10 月，申雪、赵宏博获得 2011 年中国十佳劳伦斯冠军奖最佳组合奖。

项目导读

冰雪类运动是一类极具地域特色的体育活动，是我国北方地区冬季体育活动必不可少的项目之一。冰雪类运动集娱乐、休闲、健身、竞技等功能于一体，形式多样，内容丰富。随着我国国民经济的不断增长和人民生活水平的提高，冰雪类运动已经逐渐成为我国人民健身的新方向。2022 北京冬奥会的成功举办使冰雪类运动在我国得到更广泛的推广和普及。

学习目标

1. 了解滑冰运动和滑雪运动的起源和发展。
2. 了解滑雪项目的分类。
3. 掌握速度滑冰和滑雪的基本技术。

学习内容

一、滑冰

（一）速度滑冰

1 速度滑冰概述

滑冰在世界上有着悠久的历史。古代，生活在寒冷地带的人们在冬季冰封的江河湖泊中以滑冰作为出行和交通运输的手段，后来，随着社会的发展，滑冰活动逐步发展为滑冰游戏，直到现代的速度滑冰运动。从 10 世纪开始，骨制的冰刀出现。1250 年左右，荷兰盛行将钉在木板上的铁制冰刀绑在鞋上，在冰面上滑行。17 世纪，铁制冰刀有了改进。有人发明了管式铁制冰刀，使速度滑冰有了新的发展。

国际性速度滑冰比赛始于 19 世纪末。1889 年，第 1 届国际速度滑冰比赛在荷兰的阿姆斯特丹举行。中国滑冰协会于 1956 年加入国际滑冰联盟（以下简称“国际滑联”）。我国选手罗致焕在 1963 年代表中国参加世界速度滑冰锦标赛，夺得 1500 米世界冠军，并打破了男子全能世界纪录，成为中国在世界速度滑冰锦标赛中的第一位金牌获得者。1992 年，我国女子速度滑冰运动员叶乔波在法国阿尔贝维尔冬奥会上获得速度滑冰女子 500 米、1000 米银牌，实现了我国在冬奥会上奖牌“零”的突破。2014 年，我国速度滑冰运动员张虹获得索契冬奥会速度滑冰女子 1000 米金牌。这是中国冬奥会历史上的第一枚速度滑冰金牌，成为我国速度滑冰史上的又一重大突破。在 2022 年北京冬奥会上，我国运动员高亭宇获得速度滑冰男子 500 米金牌。这是中国自 1980 年首次参加冬奥会以来赢得的第一枚速度滑冰男子项目金牌。

2 速度滑冰的装备和场地

滑冰时，手套、护腕、护肘、护膝是必备的安全护具。练习者的服装应具有弹性，以便于运动。

速度滑冰场是由两条直道连接两条半圆弯道组成的封闭式跑道。场地最大周长为 400 米，最小周长约为 333.33 米。两条跑道的内弯道半径不能小于 25 米或大于 26 米。每条跑道宽为 4 米、4.5 米或 5 米，在一侧直道的末端设置终点，另一侧直道上设置换道区。

知识窗

挑选冰鞋时要注意以下四点。

（1）看刀体是否直：将冰鞋倒拿，举起，刀刃朝上，鞋口朝下，看刀体是否在一条直线上。刀体越直越好。

（2）看冰刀与冰鞋衔接是否合理：花样冰鞋和冰球鞋的冰刀应位于冰鞋的正中间；速滑鞋左脚刀略向右侧偏转约 15°，右脚刀略向左侧偏转约 15°。

（3）看冰刀是否光亮：有些冰刀由于钢质不好或镀银不好，刀体表面开始生锈或镀银有脱落现象。好的冰刀应很光亮，表面无锈痕。

（4）看码数是否合适：购买冰鞋时一定要进行两只脚的试穿。穿好鞋后，脚不能在鞋内有滑动。冰鞋的码数一定要与本人的脚相适合，既不可过大也不能过小。

3 速度滑冰基本技术

（1）直道滑跑。

直道滑跑姿势

蹬冰角度变化

滑跑姿势：上体前倾，肩部稍高于臀部，身体重心既不要前倾，也不要后坐。
蹬冰动作：开始蹬冰，用最大力量蹬冰，结束蹬冰。

直道滑跑收腿动作

直道滑跑全身配合动作

直道滑跑摆臂动作

收腿动作：将浮腿从蹬冰结束后的侧位拉到后位，再到冰刀着冰时的前位动作。
下刀动作：从浮腿收回靠近支撑腿的内侧开始，到用正刃支撑滑进结束。
惯性滑进动作：用单腿支撑身体，借助惯性向前滑进的动作。
全身配合动作：臀部、上体进行合理、协调地配合。
摆臂动作：在滑跑中，两臂的摆动是为了增加蹬冰的力量。

（2）弯道滑跑。

弯道滑跑姿势

弯道滑跑右腿蹬冰动作

弯道滑跑左腿蹬冰动作

弯道滑跑右腿收腿动作

弯道滑跑左腿收腿动作

弯道滑跑右腿着冰动作

弯道滑跑左腿着冰动作

滑跑姿势：掌握好身体倾斜角度与弯道弧度的关系。
蹬冰动作：弯道蹬冰采用交叉步滑跑，右脚用内刃、左脚用外刃向右侧蹬冰。
收腿动作：右腿结束蹬冰后，以大腿带动小腿，与左支撑腿靠近，继续向左侧移动着冰。
下刀动作：注意出刀角度的大小和惯性滑进动作。

4 起跑技术和终点冲刺技术

起跑预备姿势

起动动作

冲刺动作

起跑技术：运动员要在短时间内尽快发挥速度，迅速起动并向途中滑跑过渡。
终点冲刺技术：采用双摆臂来提高滑跑频率，收摆的浮腿与支撑腿靠近。

（二）短道速滑

1 短道速滑概述

短道速滑是冬奥会项目，全称短跑道速度滑冰，19 世纪初起源于加拿大。20 世纪初，这项比赛逐渐在欧洲和北美洲广泛开展。1992 年，短道速滑被列为冬奥会比赛项目，有男子 500 米（1994 年列入）、1000 米（1992 年列入）、5000 米接力（1992 年列入）、1500 米（2002 年列入），女子 500 米（1992 年列入）、1000 米（1994 年列入）、3000 米接力（1992 年列入）、1500 米（2002 年列入），以及混合团体接力项目。

2018 年 2 月，在平昌冬奥会短道速滑男子 500 米决赛中，我国运动员武大靖打破世界纪录，强势夺冠。2022 年 2 月，在北京冬奥会上，我国运动员任子威、李文龙分别获得短道速滑男子 1000 米金牌、银牌；范可新、韩雨桐、曲春雨、张楚桐、张雨婷获得短跑速滑女子 3000 米接力铜牌；范可新、曲春雨、张雨婷、任子威、武大靖获得短道速滑混合 2000 米接力金牌。

2 短道速滑竞赛规则简介

短道速滑比赛采用淘汰制，以预赛、次赛、半决赛、决赛的比赛方式进行。4 ～ 8 名运动员在一条起跑线上同时起跑出发。预赛站位通过抽签决定，之后的比赛按照上一轮比赛的成绩确定站位，成绩好的运动员站内道。比赛途中，在不违反规则的前提下，运动员可以随时超越对手。

知识窗

中国著名短道速滑运动员举例如下。

1. 李琰

李琰在1988年卡尔加里冬奥会短道速滑项目比赛中获得女子1000米金牌，以及500米、1500米铜牌，并创造了短道速滑女子1000米的世界纪录。她在1992年阿尔贝维尔冬奥会上获得短道速滑女子500米银牌。这是中国短道速滑项目的第一枚奥运奖牌。在1992年世界短道速滑锦标赛中，李琰获得女子500米和1000米两枚金牌。

2. 杨扬

杨扬，中国冬奥会历史上首位金牌获得者。在2002年盐湖城冬奥会上，杨扬获得短道速滑女子500米金牌。1999年，杨扬当选国际滑联运动员委员会委员。2010年，杨扬成为第一个以运动员身份当选的国际奥委会委员。

3. 周洋

周洋，中国女子短道速滑运动员，2010年温哥华冬奥会短道速滑女子1500米冠军，2014年索契冬奥会短道速滑女子1500米冠军。

（三）花样滑冰

1 花样滑冰概述

花样滑冰起源于18世纪的英国，后在德国、美国、加拿大等欧美国家迅速开展。1863年，被誉为“现代花滑之父”的美国人杰克逊·海因斯将滑冰运动与舞蹈艺术融为一体，在欧洲巡回表演，丰富了花样滑冰的内容和形式。

1868年，美国的丹尼尔·梅伊和乔治·梅伊首次表演了双人滑。1872年，奥地利首次举办了花样滑冰比赛。1896年，首届世界男子单人花样滑冰锦标赛在俄国圣彼得堡举行；1906年，首届世界女子单人花样滑冰锦标赛在瑞士达沃斯举行。花样滑冰于1924年被列为首届冬奥会的比赛项目，当时包括男女单人滑、双人滑。1952年，首次世界冰上舞蹈锦标赛在法国巴黎举行。

花样滑冰的国际组织机构为国际滑联。在中国，花样滑冰最高级的组织机构为中国花样滑冰协会。该协会于2018年在北京成立。

申雪、赵宏博是我国著名的花样滑冰双人滑运动员。二人组合在2002年、2003年、2007年三度夺取世界花样滑冰锦标赛双人滑冠军，并在2010年温哥华冬奥会上获得花样滑冰双人滑金牌。在2022年北京冬奥会上，我国运动员隋文静、韩聪获得花样滑冰双人滑冠军。

2 花样滑冰比赛规程

花样滑冰国际比赛由国际滑联负责组织管理。在花样滑冰的单人滑与双人滑比赛中，选手必须完成两套节目。在短节目中，运动员必须完成一系列必选动作，包括跳跃、旋转和步法；在自由滑（长节目）中，运动员在选择动作时有更大的自由度。

3 冰上舞蹈

冰上舞蹈起源于花样滑冰，始于20世纪30年代的英国。它偏重舞步，强调用动作表达情感。1937年，英国举办了首届冰上舞蹈锦标赛。从1949年起，冰上舞蹈被列为单独比赛项目，由1男1女配对参赛。冰上舞蹈的比赛通常包括三套舞：一套规定舞，一套每年指定采用一种国际标准舞节奏（如华尔兹、狐步舞、探戈等）的创编舞和一套选手自己选择的自由舞。2010年6月，国际滑联大会通过决议，宣布在之后的冰上舞蹈比赛中取消规定舞，只保留创编舞和自由舞。

（四）滑冰健身的注意事项

（1）滑冰之前应先检查场地，看其是否平滑，注意避开那些凹凸不平的地段；检查冰刀与冰鞋连接得是否牢固，鞋带是否系结实，冰刀的内刃和外刃是否锋利。

（2）服装要保暖，不宜穿得太多，以免影响运动的灵活性。

（3）初学者还要注意休息，可以每隔15～30分钟休息一次。

（4）摔倒时，切忌挣扎，尽可能地使臀部一侧着地。

（5）身上不要带硬器（如钥匙、小刀、手机等），以免摔倒时伤到自己。

（6）站立时，两脚略分开，约与肩同宽，两脚脚尖稍向外转，成小八字形，两腿稍弯曲，上体稍前倾，目视前方。

（7）滑行时要俯身、弯腿，身体重心向前，这样即使滑倒了，也会往前摔，不会摔到尾骨。

（8）无法避免冲撞的时候，不要自己摔倒来减速和躲避，身体重心应向一侧倾斜，保护好头部和胸部，可以伸手缓冲撞击。

二、滑雪

（一）滑雪概述

人类的雪上活动已有几千年的历史。滑雪运动最早起源于我国新疆阿勒泰地区。国际滑雪联合会成立于1924年。北欧滑雪项目于1924年被列入在法国夏蒙尼举行的第1届冬奥会。滑雪运动（特别是现代竞技滑雪）发展到今天，项目不断增多，领域也不断扩展。世界正式滑雪比赛的大项目分为高山滑雪、北欧滑雪、自由式滑雪、冬季两项滑雪、雪上滑板滑雪等，每个大项又分很多小项。

这里重点介绍的是雪上运动中的竞技滑雪。这些项目均为当今冬奥会的比赛项目，如自由式滑雪、高山滑雪、越野滑雪、跳台滑雪、北欧两项、单板滑雪等。

知识窗

滑雪板使用技巧如下。

（1）如何在雪面上放置滑雪板：① 与滚落线垂直；② 双板保持平行。

（2）如何穿上滑雪板：① 先穿山下侧的滑雪板，再穿山上侧的滑雪板；② 先卡好前部固定器，再压好后部固定器。

（3）如何检查滑雪靴与滑雪板的连接是否牢固：① 引身向上跳动；② 使滑雪板离开地面。

（4）如何脱下滑雪板：① 用滑雪杖尖端打开滑雪板后部固定器；② 将滑雪板向身体侧面抬起，用力向下磕。

休闲滑雪的注意事项有哪些?

（1）应仔细了解滑雪道的高度、宽度、长度、坡度及走向。

（2）了解滑雪索道的开放时间，切勿在无工作人员看守时乘坐。

（3）要根据自己的滑雪水平选择合适的滑雪道，切不可因过高估计自己的水平而贸然行事。

（4）在滑行中如果对前方的情况不明，或感觉滑雪器材有异常，应停下来检查。

（5）在结伴滑行时，相互间一定要拉开距离，切不可为追赶同伴而急速滑降，否则很容易摔倒或与同伴相撞。

（6）中途休息要停在滑雪道的边上，不能停在陡坡下，并注意躲避从上面滑下来的滑雪者。

（7）滑行中如果失控跌倒，应迅速降低身体重心，向后坐，不要胡乱挣扎，可抬起四肢，屈身，任由身体向下滑动，待滑动速度减慢后，设法制动。要避免头部朝下，更要避免翻滚。

（二）滑雪项目

1 自由式滑雪

（1）自由式滑雪概述。

自由式滑雪起源于20世纪60年代的美国，其首次比赛于1971年在美国新罕布什尔州举行。国际滑雪联合会在 1979 年正式承认自由式滑雪项目，并且在运动员及其跳跃技巧方面制定了规则，以降低此项运动的危险性。自由式滑雪包括空中技巧、雪上技巧和雪上芭蕾项目，其中前两项被列为冬奥会比赛项目。

我国著名男子滑雪运动员韩晓鹏在 2006 年都灵冬奥会上获得男子自由式滑雪空中技巧冠军，是首位在冬奥会夺冠的中国男子运动员；我国女子滑雪运动员李妮娜在 2006 年都灵冬奥会和 2010 年温哥华冬奥会自由式滑雪空中技巧项目上两度摘银，在 2005 年、2007 年、2009 年自由式滑雪世界锦标赛上连续三届夺金。在 2022 年北京奥运会上，我国运动员齐广璞获得自由式滑雪男子空中技巧金牌；谷爱凌获得自由式滑雪女子大跳台、自由式滑雪女子 U 型场地技巧两个项目的金牌，以及自由式滑雪女子坡面障碍技巧银牌；徐梦桃获得自由式滑雪女子空中技巧金牌；徐梦桃、贾宗洋、齐广璞共同获得自由式滑雪空中技巧混合团体银牌。

（2）自由式滑雪分项。

空中技巧：空中技巧男子运动员使用的滑雪板长度为 1.6 ～ 1.7 米，女子运动员使用的滑雪板长度为 1.5 ～ 1.6 米。场地由出发区、助滑坡、过渡区一、跳台、过渡区二、着陆坡和终点区组成。

雪上技巧：在设置一系列雪包的陡坡线路上进行回旋动作、空中动作及滑降速度的比赛，包括单人雪上技巧和双人雪上技巧。

雪上芭蕾：雪上芭蕾场地长 200 ～ 240 米，宽 35 ～ 45 米，坡度为 12° ～ 15°。滑雪板不得短于运动员个人身高的 81%。

2 高山滑雪

高山滑雪起源于欧洲的阿尔卑斯山地区，因此欧洲各国将起源于阿尔卑斯山地区的从山上向下滑行的滑雪运动称为阿尔卑斯滑雪。

冬奥会高山滑雪竞技项目包括回转、大回转、滑降等。

（1）回转。

回转比赛的场地应建在坡度为 20° ～ 27° 的山坡上。场地宽度不得小于 40 米。起点与终点的高度差：男子比赛场地为 140 ～ 220 米，女子比赛场地为 120 ～ 180 米。旗门：男子比赛场地设置 55 ～ 75 个，女子比赛场地设置 45 ～ 60 个。每个旗门由两面旗帜和两根旗杆组成。红、蓝旗门要交替插设。旗帜的规格为 24 × 22 厘米。两个旗门的最小距离不得少于 0.75 米。旗门宽度为 4 ～ 6 米。旗门设置应包括开口旗门（两个旗门杆连线与线路方向垂直）、闭口旗门（两个旗门杆连线与线路方向平行）以及 1 ～ 4 个由 3 ～ 4 个旗门组成的旗门组，如蛇形门、螺旋门、三角门及菱形门等。运动员在两条不同线路各滑行一次，成绩相加，时间少者名次列前。

（2）大回转。

大回转比赛场地通常多坡并成波浪形，其宽度至少为 30 米。起点与终点的高度差：男子为比赛场地为 350 ～ 400 米，女子比赛场地为 260 ～ 350 米。旗门数应是高度差的 12% ～ 15%，旗门宽 4 ～ 8 米。最近两个上下连续门的旗门杆最小距离不得少于 10 米。大回转比赛一般须滑行两轮。第二轮滑行可在同一场地进行，但旗门必须重新设置。两轮滑行成绩相加，时间少者名次列前。

（3）滑降。

滑降场地起点与终点的高度差：男子比赛场地为 800 ～ 1100 米，女子比赛场地为 500 ～ 800 米。线路长度的设计在冬奥会中应保证男子的最好成绩不少于 2 分钟，女子的最好成绩不少于 1 分 40 秒。为确保比赛安全，除了在线路两侧插足够的红色和绿色指示旗外，还必须在危险地段、坡度转换和颠簸地带、转变处及运动员易于滑错方向的地段等处设置旗门。旗门的宽度不得小于 8 米。运动员必须用至少一只滑雪板的前端和两脚都通过旗门线，方为正确通过旗门。

3 越野滑雪

（1）越野滑雪的起源。

越野滑雪起源于北欧，故又称北欧滑雪。据记载，1226 年挪威内战期间，两名被称为“桦木腿”的侦察兵，怀藏两岁的国王，滑雪翻越高山，摆脱了敌人。直到现在，挪威每年还举行越野马拉松滑雪赛，距离为 35 英里（1 英里≈ 1609.344 米），与当年侦察兵所滑路程相同。

（2）越野滑雪奥运会比赛。

1924 年 2 月 3 日，国际滑雪联合会在法国夏蒙尼成立。同年，越野滑雪被列为冬奥会比赛项目，现设男子 15+15 千米追逐赛、女子 7.5+7.5 千米追逐赛、男子个人竞速赛、女子个人竞速赛、男子团体竞速赛、女子团体竞速赛、男子 4 × 10 千米接力赛、女子 4 × 5 千米接力赛、男子 15 千米间隔出发、女子 10 千米间隔出发、男子 50 千米集体出发和女子 30 千米集体出发 12 个小项。

越野滑雪比赛路线分上坡、下坡和平地，长度各占全程的 1/3。雪道的最高点不得超过海拔 1800 米。比赛开始前，运动员的滑雪板由大会打上标记。运动员到终点时要求至少有一支雪板留有标记，若双板都更换将被判为犯规，成绩无效。单项比赛出发时，每次 1 人，间隔 30 秒，顺序由抽签决定，以到达终点的时间确定名次。接力项目比赛时，运动员集体出发，道次由抽签决定，以每队队员滑完全程的时间之和计算成绩和名次。

4 跳台滑雪

（1）跳台滑雪的起源。

跳台滑雪起源于 19 世纪的挪威。1860 年，挪威德拉门地区的两位农民在奥斯陆举行的首届全国滑雪比赛上表演了跳台飞跃动作。随后，跳台滑雪逐渐成为一个独立的项目并得到广泛开展。1879 年，首届跳台滑雪比赛在挪威首都奥斯陆举行。1883 年，跳台滑雪被列入霍尔门科伦滑雪大奖赛。19 世纪末，跳台滑雪先后传入瑞典、瑞士、美国、法国、意大利、波兰等国家。

（2）跳台滑雪奥运会比赛。

在 1924 年夏蒙尼冬奥会中，跳台滑雪就被列入比赛项目。在 1964 年以前的 8 届冬奥会中，由于跳台规格不一，只能以主办国的跳台为标准进行跳台滑雪比赛。从 1964 年因斯布鲁克冬奥会开始，国际滑雪联合会明确规定了跳台滑雪比赛的统一跳台级别。跳台分别为 70 米台和 90 米台两种。

5 北欧两项

北欧两项起源于北欧，由越野滑雪和跳台滑雪组成，在挪威、瑞典广泛流行，成为北欧的传统体育项目，故又称北欧全能。

北欧两项于 1883 年被列为霍尔门科伦滑雪大奖赛比赛项目；20 世纪初开始向世界推广；1924 年被列为首届冬奥会比赛项目；1984 年以前只设个人赛，1988 年起增设团体赛，仅有男子项目。比赛按跳台滑雪、越野滑雪的顺序进行。跳台滑雪起初为 70 米台级，1992 年改为 90 米台级；越野滑雪原为 18 千米，1956 年改为 15 千米。

北欧两项的个人赛和团体赛的竞赛规则有很大不同。个人赛第一天进行跳台滑雪，每人跳两次，以距离分和姿势分计算总成绩；第二天进行越野滑雪，跳台滑雪成绩最好的运动员第一个出发，其他运动员根据跳台滑雪与第一名的得分差，依次间隔出发，最后以运动员到达终点的顺序排列名次。团体赛跳台滑雪各队 4 名运动员依次出发，得分方法同个人赛；越野滑雪时，跳台滑雪成绩最好的队首先出发，其他队要根据与跳台滑雪成绩最好的队的得分差换算成时间差，依次间隔出发，各队的第二、第三、第四名运动员在接力区交换出发，以第四名运动员到达终点的顺序排定名次。

6 单板滑雪

单板滑雪将冲浪、滑板与滑雪的元素结合在一起，成为一项发展迅速的运动项目。第一次正式的单板滑雪比赛于 1981 年在美国科罗拉多州举行。在 1998 年长野冬奥会上，单板滑雪的U型场地和个人大回转项目首次亮相。在 2002 年盐湖城冬季奥运会上，个人大回转项目被平行大回转替代。2006 年都灵冬奥会增设了单板滑雪越野赛。2014 年索契冬季奥运会又增设了障碍技巧赛。

2022 年北京冬奥会，单板滑雪包括平行大回转、障碍追逐、U型场地技巧、坡面障碍技巧、大跳台和障碍追逐混合团体项目。我国运动员苏翊鸣在 2022 年北京冬奥会上获得单板滑雪男子大跳台金牌和男子坡面障碍技巧银牌。

平行大回转的比赛场地长为 936 米，平均坡度为 18.21°，坡高为 290 米。滑板坚硬、狭窄，以利于转向和高速滑行。平行大回转以滑行速度评定名次，主要技术动作有左右回转。在平行大回转项目中，由两名运动员肩并肩进行对抗，其间要穿越一系列的旗门，速度快者晋级下一轮。闯入决赛的运动员总共要进行 9 次较量。

（三）滑雪基本技术

1 平地滑雪技术

平地滑雪技术动作要领见表 3-10-1。

表 3-10-1　平地滑雪技术动作要领

技术组成	动作要领
基本站姿	放松站立，两滑雪板平行，两腿微屈，压靠滑雪靴，两手位于体侧，滑雪杖插入雪地，平视前方
雪上行走	上体稍前倾，身体重心适当前移。滑雪板底部不离雪面，边支撑、边滑、边走。用滑雪杖支撑时不是两杖同时推进，而是如同摆臂动作，两滑雪杖交替支撑推动
推进滑行	① 保持微屈膝，上体前倾，两滑雪杖同时向前摆动，滑雪杖尖在体前着雪。② 上体加大前倾，两臂用力向后用滑雪杖支撑。③ 滑雪杖充分后撑，肘臂伸直，身体重心下降，保持滑行姿势滑进。④ 收滑雪杖时身体重心上升，准备第二次撑杖
蹬冰式滑行	① 上体稍前倾，膝关节微屈，两板平行，与肩同宽，两臂自然弯曲，杖尖在身体侧后方。② 左侧板与前进方向成 45°，大腿用力向侧后方蹬出。③ 左脚蹬伸结束后，滑雪板抬离雪面，身体重心落在右腿上向前方滑行，同时将左脚收回。④ 右脚蹬伸时，动作与左脚相同

2 登坡技术

登坡技术动作要领见表 3-10-2。

表 3-10-2　登坡技术动作要领

技术分类	动作要领
双板平行登坡（阶梯式登坡）	① 步幅不要太大。迈动时保持两滑雪板平行，身体重心随之向上移动，可用滑雪杖协助支撑。② 用山上侧板外刃刻住雪面后，身体重心全部移到上侧腿上，接着下侧腿向上侧腿靠拢，并用内刃刻住雪面。③ 下侧板内刃刻住雪面后，再进行第二步的登行
八字形登坡	面对山坡，用两板内刃刻住雪面，身体前倾，向前上方依次迈进。步幅不宜过大，防止板尾交叉。迈出一侧滑雪板的滑雪杖协助支撑，可用手握住滑雪杖握把的头。手、脚与身体重心配合一致。在向上登坡时，重要的是板内刃刻住雪面和身体重心的移动

3 原地变向技术

原地变向技术动作要领见表 3-10-3。

表 3-10-3　原地变向技术动作要领

技术分类	动作要领
板尖、板尾展开变向	变向时，要注意滑雪杖的位置。板尖展开变向时，滑雪杖支撑位置应在体后，而板尾展开变向时，滑雪杖支撑位置应在体前。滑雪板展开距离不宜过大，随着对滑雪板的适应，再逐渐加大展开的距离
180° 变向	前转 180° 变向时，两板平行站立，两杖在体前支撑。右板支撑身体，左板向前抬起直立，两杖在体侧支撑。上体左转的同时，直立的左板以板尾为中心向左侧下方转动并着地。在放左板的同时，左侧滑雪杖移至左板外侧支撑。身体重心移至左腿，右板和右侧滑雪杖抬起移向与左板平行的同一方向，随后两滑雪杖在体前侧支撑。把前转 180° 变向动作由结束部分依次向开始部分相反进行，即为后转 180° 变向

4 停止滑行技术

停止滑行技术动作要领见表 3-10-4。

表 3-10-4　停止滑行技术动作要领

技术举例	动作要领
犁式停止法	在滑降中使滑雪板成犁式状态，身体重心稍后移，形成稍后坐姿势的同时将两板板尾蹬开，加大立刃，两板内刃逐渐加大刮雪的力量，逐渐加大板尾向外侧的立刃和蹬出力量，直至停止滑行

5 安全摔倒技术

◎ 安全摔倒技术动作要领

身体失去平衡时，尽量不要挣扎，应迅速屈膝降低身体重心，两臂自然伸展，臀部向山上侧坐。两滑雪板稍举起，防止向下滚动。在完全停止前，勿伸腿使滑雪板某一部分着雪，保持稍团身姿势。

体育思政课堂

冰雪运动精神

冰雪运动在寒冬诞生，与其他运动项目相比，注定有着属于它自己的内涵与精神。参与冰雪运动，可以使人们远离城市的喧嚣，在冰雪场上尽情回转、跳跃，体验自然之美，开拓豁达之心。冰雪运动可以培养参与者凌霜傲雪、坚韧不拔的意志品质。在成长的道路上，每个人都会遇到挫折与困难。用坚强的意志和永不言败的决心来战胜困难，是冰雪运动带给我们的勇气。

思考与探究

通过学习冰雪运动，谈一谈冰雪运动可以培养哪些优良品质。

课外体育活动

请同学们关注各大冰雪运动赛事，并积极投身冰雪运动热潮。

总结与创新

项目十一 休闲运动

【体育精神】

中国定向运动创始人张晓威

张晓威，山东省梁山县人，1955 年 9 月出生，15 岁参军，曾两次进入中国人民解放军信息工程大学测绘学院深造，毕业后在中国人民解放军总参谋部测绘导航局（以下简称“总参测绘局”）工作，后调至广州体育学院任军事地形学与定向运动研究军事教官。张晓威是我国最早推广定向运动项目者之一，具有 30 多年测制定向地图和组织定向比赛的丰富经验，率先撰写并出版了《定向越野》，并翻译了《定向运动制图规范》《世界锦标赛规则》等专业性书籍。

1980 年，张晓威在总参测绘局工作期间接触到了定向运动这个体育项目。当时，总参测绘局局长曾说：“全中国还有那么多‘图盲’。如果我们努力搞好测绘工作，无论我们今后在不在军队，都会对我们国家做出巨大的贡献。”这句话影响了张晓威的一生。他把定向运动这个项目当成中国人文化建设的重要组成部分，把自己的爱好、工作与国家民族的命运联系了起来。张晓威于 1983 年 3 月在广州市白云山组织了中国第一次定向试验比赛。张晓威曾测制了数十张定向地图，为国家体委（现国家体育总局）培训了中国最早的三批定向运动教练，并在 2001 年担任全国定向锦标赛总裁判长。张晓威还在深圳、珠海、长沙、桂林、北京等地参与组织了多项大型定向赛事。张晓威于 1986 年担任广东省测绘学会科普委员会副主任。于 1987 年，国际定向运动联合会（以下简称“国际定联”）委任他为国际定联中国代表。1988 年，他发起成立了广州市第一个户外活动类俱乐部——珠江野外活动俱乐部。张晓威于 2002 年申请从中共广州市东山区委提前退休后，至今仍然从事定向运动的推广。近年来，张晓威重点关注定向地图制作领域的人才建设，并开办了多期定向制图培训班，亲自任教。学员中不少成员已成为全国各地开展定向运动的带头人，有些则已成为我国高水平的定向地图制图人。

项目导读

休闲运动是一类以休闲为目的的体育运动。它是人们在现代社会快节奏的工作和生活环境中，利用余暇，主动地体验各种以身体活动为基础的娱乐、健身过程。休闲运动的组织形式多种多样，既有群体组织的休闲运动，又有个体自由参与的休闲运动；既可以是经过严密策划、精心组织的活动过程，又可以是松散的、机动灵活的活动形式。

学习目标

1. 认识轮滑运动；掌握轮滑基本技术。
2. 掌握拓展训练的要领，学会自我评价。
3. 认识定向运动；掌握定向运动基本技术。
4. 认识花样跳绳；掌握花样跳绳基本技术。

学习内容

一、轮滑

（一）轮滑概述

轮滑又称滑旱冰、溜冰、滚轴溜冰等，是运动者穿着带滚轮的特制鞋在坚硬的场地上滑行的运动。经常进行轮滑运动，可以改善运动系统、呼吸系统、心血管系统、神经系统的功能。1980 年，中国轮滑协会正式成立。同年，中国轮滑协会加入国际轮滑联合会。

2010 年，轮滑运动成为亚运会正式比赛项目。目前，国际轮滑联合会、亚洲轮滑联合会、中国轮滑协会都在积极努力，争取早日使轮滑项目成为奥运会正式比赛项目。

对于轮滑初学者来说，首先要掌握轮滑基本技术的重点，即重心突出、平抬平踏、充分侧蹬地、滑足支撑身体重心、浮足提膝收回和浮足就近落地。

（二）轮滑基本技术

1 身体重心突出

身体重心突出包含两层含义：一是身体重心的控制和稳定是轮滑运动的首要因素；二是在绝大多数情况下，在做轮滑运动的技术动作时，身体重心都应向身体位移的方向移出身体之外。

2 平抬平踏

在滑行过程中（除花样轮滑的特殊动作要求外），如要使一脚离开地面，则应以脚底部的所有轮子同时离开地面的方式平行抬起；如要使一脚着地，则应以脚底部所有轮子同时着地的方式平行踏下。

3 充分侧蹬地

蹬地是滑行的动力。在脚蹬地时，为加大蹬地力量和增加做功的距离，腿部应充分蹬伸。基于轮滑运动场地和器材的特点和性能，腿部蹬伸的方向应为人体位移方向的侧前方或侧后方。

4 滑足支撑身体重心

在滑行过程中，滑足应支撑或主要支撑身体重心。

5 浮足提膝收回

在滑行过程中（除花样轮滑的特殊动作要求外），为了保持身体重心稳定和有利于衔接后面的动作，浮足应收回并靠近支撑身体重心的滑足。

6 浮足就近落地

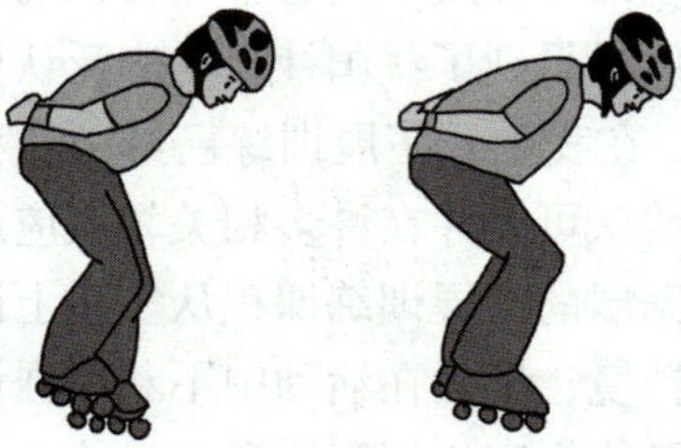

在滑行过程中（除花样轮滑的特殊动作要求外），为更好地保持身体重心稳定，增加蹬地腿蹬伸的做功距离，浮足在落地时，应适当靠近支撑身体重心的滑足。

知识窗

轮滑鞋的保养技巧如下。

（1）经常将轮滑鞋的内套取出洗涤，可以防臭及避免滋生细菌。

（2）经常护理或更换轮滑的轮子，可使直排轮滑鞋的轮子更加耐用。

（3）避免在粗糙的路面上滑行，可以延长轮子和轴承的使用寿命。

（4）不要调换单个轮子或轴承，否则会降低滑行的稳定性。

（5）轴承如果用久了，在滑行时会不顺畅或有“沙沙”的声响。此时，可将轴承取下，将轴承内的杂质清洗干净，再喷上机油或轴承专用油，以延长轴承的使用寿命。

（6）不使用轮滑鞋时，应当将轮滑鞋放在干燥和没有阳光照射的地方，这样可以防止配件生锈，延缓老化。

二、拓展训练

（一）拓展训练概述

拓展训练起源于第二次世界大战期间的英国。20 世纪 40 年代初，英国组建了一所海上训练学校。相关部门定期把海员送到海上训练学校参加高空跳跃等训练项目，以提高海员的心理素质。这种训练课程和内容逐渐受到人们的重视，并得到广泛应用。

我国的拓展训练参照国外盛行的拓展训练的体验教育模式，在模拟自然环境的情境中，降低活动风险，使参加者体验经过设计的户外活动项目，最终形成了具有中国特色的体验学习体系。由于拓展训练在培训领域的潜在价值和震撼性效果得到了我国社会的广泛认可，拓展训练正如它的名字一样，在我国不断“拓展”。如今，在我国，拓展训练已经由一种课程产品发展成为一种教育理念和学习模式，得到教育系统的认可，并在许多相关领域应用，成为我国户外体验式教育的主要项目。在我国，一些高校开展的拓展训练课程从实质上讲属于户外体验式学习的一种，虽然大多数活动只是模拟户外情境，但是在活动中不断被强调的户外特点会使学生产生强烈的参与意愿，既能提高体能，又能提高心理素质和决策能力。

（二）拓展训练的锻炼价值

1 对个人的锻炼价值

拓展训练能够改善身体机能，强健体魄，增强自信心，克服心理惰性，完善性格，磨炼意志。拓展训练中的团队合作能使参与者认识到集体的重要性，增强集体意识，改善人际关系，启发想象力和创造性，提高解决问题的能力。

2 对团体的锻炼价值

拓展训练中的团队协作能使参与者进一步明确和认同组织目标；能挖掘参与者的内在能量，并在团队协作过程中全部释放出来；能增强组织的凝聚力，培养参与者团队精神和整体意识；能改善人际关系，形成积极向上的组织氛围，使组织在面对各种变革和挑战时更为从容有序。

（三）拓展训练的经典项目

1 雷区取水

在一个直径为 5 米的圆形雷区中间放置两杯水。取水者借助绳子和其他队员的帮助，使身体悬空。牵绳队员通过牵引绳子来使取水者移动，使取水者在不接触地面的情况下，取到全体队员的“救命水”。

2 无敌风火轮

全体队员只用报纸、剪刀、胶带来制作风火轮。一组队员成纵队站立于风火轮中，在不破坏风火轮的前提下向前行进，这一过程需要小组队员的默契配合。

3 信任背摔

背摔队员站在高台上，两手交叉相握，紧贴胸前，两脚并拢，全身绷紧；后倒时，头部前屈，身体不能弯曲，两手不得向外打开。台下的保护队员两腿成弓步，且与对面保护队员的膝盖相互抵紧，两手搭于对面保护队员的肩上，手心向上，上体和头部尽量后仰。当背摔队员倒落时，全体保护队员协力将背摔队员平稳接住。

4 空中断桥

参训队员沿立柱爬上 9 米高的断桥，站立于断桥桥面之上，两臂自然平伸，保持身体平衡，移步至桥面一侧边缘，向前跃出，跨过断桥，落于桥面另一侧，平稳走到终点。

5 孤岛求生

将队员分成三组，安置于三个已规定的“岛”上（“健全人岛”“盲人岛”“哑人岛”）。三个岛一字排开，“哑人岛”位于中间，“哑人岛”和“盲人岛”之间有一个用木板搭起的支点。各组队员扮演各自岛上的角色。项目开始后，各组分别接到任务卡片。所有队员在规定的时间内通力合作，使“哑人岛”和“盲人岛”上的所有队员顺利抵达“健全人岛”，即完成任务。

6 有轨电车

一组队员每个人的两脚分别站在有胶套的两块木板上，两手抓住系于木板上的绳子，向指定的方向行进。行进过程中，所有队员必须保持步调一致，否则应尽快调整。

7 求生墙

在不借助任何工具的情况下，团队成员共同努力，使所有人翻越 4 米高的求生墙。

8 生死电网

在规定时间内，所有队员依次从“电网”的网洞中通过，由网的一边到达另一边。中途任何人不得触碰“电网”，每个网洞只有一次使用机会，网洞数应大于队员人数。所有队员必须同心协力，尽量避免“伤亡”，以最小的代价换取最大的胜利。

三、定向运动

（一）定向运动概述

定向运动是指参加者借助定向地图和指北针，按组织者规定的方式合理地选择路线，按顺序到访定向地图上所标示的若干放置于地面上的检查点，以通过全程检查点用时较短者或在规定时间内找到的检查点较多者为胜的一种运动。

现代定向运动起源于19世纪末的瑞典，其最初只是一项军事体育活动。“定向”一词最早出现在瑞典，在1886年首次被使用，意思是在地图和指南针的帮助下，越过不为人知的地带。1895年，瑞典斯德哥尔摩举行了一场具有深远意义的定向比赛，标志着定向运动作为一个体育比赛项目的诞生。1961年，国际定联在丹麦首都哥本哈根成立。1992年，国际定联批准中国以中国定向运动委员会的名义加入该组织，成为正式会员。1995年，中国定向运动委员会正式更名为中国定向运动协会。2018年，中国定向运动协会与中国无线电运动协会合并，成立中国无线电和定向运动协会。中国无线电和定向运动协会积极推动定向运动在中国的发展。该机构每年在全国范围内组织全国定向锦标赛和全国旅游城市定向系列赛，赛事的组织工作与国际惯例接轨，裁判规则与技术标准按照国际定联的规范实施。目前，定向运动在我国初具规模，并且呈现出强劲的发展势头。

（二）定向运动必备器材

1 定向地图

定向地图有普通地图和专题地图之分。普通地图：内容相对丰富，能详细地标示制图区域内各种自然和社会经济状况，主要包括平面图、地形图和地理图。专题地图：在普通地图的基础上，只对专题内容做详尽标示，而将其他地理信息简化或只选择相关的内容予以标示。

（1）定向地图比例尺。

- 比例尺的定义：地图上某一线段的长度与相应实地的水平距离之比。
- 比例尺的表示形式：数字式、线段式、文字式。
- 数字比例尺的换算：

比例尺=图上距离/实地距离

- 比例尺的作用：测算实地距离。

（2）定向地图上的地物符号。

定向地图上的地物符号包括面状符号、线状符号和点状符号。符号的构成要素包括图形、大小和颜色。

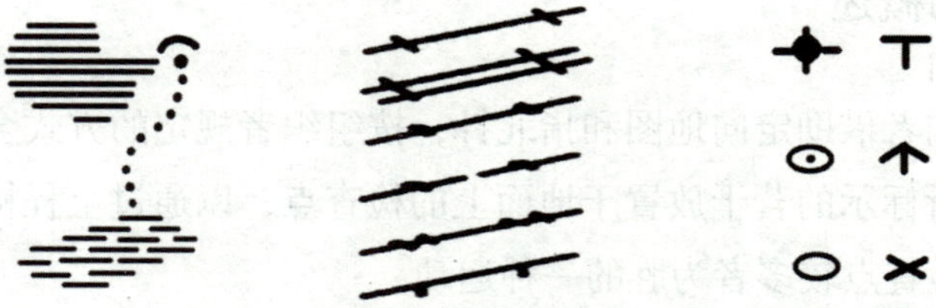

面状符号　　线状符号　　点状符号

面状符号：成面状分布的地物，如湖泊、森林、沼泽等。
线状符号：成带状或线状延伸的地物，如道路、电线、河流等。
点状符号：面积较小的地物，如建筑物、构筑物、小树等，在地图上不能按比例尺标示。

（3）定向地图上的地貌标识。

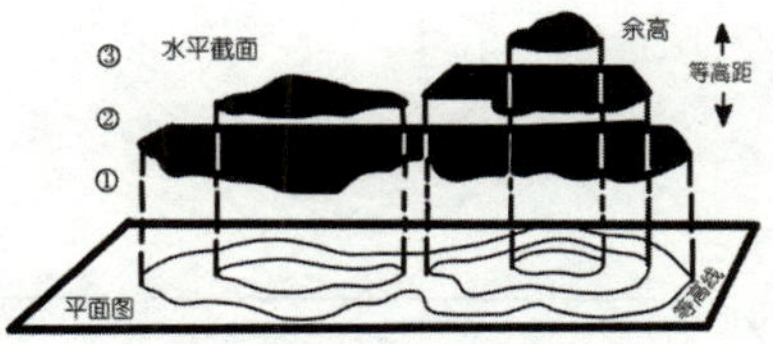

等高线

示坡线

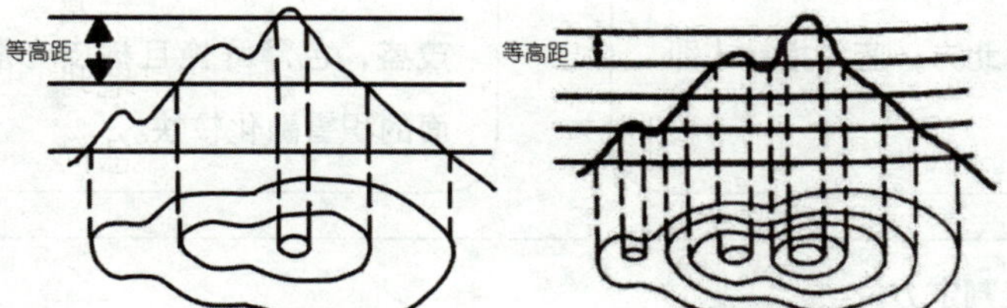

等高距

等高线：地形图上高度相等的点所连成的闭合曲线。

示坡线：向下坡方向并与等高线垂直相交的短线。

等高距：地形图上各相邻等高线之间的高度差。同一地形，等高距越小，等高线就越密，地貌显示就越详尽；等高距越大，等高线就越稀，地貌显示就越简略。

2 指北针

指北针包括基板式指北针和拇指式指北针两种。

3 点标旗

点标旗由三面按三角形排列的正方形标志旗组成。各面正方形标志旗以对角线划分颜色，左上部三角形为白色，右下部三角形为橙色。点标旗上通常要编写代号，以便选手在比赛时依此判断检查点。

4 打卡器

打卡器包括钳式打卡器和电子打卡器。

5 个人装备

个人装备包括衣裤、运动鞋、号码布等。

（三）定向运动基本技术

1 实地判定方位

◎ **利用指北针判定方位**

将指北针放平，待磁针完全静止后，红色指针（即N端）指向北方；蓝色指针（即S端）指向南方。

◎ **利用地物判定方位**

在北半球，树木朝南的一侧枝叶较为茂盛，色泽鲜艳且树皮光滑；山坡朝南一面的积雪融化较快。

◎ **利用太阳和手表判定方位**

在晴朗的天气，上午 9 时至下午 4 时，用手表时针对准太阳，这时时针与 12 时刻度的夹角平分线所指的方向就是南方。注意：手表平置；不能在南纬 20° 30′ 和北纬 20° 30′ 之间的地区的中午前后使用；一定要将时间换算为当地时间。

2 标定地图

标定地图就是给地图定向，使地图的方位与实地的方位一致。具体方法如下。

（1）利用指北针标定地图：使指北针上的红色指针与地图上的磁北线的方向吻合或平行。

（2）利用概略标定地图：上北、下南、左西、右东。

（3）利用地物标定地图：利用直长地物标定地图；利用明显地形标定地图。

3 确定站立点在地图上的位置

（1）直接确定。

（2）利用位置关系确定。

（3）利用“交会法”确定：① 90° 法，线状符号与垂直方向线的交点为站立点；② 连线法，适用于在线状地物上行进，同时待测的位置恰好是在某两个明显地形点的连线上的情况；③ 后方交会法，适用于待测点上无线状地物可利用，地图与实地相应地都有两个以上的明显地形点，且地形较开阔、视线良好的情况。

4 快速行进

（1）依地图行进。

① 用拇指辅行法行进：在行进过程中，参与者要不断地转动地图，使地图方向与行进方向一致，并且要将拇指压在站立点上。

② 沿地形地貌行进。

③ 其他行进方法：水平位移法行进、借点法行进、借线法行进、提前绕行法行进（直线跑、提前绕）。

（2）沿磁方位角方向行进。

从某点的磁北方向线起，从顺时针方向到目标方向线之间的水平夹角，就是磁方位角。确定目标点方向、快速到达目标点的捷径，就是利用指北针将磁方位角确定下来，并沿磁方位角方向行进。

正确估算距离的方法：利用比例尺换算图上距离和实际距离（计算公式：实际距离＝水平距离＋水平距离 × 修改系数）；利用步测法估算已跑过的距离；根据步幅的大小估算距离；用目估法估算实际距离。

5 判读地貌

（1）判断山的各部形态。

① 山顶与凹地：比周围地面高且隆起的部分或山的最高部位为山顶，山顶可分为尖顶、圆顶和平顶；凹地是指比周围地面凹陷且经常无水的低地。

② 山脊与山谷：从山顶到山脚的凸起部分为山脊；相邻山脊或山脊之间的低凹部分为山谷。

③ 鞍部：相连两个山顶间的凹下部分。

④ 山坡：山体的倾斜部分。

⑤ 山丘：体积较小，只能以一条等高线标示的小山包。

（2）判断地貌起伏。

① 以等高线图形的形状为依据：山脊、山垄等地貌隆起部分的等高线图形，其凸出部分总是朝着下坡；山谷、凹地的等高线图形与山脊、山垄的等高线图形相反，总是朝着上坡。

② 以等高线的示坡线为依据：顺着示坡线的方向为下坡，逆着示坡线的方向为上坡。

③ 以等高线的注记为依据：朝着字头的方向为上坡，背着字头的方向为下坡。

④ 对坡度的判断：以等高线的疏密为依据对山体坡度进行判断。等高线较密的斜坡为陡坡；等高线较疏的斜坡为缓坡。

⑤ 对形态的判断：以等高线的疏密变化为依据来对山体斜坡的形态进行判断。

> 匀坡：等高距相等，等高线疏密一致。
>
> 凹坡：等高线自上而下由小到大，等高线上密下疏。
>
> 凸坡：等高线自上而下由大到小，等高线上疏下密。
>
> 复合斜坡：由匀坡、凹坡、凸坡组合而成，由下而上先缓后陡，再缓又陡；等高线先疏后密，再疏又密。

6 选择路线

（1）选择路线的原则。

① 有路不越野。若检查点在地图上显示得清晰，点与点之间的道路标示详细，则优先选择道路行进而不越野。道路有利于运动中图地对照，随时明确站立点在图上的位置，如路与路的交叉口、路的拐弯处、路的最高点和最低点等，不易迷失方向。另外，道路相对平坦，不仅有利于提高行进速度，还可以节省体力。

② 选近不选远。若两点之间地形起伏不大，树林稀疏，通透性强，则应遵循选近不选远的原则选择路线。

③ 走高不走低。选择路线时，若选择了越野，则应尽量在高处行进，避免在低处行进。其原因：地势高，视野开阔，便于确定站立点和保持行进方向；高处通风、干燥，荆棘、杂草、虫害及其他危险较少；人们一般习惯在高处行走，高处常常会有行人踏出的小路，利用这些小路便于提高行进速度。

④ 统观全局，遇障提前绕。在起伏较大、树林密集、障碍较大的地段，坚持遇障提前绕的原则。

（2）选择路线的方法。

① 借线法（扶手法）。当检查点位于线状地形上或其附近时，参与者可采用借线法选择路线。行进时，要先明确站立点位置，再以易于辨认的线状地形，如小径、围栅、小溪涧、山脊线、高压线等作为行进的向导，使自己在行进时更有信心。沿着线状地形行进，如同扶着楼梯的栏杆行进，因此人们又称借线法为扶手法。

② 借点法（攻击点法）。当检查点附近有高大或明显的地形点时，参与者可采用借点法选择路线。高大或明显的地形点可以是高塔、建筑物、路的交叉点、拐弯处等。参与者到达攻击点后可利用指北针确定到访检查点的前进方向，再寻找检查点。利用攻击点寻找检查点可以提高寻找的准确性和路线的简化性。行进前，要先将该地形点辨认清楚，再用最快的速度前往检查点。

③ 偏向瞄准法。当检查点位于线状地形上或其附近时，参与者如果直接瞄准行进，往往会受多种因素（如绕过灌木丛、沼泽地等）影响造成路线偏移，从而使人们在到达该线状地形后，不知检查点在何方。若一开始参与者就有意识地将目标方向向左或向右偏移一定的角度，在到达线状地形后，检查点的位置也就非常清楚了。

④ 水平位移法。沿着等高线行进，简单地说，就是不上山也不下山。这是一种常用的方法，也是寻找地形较复杂处检查点的较实用的方法。运用该方法应注意：① 站立点或辅助点与检查点应在同一高度上；② 站立点或辅助点与检查点之间的植被可通行且无其他不利于奔跑的障碍物；③ 当参与者体力下降时，往往会无意识地往山下偏移，应具备下几米就上几米的纠错意识。

⑤ 导线法。当站立点距离检查点较远、途中地形又很复杂时，参与者可采用导线法，即把一条路线分成几个线段逐一完成。行进中，要充分利用各个明显地形点，从而保证行进方向和路线的正确性。

7 捕捉检查点

（1）定点攻击法。

当检查点设在较明显、较大的地物和地貌上或其附近时，参与者可采用定点攻击法捕捉检查点。先将这些明显的地物和地貌设为攻击点，再根据这一攻击点与检查点的相对位置、距离关系寻找检查点。

（2）提前偏差法。

当检查点设在线状地物（如大路、沟渠、河流）的一侧时，参与者可采用提前偏差法捕捉检查点。先根据地形条件选择线状地物作为目标点，再提前偏离检查点，跑到线状地物上，之后根据线状地物与检查点的位置关系找到检查点。

（3）距离定点法。

当位于起伏不大、无道路、植被较多、观察不便的区域时，参与者可采用距离定点法捕捉检查点。首先，通过比例尺在地图上测算出站立点或辅助点至检查点的实地距离，并换算成自己的步数。其次，利用指北针确定行进方向，沿直线走（跑）完自己的步数。选择一条路线，把它分成三个区域：绿区、黄区、红区。绿区——概略定向，在这个区域，由于标定了行进的方向，精确地确定了站立点（借助于检查点），参与者可以用最快的速度奔跑，如有可能，则应多采用借线法、记忆法等方法沿道路奔跑；黄区——标准定向，这一区域内的各种明显地形点将逐渐引导参与者接近检查点，因此参与者应多利用借点法、导线法、水平位移法等方法行进，并尽可能地保持标准跑速；红区——精确定向，参与者在即将到达检查点时应减慢跑速，防止过早地兜圈子寻找点标，或者错过点标，此时应勤看地图、勤对照，时刻明确站立点在图上的位置。距离定点法多采用拇指辅行法、偏向瞄准法、借助进攻点法，以及运用指北针确定行进方向，通过步测确定行进距离，并参考检查点说明寻找点标。

（4）地貌分析法。

在地貌有一定起伏的地域内，检查点设在低小地物附近时，参与者可采用地貌分析法捕捉检查点。首先，根据地图上检查点与地貌的位置关系，分析出图地位置对应关系；其次，依据这种位置关系来寻找检查点。

四、花样跳绳

（一）跳绳概述

跳绳是我国民间流行的一项体育活动。据历史文献记载，早在唐代，我国民间就有这一活动。在唐代，跳绳被称为“透索”；在宋代，跳绳被称为“跳索”；在明代，跳绳被称为“跳白索”；在清代，跳绳被称为“绳飞”；清末以后这项运动才被称为“跳绳”。《帝京景物略》记载：“二童子引索略地，如白光轮，一童子跳光中，曰跳白索。”这句话的意思是两个小孩摇绳配合得很熟练，把长绳摇得犹如一轮白色光轮，在中间跳绳的孩童就好像在光轮中跳动。此句非常形象地将两人摇长绳、一人在中间跳的场景描述了出来。跳绳原属于庭院类游戏，后发展成为民间竞技运动。

跳绳在我国有着广泛的群众基础。20 世纪 90 年代以后，全国上下掀起了一股跳绳热潮。跳绳技术在继承传统的基础上不断发展创新。进入 21 世纪以后，跳绳运动在我国更是普及。为了大力推广跳绳运动，提高国民健康水平，特别是培养德智体美劳全面发展的青少年，2012 年，全国跳绳运动推广中心成立。这是负责全国跳绳运动发展的专门组织机构。2021 年，该机构更名为全国跳绳推广委员会。

跳绳不但可以促进学生身体发育，而且对发展其速度素质、耐力素质、灵敏性、柔韧性等身体素质也有良好作用。

花样跳绳可分为跳短绳和跳长绳。

（二）花样跳绳基本技术

◎ 正摇双脚跳

绳子每回旋一次，双脚同时跳过绳。

◎ 正摇双脚交换跳

绳子每回旋一次，双脚依次交替跳过绳。